KB090257

세금의 세계사

세금의 세계사

초판 1쇄 발행 2022년 3월 15일
초판 6쇄 발행 2022년 9월 20일

지은이 도미닉 프리스비 / **옮긴이** 조용빈

펴낸이 조기흠
기획이사 이홍 / **책임편집** 이수동 / **기획편집** 최진, 이한결
마케팅 정재훈, 박태규, 김선영, 홍태형, 배태욱, 임은희 / **제작** 박성우, 김정우
교정교열 정정희 / **디자인** 리처드파커 이미지웍스

펴낸곳 한빛비즈(주) / **주소** 서울시 서대문구 연희로2길 62 4층
전화 02-325-5506 / **팩스** 02-326-1566
등록 2008년 1월 14일 제 25100-2017-000062호

ISBN 979-11-5784-565-1 03900

이 책에 대한 의견이나 오탈자 및 잘못된 내용에 대한 수정 정보는 한빛비즈의 홈페이지나
이메일(hanbitbiz@hanbit.co.kr)로 알려주십시오. 잘못된 책은 구입하신 서점에서 교환해드립니다.
책값은 뒤표지에 표시되어 있습니다.

⌂ hanbitbiz.com ▮ facebook.com/hanbitbiz ▣ post.naver.com/hanbit_biz
▶ youtube.com/한빛비즈 ▣ instagram.com/hanbitbiz

지금 하지 않으면 할 수 없는 일이 있습니다.
책으로 펴내고 싶은 아이디어나 원고를 메일(hanbitbiz@hanbit.co.kr)로 보내주세요.
한빛비즈는 여러분의 소중한 경험과 지식을 기다리고 있습니다.

도미닉 프리스비 지음 | 조용빈 옮김

뺏고 싶은 자와 뺏기기 싫은 자의 잔머리 진화사

세금의 세계사

DAYLIGHT ROBBERY

한빛비즈
Hanbit Biz, Inc.

차례

1장

햇빛 도둑

1690년대 초반, 왕은 돈이 모자랐다.

이 문제는 윌리엄왕William III과 의회가 자초한 것이었다. 인기에 영합해, 국민들이 질색하던 세금을 폐지했기 때문이다. 그 결과, 자금이 부족했다.

어떻게 해결했을까?

영국의 모든 집에는 난로가 있었다. 영국인들은 1066년 노르만족의 침입 이전부터 '연무세smoke-farthing' 또는 '굴뚝세fumage'로도 불린 난로세hearth tax를 여러 방식으로 교회에 내고 있었다. 그러다 1662년에 난로세가 법으로 강제되면서 20실링(현 가치로 5,000달러 상당)[2]이 넘는 주택은 모든 화덕, 난로, 벽난로 1개당 1실링을 연 2회 납부해야 했다. 그

때까지 직접세의 부담을 지지 않았던 사람들도 이 조치로 갑자기 납부 대상이 되었고 심지어 구호 대상자까지 여기에 포함되었다. 건당 수수료를 받던 징수원들은 한 푼이라도 더 벌기 위해 집안 곳곳 남기지 않고 뒤졌다.[3] 이들은 6개월에 한 번씩 남의 집에 들어가 난로 개수를 세었고 이 과정에서 영국인들이 소중히 여기는 프라이버시를 침해했다. 더욱 기분 나쁜 건 난로세가 프랑스에서 기원한 세금이라는 점이었다. 영국인들은 이 세금을 증오했고, 이것이 1688년 명예혁명Glorious Revolution 을 일으킨 불만의 큰 요인이었다.

새로 왕이 된 윌리엄과 메리Mary II 는 국민들의 환심을 사기 위한 수단으로 이를 재빨리 이용했다. 영국의 모든 난로에 "영원히 폐하를 기리는 공덕비를 세우기 위해"[4] 이 세금을 없앤 것이다.

그러자 문제가 생겼다. 윌리엄이 전 왕인 제임스 2세James II 를 폐위시킬 전쟁을 준비하느라 네덜란드로부터 빌린 돈이 아직 남아 있었다. 아일랜드에서도 분규가 일어났고 유럽 대륙에서 벌인 9년 전쟁 비용도 갚아야 했다. 스코틀랜드에 남아 있는 제임스 2세의 잔당도 소탕해야 했다. 국내에도 소규모 통화위기가 닥쳤다.

무슨 수로 이걸 다 갚을까?

1696년에 해결방안을 찾았다. 놀라지 마시라. 또 다른 세금이었다. 주택, 빛, 창문에 대한 세금으로, 간단히 창문세window tax 라고 한다.

징수원들은 이제 집 앞을 지나며 밖에서 창문만 세면 되었다. 집 안에 들어가지 않으니 프라이버시 침해도 없었다. 납부자와 다툴 일이 없고 자진신고도 필요 없었다. 창문은 숨길 수 없으니 탈세도 불가능했다. 난로세 덕분에 조세 기반은 이미 다 갖춰져 있었다. 또한 창문이 많을수록 부자일 가능성이 높아 조세 부담 능력이 입증되니 공정한 세금으로 간주되었다. 다른 법과 마찬가지로 창문세도 최초에는 임시법으로 도입되었지만 나중에 영구법으로 바뀌었다. 시행 초기에는 창문 10개까지는 정액으로 1주택당 2실링이었지만 시간이 지나면서 점점 금액이 커졌다.

시민들은 곧 세금을 내는 대신 창문을 틀어막기 시작했다. 1718년이 되자 정부는 세금이 기대만큼 걷히지 않음을 알게 되었다. 해결책으로 세금을 줄이는 대신 오히려 늘리는 방식을 택했다. 그 결과 시민들은 더욱 필사적으로 창문을 없앴다. 창문이 거의 없는 집들이 지어졌다. 어떤 집은 처음부터 창문을 벽돌로 막은 채로 건설되었다. 나중에 집주인이 필요하면 벽돌을 부수고 유리를 끼우도록 한 것이다. 심지어 공동주택 한 층 전체에 창문이 없는 경우도 있었다. 아직 전기나 가스, 석유를 이용한 조명이 도입되기 전이라 그을음 나는 수지 양초나 골풀 양초에 의존하는 시절이었으므로 햇볕과 신선한 공기를 차단하는 것은 엄청난 대가를 치르는 일이었다.

게다가 1746년에 조지 2세$^{George II}$가 유리세$^{tax on glass}$를 도입하자 의학 잡지 〈랜싯$^{The Lancet}$〉은 이를 "빛에 과세하는 미친 세금"[5]이라고 불렀다. 존 스튜어트 밀$^{John Stuart Mill}$은 이런 세금으로 기형적인 건물[6]이 많아졌다고 했고, 이것이 150년간 건축의 표준이 되어 영국과 프랑스의 도심 외관을 결정했으며 지금도 많은 도시에 그 영향이 남아 있다(프랑스는 나름대로 문과 창문에 대한 세금이 별도로 있었다). 과세 기준 개수가 건물의 창문 수를 결정했다. 창문이 그리웠던 윌트셔주 주민들은 주택 외벽에 흰색과 검은색 선으로 창문을 그리기도 했다. 윌리엄 피트[William Pitt] 총리가 1797년에 세금을 세 배로 올리자 어떤 목수는 한 마을 주민 전체로부터 창문을 벽돌이나 판자로 막아달라는 요청을 받았다고 의회에서 증언했다.[7]

유리세는 산업 전체의 성장을 억제했다. 1801년부터 1851년 사이에 영국 인구는 1,100만 명에서 2,700만 명으로 증가했고[8] 런던 인구는 100만 명에서 270만 명으로 170퍼센트 증가했다.[9] 인구 증가에 맞춰 건축 붐이 일었지만 이 세금 때문에 같은 기간 동안 유리 생산은 거의 변화하지 않았다.[10]

심지어 소설에도 창문이 부의 상징으로 그려졌다. 제인 오스틴[Jane Austen]의 《오만과 편견[Pride and Prejudice]》에는 "엘리자베스는 이곳저곳 경치가 꽤 아름답다고 생각했다. 그러나 콜린스 씨가 기대한 만큼의 황홀한 반응은 없었고 그가 주택 전면 창문의 숫자를 세어 유리 끼우는 데 든 비용을 이야기해줘도 크게 감탄하지 않았다"[11]라는 대목이 나온다.

미국에는 창문세가 없었지만 이 세금이 도입될지 모른다는 우려로 1798년 미국 전역에 프리스의 반란[Fries rebellion]이 일어났다. 감정사들이 직접주택세 과세 문제로 펜실베이니아 주민들의 재산을 조사하며 다니자 독일과 네덜란드계 이주민들은 이들이 창문세를 부과하려는 것으로 생각했다. 전국에 걸쳐 무장봉기가 발생했고 연방군이 진압하는 데 거의 2년이 걸렸다.

창문세는 누진적이지도 않았다. "시골의 임대료 10파운드짜리 주택이 런던의 임대료 500파운드짜리 주택보다 창문이 더 많은 경우도 있다"[12]라고 애덤 스미스$^{Adam Smith}$는 주장했다. 가난한 시골집에 더 많은 세금이 부과되면서 농촌 주민들이 큰 타격을 받았다. 그러나 가장 고통을 겪었던 쪽은 도시 빈민들이었다. 이들이 거주하던 창문 많은 대규모 공동주택은 세금이 많이 나왔다. 집주인은 세금을 줄이려고 별생각 없이 창문을 판자로 틀어막았다. 그러자 의도치 않았던 치명적인 결과가 나타났다. 사람들이 아프기 시작한 것이다. 산업혁명기에 도심지에 유행했던 여러 전염병 중에서 특히 발진티푸스, 홍역, 콜레라는 좁고 축축하며 창문 없는 집에서 더욱 창궐했다. 〈랜싯〉은 창문세를 "질병의 직접 원인"[13]이라고 지적했다. 공식 조사에 의하면 "어떻게든 세금을 피해보려는 집주인들의 창문 폐쇄가 질병과 사망의 주요 원인이자 악화 요인임이 밝혀진 경우가 많았다."[14] 그런데도 세금은 폐지되지 않았다.

19세기가 되자 여기저기서 창문세에 대한 반대가 터져 나왔다. "'공기처럼 공짜'라는 표현은 더 이상 맞지 않는다. 창문세를 부과한 이후부터 공기도 빛도 공짜가 아니다"라며 찰스 디킨스$^{Charles Dickens}$는 분노했다.[15] 반대운동은 수십 년 동안 계속되었다. 전단지를 배포하고 노래를 만들어 불렀으며 반대하는 연설이 줄을 이었다. 1845년에 소득세가 다시 도입되고 얼마 되지 않아 로버트 필$^{Robert Peel}$ 총리가 유리세를 폐지했다. 그러나 창문세는 남겨두었다. 1850년에야 비로소 의회에 창문세 폐지안이 상정되었다. 전해지는 이야기에 따르면 의원들이 토론 중 창문세를 '햇빛 도둑$^{Daylight robbery}$'이라 불렀다고 한다. 이 단어는 말도 안 되는 부당한 요금이 부과된 상황을 일컫는 표현으로 오늘날까지 전해져 오고 있다.[16] 그러나 폐지안은 바로 가결되지 못했다. 전국적 폐지 운동이 한 차례 더 일어나고 1851년이 되어서야 폐지되었다. 프랑스에서는 75년 후에 폐지되었다.

창문세는 단지 한 종류의 세금에 불과했고 역사적으로 본다면 특별히 장기간 부과된 세금은 아니었지만 세금이 어떻게 탄생해서 어떤 결과로 이어지는지 잘 보여주는 사례다. 그 진행 과정을 보면 세금의 전형적인 라이프 사이클을 알 수 있다.

세금은 필요에 의해서, 예를 들어 전쟁 자금 조달을 위해 법으로 제정된다. 임시세로 시작되었다가 영구세로 바뀐다. 도입될 때는 적은 금액이지만 시간이 지남에 따라 커진다. 세금은 기본적 자유를 침해한다. 창문세의 경우는 빛과 신선한 공기를 누릴 권리를 침해했다. 세금을 피하기 위해 어떤 일도 서슴지 않다 보니 사람들의 행동과 판단이 이상한 방향으로 발전한다. 징세가 계속되면서 온갖 종류의 의도치 않은 결과가 나타난다. 거두어들인 세수의 대부분이 낭비되거나 납세자들이 원치 않는 곳에 사용된다. 진저리가 난 시민들이 결국에 반대운동이나 저항운동, 심지어 반란을 일으켜 세금을 없애려 하지만 정부는 대처가 늦고 폐지할 생각도 없다.

창문세가 '좋았다 또는 나빴다'라고 간단히 단정 짓기는 곤란하다. 이 세금은 처음에는 잘 운영되다 나중에 엉망이 되었다. 여기서 거둬들인 세금은 여러 사용처 중에 특히 필수적인 국가 방위비에 사용되었다. 이렇듯 윤리적 양면성이 세금의 가장 근본적인 문제인 경우가 많다. 한편에서 보면 사유재산권을 침해하여 매우 심각한 결과를 낳았다. 다른 면에서 보면 정부의 필수적인 활동에 드는 자금을 적절한 시기에 조달하는 가장 효과적인 해결 방법이었다. 다른 사람도 아닌 윈스턴 처칠^{Winston Churchill}이 세금을 왜 '필요악'[17]이라고 했는지 짐작할 수 있다. 문제는 너무 악하면 필요 없어진다는 것이다.

2장

홍콩의 성장 비밀

이 험난한 세상에서는 소비보다 소득이 우선이다.

존 제임스 카우퍼스웨이트John James Cowperthwaite, 홍콩 재무장관(1961~1971)

이제 화제를 완전히 바꿔보자.

홍콩은 결코 발전 가능성이 높은 곳이 아니었다. 주장강 어귀의 바위투성이 섬과 깎아지른 시스택Sea Stack(암석이 파도의 침식을 받아 만들어진 굴뚝 형태의 지형 – 옮긴이)에 불과했다. 광물자원이나 석유자원도 없는 쓸모없는 땅이었다. 바위가 많아 대부분의 지형이 농사짓기에 어려웠다. 그러나 중국 본토와 앞바다의 큰 섬 사이의 공간은 단점을 상쇄시키는 천혜의 항구 입지를 제공했다.

16세기 포르투갈 탐험가들은 홍콩에 기지를 세우고 중국과 무역을 시도했으나 명나라의 쇄국정책으로 기지는 없어졌다. 18세기 영국 무역업자들이 홍콩을 다시 찾았고 19세기에는 아편전쟁으로 영국 영토가 되었다. 그리고 제2차 세계대전까지 영국의 지배하에 있었다.

홍콩이라는 이름은 '향기 나는 항구'라는 뜻으로 아마도 부두에 죽

늘어서 있던 향 제조 공장에서 유래한 듯하다. 영국에게 홍콩은 전략적으로 중요한 무역 전초기지였으나 제2차 세계대전이 발발하자 방어하기 매우 힘든 곳으로 여겨졌다. 처칠은 "지키기 어려운 곳에 자원을 낭비해서는 안 된다"[1]라고 썼다. 1941년에 일본은 선전포고 없이 홍콩을 침략해 순식간에 점령해버렸다. 4년의 엄격한 계엄령이 시행되는 동안 홍콩은 기아와 가난에 시달렸다.

프랭클린 김슨^{Franklin Gimson}은 일본 침략 이틀 전에 홍콩 식민장관에 취임했다. 전쟁 내내 일본 포로수용소에 수감되어 있다가 1945년 일본의 항복 소식을 듣자마자 그곳에서 나와 자신이 홍콩의 총독 대행임을 선포했다. 그는 보름 만에 행정력을 정상화했다. 중국이나 미국이 어떤 전략을 펴기 전에 보인 신속하고 결정적인 행동은 홍콩의 운명에 지대한 영향을 미쳤다. 다시 영국령이 된 것이다.

전쟁이 끝난 후 영국은 많은 식민지를 포기했지만 홍콩만은 중국에 합병될까 우려해 놓지 않았다. 일단의 공무원들을 보내 홍콩의 정상화를 도와주었다. 그중 한 명이 과묵하면서도 강단 있는 원칙주의자인 스코틀랜드 출신 존 제임스 카우퍼스웨이트였다.

그는 에든버러대학과 케임브리지대학에서 고전학을 전공하고 세인트앤드루스대학에서 경제학도 공부했는데 이곳에서 계몽주의 사상, 특히 애덤 스미스의 사상에 정통하게 된다. 1951년에 홍콩 재무차관이 되고, 1961년에는 재무장관 자리에 오른다. 그의 전기를 쓴 닐 모너리^{Neil Monnery}의 표현에 따르면 "홍콩 경제정책은 절대적으로 그를 중심으로 돌아갔다."[2] 그의 재직기간 중 홍콩은 전 세계에서 가장 놀랄 만한 경제성장을 이루었다.

이게 가능했던 것은 홍콩의 세금정책 덕분이었다.

카우퍼스웨이트 일행은 1945년 말 홍콩에 도착했다. 그들의 첫 임무는 우선 산업이 정상적으로 돌아가도록 하는 일이었다. 총독은 홍콩을 자유무역항으로 선언했다. 몇몇 상품을 제외하고는 관세가 없었고 수출보조금도 없으며 수입 금지 품목은 최소화했다. 그러자 수출입이 재개되면서 전쟁을 피해 탈출했던 사람들이 돌아오기 시작했다. 무역량이 급속하게 늘었다. 홍콩 경제가 스스로 회복하는 것이 확실했다.

카우퍼스웨이트는 관찰력이 뛰어난 사람이었다. 길을 걷거나 공장과 항구 등을 돌면서 경제활동을 유심히 관찰했다. 보면 볼수록 공무원이 아무런 역할을 하지 않는데도 경제는 발전하고 있었다. 경제 계획 같은 건 필요 없다고 결론지었다. 이대로만 굴러간다면 홍콩은 그냥 놔두어도 문제없다고 생각했다. 나머지는 홍콩 시민과 사업체들이 알아서 할 거니까. 잘 때도 《국부론^{The Wealth of Nations}》을 끼고 잤다고 할 만큼 애덤 스미스의 이론에 푹 빠져 있기는 했지만, 고전적 자유주의자였던 그가 보기에도 이론과 현실이 맞으니 기분 좋은 일이었다.

그의 두 번째 임무는 식료품과 연료의 구매, 판매, 분배 및 가격통제를 통해 홍콩에 필수 물자를 공급하는 부서를 관리하는 일이었다. 그 부서는 문제가 많았다. 모너리의 기술에 따르면 "이때의 경험으로 인해 그는 공무원 집단은 상행위를 하기에 적합하지 않다는 것을 깨달았다."[3] 그는 관료들을 저평가하게 되었다. "잘못하면 손해를 몽땅 감당해야 하는 사람만이 제대로 된 상업적 판단을 할 수 있다"[4]라거나 "정부가 비즈니스를 하면 그 누구도 수익을 내지 못하게 되어 있다"라고 말했다.

그는 후일 '긍정적 불개입positive non-intervention'이라고 불린 이론을 구상하기 시작했다. 이론의 요지는 개방경제하에서 정부의 간섭은 득보다 실이 많다는 것이다. 신중한 검토 끝에 꼭 간섭할 필요가 없으면 기본적으로 정부는 간섭하지 말아야 한다. '관료의 서투른 개입'이 경제의 '미묘한 메커니즘'을 건드리지 말아야 한다는 것이 그의 주장이었다." '숨겨진 손hidden hands'의 작용을 믿는 게 낫다. "얽히고설킨 수많은 요인을 잘 알지도 못하고 융통성도 없는 정부나 무슨 위원회의 일회성 결정보다는 경영자와 기업가의 개별적인 결정이 모이면 훨씬 현명하고 좋은 결과를 낳는다"라고 주장했다.

홍콩의 세금정책은 동시대 영국의 세금정책과 정반대였다. 영국을 비롯한 대부분의 서유럽 국가는 높은 세율과 과다한 정부 지출, 적자재정 편성, 산업 계획과 시장 개입 등을 실시하고 있었지만 홍콩은 완전히 반대로 나갔다. "일부 부유층을 제외한 거의 모든 시민"은 소득세를 한 푼도 내지 않았다. 고소득자조차 세율이 15퍼센트에 불과했다. 관세, 판매세, 부가가치세, 양도소득세, 이자소득세, 해외소득세도 없었다. 단, 토지세는 있었다. 어떤 경우에도 조세부담률은 GDP의 14퍼센트를 넘지 않았다.

간섭과 변화는 최소화했다. 과세의 원칙은 "적정 수준의 세금이 장기간 변동 없이 평등하게 부과되어야 한다"라는 것이었다. 동시에 너무 공격적으로 징세해서도 안 된다. 그는 "소득세와 관련해서 사생활을 침해하지 않는 방식의 징수체계가 경제 전반, 특히 (국내 및 해외 기업 모두의) 투자 결정과 기업활동에 좋은 영향을 준다"라고 강조했다.[10]

서유럽 국가들이 경제 부흥을 위해 추구했던 케인스식 적자재정 정책도 실시하지 않았다. "우리 같은 경제 상황에 적자재정은 전적으로 부적합하다. 우리는 소비하는 양 이상으로 생산하지도 않고, 생산할 수도 없다. 그런데 소비가 늘어나면 그만큼의 수출 없이 수입만 늘어나게 된다. 심각한 수지 위기 문제는 홍콩의 신용과 홍콩달러에 대한 신뢰를 무너뜨려 결국 홍콩의 몰락을 가져온다. 케인스의 이론은 홍콩 같은 특이한 상황은 고려하지 않았다"[11]라고 그는 말했다.

국가부채 또한 받아들일 수 없었다. 그는 이렇게 말했다. "국가의 채무가 늘어나면 세금이 늘어나지 않을 수 없다.[12] 미래의 후손들에게 채무를 물려주어도 된다는 생각은 받아들일 수 없다. 선조들은 우리에게 그 어떤 채무도 물려주지 않았다."[13]

산업 계획이나 보조금, 정부 개입도 없었다. 그는 "솔직히 나는 몇몇 선택된 기업을 지원하기 위해 국가 예산을 사용하는 안에 반대합니다. 특히나 관료들의 호불호 기준에 따라 대상자가 선정된다면 더욱 반대합니다.[14] 어느 누구도 개발의 우선순위를 정할 만큼 과거, 현재, 미래를 잘 안다고 생각하지 않습니다. 바람직한 경제라면 정상적인 시장 상황에서 특별한 지원 없이 스스로 일어날 수 있어야 한다고 생각합니다"[15]라고 홍콩 입법회 예산심의 과정에서 주장했다.

불필요한 절차가 대폭 줄어서 회사를 설립할 때 1쪽짜리 양식이면 충분했다. 세법은 짧고 간단했다. 현재까지도 전 세계의 조세 전문 변호사들은 홍콩의 세법이 가장 효율적이라고 인정하고 있다. 300쪽에 15만 개 미만의 단어로 구성되어 규모 면에서 영국 세법의 1.5퍼센트 수준에 불과하다.

한편 홍콩달러는 파운드화에 연동되어 적어도 홍콩에서만큼은 인플레이션에 의한 세금 발생 가능성을 제거했다. 1963년에 경제학자인 밀턴 프리드먼^{Milton Friedman}은 홍콩달러를 파운드화에 연동시키는 구조를 설명해달라고 카우퍼스웨이트에게 부탁했으나 거절당했다. 심지어 연동 체계를 운영했던 HSBC은행에도 알리지 않았다. 카우퍼스웨이트는 "모르는 게 낫다. 알면 엉망이 된다"¹⁶라고 했다. 그의 말이 맞았다. 그가 물러난 뒤 홍콩은 연동제를 폐지했고 HSBC은행의 통화정책 발언권이 커졌다. 그러나 1983년에 외환위기가 닥쳐 한때 이틀 만에 홍콩달러가 13퍼센트나 하락한 적도 있었다. 결국 붕괴를 피하기 위해 미달러화에 연동시켜야만 했다.

어떤 형태의 자본 통제도 없었다. 그는 "언제든지 떠날 수 있기 때문에 해외 자본이 홍콩에 유입되어 머무는 것이다. 여러 규정을 만들면 자본이 유출되어 다시 돌아오지 않을 것이다"¹⁷라고 말했다.

홍콩은 투명한 민주국가는 아니었다. 영국의 식민지였다. 총독은 입법회의 의견을 참조하여 법을 제정하고 강제할 수 있는 막강한 권한을 가지고 있었다. 권력을 남용하면 이런 체제는 쉽게 부패한다. 하지만 카우퍼스웨이트와 비슷한 생각을 가진 많은 공무원들은 홍콩 시민에게 가장 도움이 되는 방향으로 일하는 것이 자신들의 의무라고 생각했다. 카우퍼스웨이트도 이에 대해 다음과 같이 말한 적이 있다. "협

의형 정부를 원한다면 결정까지 복잡한 단계를 거쳐야 하고 시간도 많이 소요된다. 신속한 정부를 원한다면 어느 정도 독재를 받아들여야 한다. 대부분 사람들은 정부 결정과 자신의 생각이 일치한다면 신속한 정부를 더 선호할 것으로 생각한다."[18]

그가 이런 정책을 펼 수 있었던 것은 홍콩이 처한 독특한 상황 때문이었다. 즉 재건이 필요했고, 케인스 이론에 기반해 정책을 펴는 유럽 국가들에서 멀리 떨어져 있고, 누구에게도 정책 시행의 이유를 설명할 필요가 없는 특이한 상황 때문에 가능했다. 영국은 전반적으로 홍콩이 재량껏 운용하도록 놔두었다. 영국 국방장관을 역임한 데니스 힐리[Denis Healey]는 이렇게 말하기도 했다. "카우퍼스웨이트 홍콩 재무장관은 너무 대단해서 그를 만나고 돌아올 때면 항상 크리켓 경기 도중 부상으로 퇴장하는 느낌이 듭니다."[19] 홍콩 입법회 회의록에 남겨진 그의 연설문이 보여주듯, 카우퍼스웨이트는 아무도 못 이길 만큼 논리가 정연한 사람이었다.

결코 그 혼자 모든 걸 이룬 건 아니었다. 전임 재무장관들이 수립해 놓은 체계를 기반으로 성공할 수 있었다. 그의 후임인 필립 헤이든 케이브[Philip Haddon Cave] 장관도 그의 뒤를 따라 유사한 정책으로 성공했다. 이들은 모두 자유방임주의의 열렬한 신봉자였으며 총독의 든든한 지원을 업고 있었다.

영국과 홍콩의 상이한 세금정책이 경제에 미치는 영향은 엄청난 차이가 나지만 홍콩의 성공을 숫자로 보여주기는 어렵다. 카우퍼스웨이트의 정책 중 하나는 통계를 내지 않는 것이었기 때문이다. 그는 공무원들이 통계치를 보면 경제에 간섭하여, 문제가 아닌데(공무원들이 보기에는 문제) 이를 해결하려 함으로써 시장의 보이지 않는 손^{invisible hand}의 작용을 방해한다고 믿었다(그는 항상 애덤 스미스를 인용했다). "공무원들이 통계를 손에 쥐면, 그걸 가지고 계획을 세우려 할 겁니다"[20]라고 밀턴 프리드먼에게 설명했다. 그는 국내와 해외에서 들어오는 모든 자료 요청을 거부했다.

홍콩 실업률 데이터가 산출되지 않는 이유를 파악하기 위해 영국 관료들이 홍콩에 도착하자 그는 가장 빠른 다음 비행기 편에 그들을 되돌려 보냈다. 입법회 의원이 GDP 데이터를 요구하면 그는 늘 아래와 같이 답변했다.

> 가장 앞선 선진국에서조차 그런 숫자는 매우 부정확하며 큰 의미가 없습니다. 다른 나라에서 그런 숫자를 사용한다고 해서 꼭 우리가 사용할 필요는 없다고 생각합니다. 홍콩에서 그 숫자를 어떤 실용적 목적으로 사용할 수 있는지 잘 모르겠습니다. 다른 나라는 높은 세율과 정부의 시시콜콜한 간섭으로 인한 정책의 효과를 판단하기 위해(또는 그럴 희망으로) 이 데이터가 필수적입니다. 하지만 다행히도 우리는 정부가 관여하기 위해 사용하는 수단이 거의 없기 때문에 정책을 입안하기 위해 통계자료를 산출하는 것은 필요하지 않고 별 가치도 없습니다.[21]

말년에 후진국들의 경제를 살리기 위해 무엇을 해야 하는지에 대한 질문을 받자 그는 우선 "통계청을 폐지하라"[22]고 조언했다. 1962년에 GDP 숫자 같은 통계자료를 제출해달라는 압박이 심해지자 필요한 자료 조사를 위해 대학교수를 고용했다. 이로써 데이터 수집이 가능한지 알아보는 연구에 착수했다고 말할 수 있게 되었다. 교수가 초안을 가지고 오면 설명이 좀 더 필요하다든지, 추가 조사를 해야 한다든지, 논리 전개가 더 필요하다는 등의 이유를 대면서 7년 동안 계속 반려했다. 1969년이 되어도 아무런 통계가 나오지 않자 그는 교수가 조사를 마무리하는 데 어려움을 겪고 있다고 핑계를 댔다.[23] 불쌍한 교수만 사기꾼이 된 셈이다.

그러나 우리는 통계치는 몰라도 진실은 잘 안다.

제2차 세계대전이 끝나고 일본의 지배에서 벗어난 1945년의 홍콩은 궁핍했고 절망적이었다. 많은 사람들이 굶주렸다. 전쟁 전 100만 명이던 인구는 60만으로 감소했다.[24] 하지만 불과 한 세대가 안 되는 짧은 기간에 내세울 만한 천연자원조차 없던 이 작은 도시가 세계에서 가장 분주한 항구가 되었고 국제금융의 강자로 떠올랐으며 인구는 10배 이상 팽창했다.

1950년대 본토의 내전을 피해 이주했던 사람들에게 홍콩은 초라한 소도시에 불과했다. 프리드먼은 1955년 홍콩을 방문했을 때를 이렇게 기억했다. "난민을 수용하기 위해 정부가 급하게 지은 임시 숙소는 앞면이 뚫린 원룸을 성냥갑처럼 쌓은 형태였다. 한 가정당 원룸 하나씩."[25] 하지만 오늘날 홍콩은 미래지향적 도시 국가가 되었다.

홍콩의 부도 이와 유사하게 엄청난 속도로 증가하였다. 1940년대의

GDP 데이터는 당연히 없지만 대부분의 아프리카 국가들과 마찬가지로 300달러 미만으로 추정된다. 1960년대에는 (카우퍼스웨이트가 아닌 OECD에 따르면) 429달러였다.[26] 같은 시기에 영국은 1,380달러였고 미국은 3,007달러였다. 그 후 33년 만에 1인당 GDP는 영국을 추월했고 50년 후에는 미국을 능가했다.[27]

이 기간 동안 세금은 낮았으며 정부는 최소한만 지출했다. 1946년 이후 한 차례만 제외하고 모두 흑자재정을 달성해서[28] 보통 1년 동안 쓸 만한 돈을 비축했고 어떤 국가 채무도 발생시키지 않았다. "현 세금제도하에서 우리 경제가 성장하리라고 굳게 믿고 있지만 지금처럼 낮은 세율에도 국가 재정수입이 증가하는 데는 놀라지 않을 수 없다"[29]라고 카우퍼스웨이트는 말했다. 2015년까지 연속 8년간 재무장관이 잉여금을 과소계상하는 것이 연례행사처럼 되어버렸고[30] 2018년에도 같은 일이 발생했다.

워싱턴 소재 싱크탱크 기관인 헤리티지 재단^Heritage Foundation은 매해 전 세계 186국의 경제자유지수^index of economic freedom를 발표한다. 이 재단은 경제적 자유를 자신의 노동력과 재산에 대한 개인의 통제로 정의하며 '12가지 양적·질적 요소'로 평가한다.[31] 1995년 통계 산출을 시작한 이후로 홍콩은 경제적으로 전 세계에서 가장 자유로운 국가 순위에서 1등 자리를 거의 내준 적이 없다.[32]

예산집행 측면에서도 홍콩의 공공서비스는 절대로 부족하지 않다. 피어슨 에듀케이션^Pearson Education에 따르면 홍콩 교육의 질은 전 세계 4위로 평가되며[33] 블룸버그 건강관리 지수^Bloomberg healthcare index는 1위에 올라 있다.[34] 2018년 홍콩의 대중교통은 세계에서 가장 효율적인 시스템으로 인정받았다.[35] 인구의 94퍼센트가 철도역 반경 1킬로미터 이내에 거주하는 상황에서 정시 운행률이 99.9퍼센트에 달해 다른 국가의 모범이 되고 있다.[36] 또한 철도 수익성이 가장 높은 국가 중 하나다.

자유방임정책은 보통 무자비하고 인정이 없다고 생각하지만 카우퍼스웨이트는 자신의 정책이 모든 사람들에게 도움이 될 거라고 확신했다. 그에게 세금은 부담이며 성장의 장애물이었다. 세금이 적을수록 이익이 늘어나고 경제는 더 성장하게 된다. 경제성장은 더 많은 고용을 창출하고 양질의 일자리와 재산증식으로 이어진다. 그는 "부의 분배보다 부의 창출이 더 중요하다고 생각한다. 급속한 경제성장과 이로 인해 노동력 수요가 증가하면 자연히 신속하고 실질적인 부의 재분배가 직접적으로 이루어진다"[37]라고 말했다. 즉, 경제가 알아서 돌아가게 놔두면 부의 재분배는 저절로 달성된다는 말이다.

그러나 그가 정말로 말하고자 하는 요점은 바로 이것이다. "부의 재분배가 이루어지면 일시적이든 영구적이든 어려움을 겪어 경제적 성공을 누리지 못하는 사람들을 더 많이 도와줄 수 있다."[38] 사회 최하층에 있는 사람들에게 도움을 줘야 하는데 경제가 활황을 이루면 정부가 이들을 더 잘 도와줄 수 있다.[39] 그는 "낮은 세율 덕분에 세수가 늘었다"라고 했다. 그의 주장이 옳았음은 홍콩의 성장이 증명한다. "국민의 손에 맡겨진 돈은 결국 국가로 돌아오게 되어 있다"라고 말했다. 게다가 "이자까지 붙어서" 돌아온다.[40]

홍콩은 발생하는 모든 문제에 대처해왔지만 위기가 닥쳤을 때 기본 입장은 개입이 아니라 '긍정적 불개입'이었다(단, 공공주택 부문은 예외다). 1950년대 홍콩의 산업은 창고업, 운송업, 조선업, 보험업 등 주로 중국 본토와 재화를 주고받는 분야에서 일어났다. 한국전쟁이 발발하여 미국이 중국에 제재조치를 내리자 4년간 중국과의 무역이 90퍼센트 감소했다.[41] 홍콩은 좌절하지 않았다. 대신 내전을 피해 내려온 이주민들이 가지고 온 방적기술로 전 세계 섬유산업을 지배했다. 영국과 미국은 자국의 산업을 지키기 위해 강력한 보호주의 정책을 실시했다. 그러자 홍콩은 직물 대신 합성섬유 산업을 육성해서 영미의 엄격한 수입할당제를 극복했다. 그리고 전자와 플라스틱 분야로 산업의 다양화를 추구했다. 1976년에 파운드화의 평가절하로 외환보유액이 무려 3,000만 파운드 감소했지만 홍콩은 이 역시 잘 이겨냈다. 중국의 문화혁명으로 인한 타격이나 1997년 아시아 금융위기 때도 마찬가지였다.

1997년에 홍콩이 중국에 반환되었을 때 전 세계는 홍콩과 홍콩의 정책이 사실상 중국에 흡수될 것으로 예상했지만, 실제로는 그렇지 않았다. 다른 아시아 국가들도 홍콩의 성공을 배우고 모방했다. 리콴유Lee Kuan Yew는 1959년 싱가포르 총리가 되자 홍콩식의 저세율·불개입 정책을 채택하여 성공을 거두었다. 한국과 타이완, 그리고 어느 정도는 일본도 자기식의 낮은 세금과 수출 드라이브 정책을 실시하여 상당 기간 경제적 성공을 거두었다. 중국도 유사한 과정을 밟았다.

마오쩌둥毛澤東이 1976년 사망한 후, 홍콩과 싱가포르의 뛰어난 성공을 목격한 중국의 개혁정치가들은 카우퍼스웨이트식 모델이 중국에도 통할 것으로 생각했다. 1980년에 선전시는 세금과 규제가 없는 '경제

특구'로 지정되었다. 당시 인구는 3만 명이었으나 점점 더 많은 사람들이 기회를 찾아 모여들면서 현재는 거의 1,300만 명에 이른다. 어느 해에는 경제성장률이 무려 40퍼센트를 기록한 적도 있었다. 오늘날 선전은 제2의 홍콩이 되었다.[42]

중국은 전국인민대표대회 발의안에 명시했듯이 '사회주의를 위하여 자본주의를 이용'하고자 했다.[43] 덩샤오핑鄧小平은 1984년 연설 "중국 특색 사회주의를 건설하라"[44]에서 "우리는 생산력 개발에 충분한 힘을 쏟지 않았다"라고 주장했다. 이 작은 섬이 발전한 걸 보면, 중국의 발전 가능성은 얼마나 무궁무진한가? 오늘날 중국은 독재 자본주의의 특성을 보여주기는 하지만 세계에서 두 번째로 큰 경제 대국이며 구매력 평가지수로 보면 가장 큰 나라다.[45]

홍콩이 특이한 시점에 특이한 상황에 있던 것은 확실하다. 그렇다고 하더라도 낮은 세금정책과 긍정적 불개입 정책으로 경제 기적이 일어난 점은 의심할 여지가 없다. 카우퍼스웨이트의 업적은 그가 무엇을 한 것이 아니라 안 한 것에 있다. "난 별로 한 일이 없어요. 내가 한 일이라곤 정책이 원위치로 가지 않도록 막은 것밖에 없습니다."[46] 그는 특유의 겸손한 표정으로 말했다.

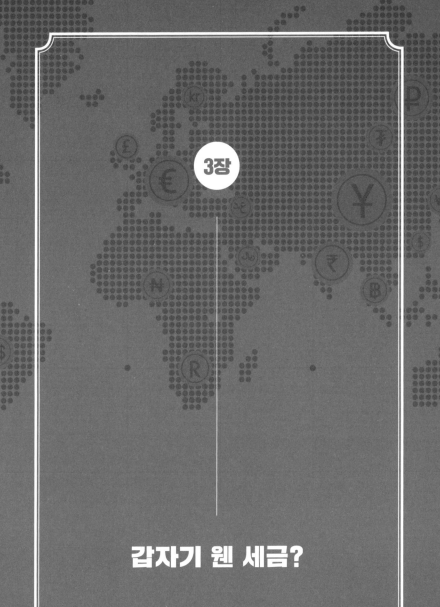

3장

갑자기 웬 세금?

> 죽음과 세금만큼 확실한 것은 없다.[1]
>
> 크리스토퍼 불럭 Christopher Bullock, 《프레스턴의 구두수선공The Cobbler of Preston》
> (1716)

세금은 문명 그 자체만큼이나 오래되었다. 1만 년 전 초기 수렵채집 사회에서도 집단의 지도자는 이미 노동력과 생산물을 다른 이들에게 요구했다. 그때부터 죽 모든 문명에는 세금이 있었다.

하지만 우리는 사실상 얼마나 세금에 대해 생각하고 이야기할까? 계몽주의 시대에는 세금의 이상과 현실에 대해 집중적이고 광범위한 토론이 있었지만 어쩐 일인지 오늘날에는 세금에 대한 논쟁이 거의 없다. 세금은 회계사와 경제학자들만의 재미없는 분야라고 생각한다. 우리가 체념하고 고지서대로 납부하자 정치인들은 여기서 조금 빼서 저기에 조금 늘리는 것 이상은 생각하지 않는 듯하다. 세금의 정당성, 특히 소득세의 정당성에 대해 의문을 제기하는 사람은 거의 없다. 개혁은 나중에 알아서 하겠지 하며 미루어진다.

이 책을 쓰는 목적은 사람들이 다시 세금을 생각하고 이야기하도록 하는 것이다. 세금이라는 틀로 과거, 현재, 미래를 보면 왜 세상은 이런 모습인지, 과거에 그런 일이 왜 일어났는지, 어떤 미래가 펼쳐질지 그리고 미래를 바꾸려면 어떻게 해야 하는지 등 모든 것이 명확해진다. 세금이 문명의 성격을 결정한다. 조세제도가 국가의 운명, 즉 국민의 번영과 빈곤, 자유와 억압, 만족감과 불만을 결정한다.

세금은 권력이다. 세금 수입이 없어지는 순간, 왕이든 황제든 정부든 권력을 잃는다. 고대 수메르 제국의 왕부터[2] 오늘날의 사회민주주의 국가까지 이 법칙이 항상 적용되었다. 세금은 국가가 움직이는 데 연료와 같은 역할을 한다. 세금이 줄어들면 지배력도 줄어든다.

고대 메소포타미아 전쟁부터 이라크 전쟁까지 모든 전쟁의 비용은 형태만 다를 뿐 세금으로 충당되었다. 세금은 전쟁을 가능케 한다. 전쟁을 끝내려면 세금을 없애야 한다. 알렉산드로스 대왕부터 나폴레옹과 그 뒤에 출현하는 정복자까지 모든 정복자의 목적은 세원이 되는 토지, 노동력, 생산물 그리고 이익을 장악하는 것이었다. 정복자들은 먼저 약탈하고 다음은 세금을 거두어간다. 조지 버나드 쇼 George Bernard Shaw 의 작품 속 카이사르는 "세금은 전 세계 모든 정복자의 주요 사업이다"라고 말한다. 칭기즈칸은 중국을 정복한 다음 다른 정복지와 마찬가지로 중국인을 말살하려 했다. 그런데 이게 보통 큰일이 아니었다. 중국은 당시 세계에서 인구가 가장 많은 국가였기 때문이다. 옐루 추사이라는 참모가 죽은 농민은 세금을 내지 못한다고 진언했다. 칭기즈

칸은 깨달았고 수많은 사람이 목숨을 구할 수 있었다.

모든 혁명과 반란도 마찬가지다. 그 중심에는 항상 불평등한 세금이 있었다. 미국 독립혁명의 구호는 "대표 없이 세금 없다No taxation without representation"였다. 황제가 부과한 부당한 세금을 참지 못해 소작농들이 일으킨 것이 러시아혁명이었다. 세금 문제를 가장 잘 드러낸 사례는 필리핀 독립운동이다. 반군들은 푸가드 라윈의 통곡Cry of Pugad Lawin 운동의 일환으로 세금고지서를 찢어버렸다. 스파르타쿠스부터 로빈 후드 그리고 마하트마 간디'까지 가장 위대한 반란은 거의 세금과 관련되어 있다.

세금의 눈으로 보면 또 다른 세상이 보인다. 잘 알려져 있지 않지만 역사상 가장 중요한 사건 어딘가에는 세금과 관련된 내용이 있다. 예수가 베들레헴에서 태어난 것은 마리아와 요셉이 그곳에 세금 신고를 하러 갔기 때문이다. 세금이 없었다면 인간은 달에 첫발을 내딛지 못했을 것이다. 서로 관련이 없어 보이는 사건들 간에도 세금 문제가 들어가 있다. 예를 들어 여성의 참정권은 제1차 세계대전 중 여성들이 공장에 투입되어 소득세를 납부하면서부터 허용되었다. 자연재해에도 세금 이야기가 나온다. 세금을 내는 새로운 노동자계급이 출현한 것은 흑사병으로 중세의 봉건제도가 사실상 무너졌기 때문이다. 또한 재난 뒤의 재건 과정에도 세금은 등장한다. 런던 대화재가 발생한 후 도시 재건에 필요한 기금은 주로 석탄에 부과한 세금으로 충당했다. 사실 런던 대화재는 옆집 굴뚝에 구멍을 뚫어 난로세를 피하려는 흔한 속임수에서 비롯되었다는 이야기가 있다.

피라미드부터 백악관까지 인류의 주요 건축물들은 세금이 없었다면 짓지 못했을 것이다. 세금징수를 목적으로 지어진 건물도 있다. 우리는 중국 만리장성이 외적의 침입을 막기 위해 축조된 것으로 알고 있다. 틀린 말은 아니지만 최대 100만 명의 인원이 동원되어 건설된 이 건축물은 특히 비단길을 따라 중국을 드나드는 물품에 세금을 부과하기 위한 목적도 있었다. 즉 정부의 수입을 보호하려는 의도가 있었던 것이다. 로마의 하드리아누스 방벽 역시 마찬가지였다.

심지어 우리는 세금 때문에 성姓을 갖게 되었다. 13세기 이전까지 영국과 유럽 대륙의 일반인들은 성이 없었다. 14세기 말경에는 대부분 성을 갖게 되는데 주로 직업(스미스Smith), 조상(잭슨Jackson, 매슈Mathew, 맥도널드Mcdonald), 거주지 지형(힐Hill, 포드Ford)을 따르는 경우가 많았다. 또는 나처럼 마을 이름(프리스비Frisby)에서 유래한 경우도 있다. 게일 문화권Gaelic culture(아일랜드와 스코틀랜드 일부에서 발생한 문화 - 옮긴이)에서는 신체적 특성으로 성을 짓는 경우도 많았다. 예를 들어 캐머런Cameron은 '비뚤어진 코'라는 뜻이고, 케네디Kennedy는 '수북한 머리털'이며 코널리Connolly는 '용맹한'이라는 뜻이다. 성이 나타난 데는 사람을 구별해서 인두세poll tax를 부과하려는 목적이 작용했다.

중국의 성은 역사가 좀 더 길다. 기원전 2800년 복희씨伏羲氏까지 거슬러 올라가는데[3] 이 역시 징세를 편리하게 하려는 목적이 있었다.

'세금tax'이라는 용어는 새로운 단어들이 많이 만들어진 1300년대부터 영어에 보이기 시작한다. 그 전에는 고대 프랑스어에서 유래한 '과업task'이라는 단어를 사용했고 세금은 보통 현물로 지불했다. 수확물을 바치거나 노동으로 갚는 식이었다. 그러나 세금, 부담burden, 수입세duty, 공물tribute, 십일조tithe, 요금charge, 부역corvee, 통행료toll, 부과금impost, 관세tariff 등 어떤 이름으로 부르든 그 원리는 동일하다. 세금과 자유의 밀접한 관계는 심지어 언어의 진화 과정에서도 나타난다. 검열censorship과 세금부과tax assessment는 (인구조사census도 마찬가지다) 같은 라틴어에 뿌리를 두고 있다. 센서censor는 고대 로마의 고위 행정관으로, 인구조사를 실시하고 시민들의 행동을 감시했으며 정부 재정의 일정 부분을 감독했다. 검열과 과세는 둘 다 경제적이든 아니든 자유의 제한과 관련 있는 단어다.

지도자들은 세금을 통제 수단으로 활용해서 사람들의 행동과 결정에 영향을 미친다. 표트르 대제는 러시아를 근대화하면서 수염이 방해가 된다고 생각하여 수염세를 신설했다. 러시아 국민들은 수염을 깎지 않으려면 세금을 내야 했다. 세금을 냈다는 증거로 "수염은 불필요한 짐이다"라고 새겨진 동전을 수염에 걸고 다녀야 했다. 세금은 사람들의 행동을 때로는 의도하지 않은 방향으로 바꾼다. 담배에 세금을 부과하면 끊는 사람도 있겠지만 밀수 담배로 바꾸는 사람도 있다. 연료에 세금을 부과하면 교통수단을 바꾸는 사람도 있고 아예 움직이지 않는 사람도 있다. 근로소득세를 올리면 더 열심히 일하는 사람도 있고, 해외로 직장을 옮기거나 일을 관두는 사람도 생긴다. 심지어 세금은 자녀 수를 결정하기도 한다. 이런 사례에서 보다시피 세금은 국가의 역할이 무엇인가에 대한 근본적인 질문을 담고 있다. 어떤 사람은 세금을 합리적인 계획에 따른 결정으로 볼 수도 있지만, 다른 사람은 정부의 소관을 넘어 개인을 간섭하는 보모국가$^{nanny\ state}$(정부나 정책이 국민을 과보호하거나 국민의 선택을 간섭하는 국가 – 옮긴이)의 행위로 볼 수도 있다.

오늘날 세금은 모르는 사이에 원천징수되고 강제로 징수된다. 내가 이렇게 말하면 강제로 가져가는 건 아니라고 말하는 사람이 있다. 무장 요원이 억지로 빼앗아 가지는 않으므로 틀린 말은 아니다. 그러나 내가 강제라고 한 말은 세금을 안 내면 전과자가 된다는 뜻이다. 하지만 많은 경우는 교도소에 갈 기회조차 없다. 세금이 원천징수되기 때문이다. 그래서 코미디언 크리스 록$^{Chris\ Rock}$은 다음과 같이 비꼬았다. "당신이 세금을 내는 게 아니고 국가가 세금을 가져가는 거예요. 월급을 받으면 다음 순간 사라져버려요. 이건 징수가 아니고 강도질이죠."

고대 그리스에서는 원하는 만큼 세금을 냈다. 그 반대의 극단적인 경우로 구소련이나 북한 같은 전체주의 국가에서는 사실상 국민들에게 자신의 노동력, 생산품, 이익에 대한 소유권이 없다. 국가가 모든 걸 가져간다. 오늘날 선진국들은 이 양극단 사이 어딘가에 위치해 있다. 인플레이션을 제외하면(나중에 설명하겠지만 인플레이션도 세금의 일종이다) 평균적인 미국인은 소득의 38퍼센트를 세금으로 납부한다.[4] 영국은 45퍼센트,[5] 프랑스는 무려 57퍼센트[6]다. 세금이 이렇게 높아진 건 비교적 최근의 일이다. 20세기 초반만 해도 우리 생활에서 세금이 차지하는 비율은 그리 높지 않았다. 대부분 세금으로 충당되는 정부 지출이 그리 크지 않았기 때문이다. 미국은 GDP의 7퍼센트, 영국은 9퍼센트, 프랑스는 13퍼센트였다.[7] 스웨덴의 1870년 정부 지출이 GDP의 5.7퍼센트로 근대

국가 중 가장 낮았다.[8] 이런 추세는 제1차 세계대전이 시작되면서 끝나 다시는 내려가지 않았다.

오늘날 우리가 하는 모든 행동에 세금이 연관되어 있다. 어떤 식으로든 세금과 관련되지 않은 행위는 없을 정도다. 지금은 다행히 없어졌지만 고대 로마에는 오줌에 부과하는 세금도 있었다.[9]

그 결과 21세기 선진국 어디에 살더라도 사람들이 인생에서 가장 많은 돈을 주고 구입하는 것은, 많은 사람들의 당연한 예상과 달리 집이 아니라 정부다. 평균적인 중산층 전문직이 평생 정부에 지불하는 세금은 360만 파운드(500만 달러)[10]로 주택 평균 가격보다 훨씬 비싸다. 시간으로 환산하면 20년 넘게 번 소득을 모두 세금으로 내는 셈이다.[11] 이는 농노가 영주의 보호를 받는 대가로 일주일의 반을 영주의 밭에서 경작해야 했던 중세 시대와 큰 차이가 없다. 세금을 내는 대가로 국가의 보호를 받고 국가가 제공하는 국방, 의료, 교육 등의 서비스를 받는다. 누구는 현 상태에 만족하고 누구는 불만이 있겠지만 정치적 성향에 상관없이 다른 선택지가 없다. 먹고살려면 자신뿐만 아니라 국가를 위해서도 일해야 한다. 우리는 생각만큼 자유롭지 못하다.

자신이 낸 세금이 맘에 안 드는 곳에 쓰이면 어찌 될까? 예를 들어 정치인들이 중동에서 전쟁을 벌인다거나 별 쓸모없는 사회기반시설을 구축하고 비윤리적이라고 생각되는 법을 제정한다면 말이다. 그러나 당신이 그래 봐야 정부는 꿈쩍도 안 한다. 4~5년에 한 번 있는 선거 말고는 세금의 사용처에 대해 발언할 권리도 없다. 워싱턴의 국세청 건물에는 "우리는 세금 덕분에 문명사회에 산다Taxes are what we pay for civilized society"[12]라고 새겨져 있다. 그런데 당신은 문명사회에 살고 있는가? 당신이 윤리적으로 반대하는 일에도 강제로 세금을 내야 하는데 이게 문명화된 사회인가?

사회민주주의자는 세금이 사회를 평등하게 만든다고 생각한다. 즉 세금이 부를 재분배하고, 교육과 복지에 평등한 접근권을 제공하며, 시장경제의 왜곡을 해소하는 역할을 한다고 본다. 사회주의자들은 기본적인 생각은 같으나 더욱 극단적이다. 자유주의자는 세금을 절도라 여긴다. 개인의 자유와 소유권에 대한 침해이며, 정부가 세금을 낭비하고 비윤리적인 곳에 지출한다고 본다. 차라리 놔두면 개인이 알아서 더 잘 사용할 거라고.

세금이 없다면 정부도 존재할 수 없다. 이런 논란은 꼬리를 물고 계속 이어진다. 따라서 대개 정확히 보이지는 않아도 거의 모든 정치적 논란의 중심에는 세금 문제가 있다. 정부는 세금을 어디에 사용할 것인가? 얼마만큼 사용해야 하는가? 누가 세금을 낼 것인가? 어떤 방식으로 과세할 것인가? 등등.

오늘날 우리가 당면한 수많은 문제점 중 특히 엄청난 빈부격차, 세대 간의 격차는 세금제도에 그 원인이 있다. 세제개혁은 정치인들이 확실히 세상을 바꿀 수 있는 얼마 안 되는 수단 중 하나다. 미래를 염려하고 우리 자손들이 살아갈 세상을 고민한다면 반드시 세금에 대해 생각해보아야 한다.

이 책에서 우리는 역사 속 세금의 발달 과정과 오늘날 많은 국가들이 겪는 문제점을 살펴볼 것이다. 그리고 세금의 미래도 알아볼 것이다.

현재 세계의 많은 국가가 재정적 어려움을 겪고 있다. 채무가 너무나 과다해서 상환이 불확실하지만, 갈수록 글로벌화·디지털화되어 국경의 의미가 점점 퇴색해가면서 세금징수는 더욱 어려워질 것이다. 정부 지출을 늘리기 위해 세금 증가에 대한 압력이 커지고 있지만, 이미 많은 세금이 부과되고 있고 지도자에 대한 대중의 신뢰가 급속히 추락하는 오늘날, 이는 매우 예민한 문제다. 특히 기술 발달로 많은 부문에서 정부의 역할이 점차 쓸모없어 보이는 현실에서는 더욱 그렇다. 국가가 복지, 교육, 의료 및 기타 필수적 분야의 서비스를 책임지는 사회민주주의 모델은 위험에 처해 있다. 한 세대가 가기 전에 우리가 알고 있는 많은 민족국가가 사라질지 모른다. 이 모든 변화의 중심에 세금이 있다. 그다음에 벌어질 일도 세금이 결정할 것이다.

4장

세금의 기원

> 신도 있고 왕도 있지만 더 무서운 건 세금징수관이다.[1]
>
> 고대 수메르 격언

문명의 시작은 지금으로부터 7,000년에서 1만 년 전에 유목민들이 티그리스강과 유프라테스강 사이의 비옥한 평야에 정착하면서부터였다. 이들이 눌러앉게 된 것은 진흙 덕분이었다. 곡물 수확량이 전과 비교할 수 없을 정도로 엄청났다. 나중에 금속을 사용하기 전까지 진흙으로 주전자, 낫, 도끼, 망치, 못까지 만들었다. 진흙과 짚을 섞은 후 햇볕에 말려 벽돌을 만들었다. 이 벽돌로 집을 지었고 집이 모여 인류 최초의 도시가 형성되었다.

최초에 에리두가 생겼고 뒤를 이어 우룩, 키시, 우르, 움마, 라가시 등의 도시가 뒤를 이었다. 인류 역사상 최초로 필요한 양 이상으로 생산하게 되자 에리두에서는 잉여 농산물을, 자신들에게 부족한 금속, 나무, 보석 및 다른 음식물과 교환하기 시작했다. 그리고 진흙이 돈의 역할을 했다. 보리쌀 한 되는 원뿔, 양 한 마리는 원반 같은 형태의 징표를 진흙으로 만들어 거래를 기록했다. 상인들은 진흙 구$^{clay\ ball}$ 안에 징표를 넣고 구운 다음 표면에 표시를 해놓았다. 이 진흙 구는 채무를 갚으면 깨버렸다. 가장 흔한 형태의 채무는 세금이었다. '에스레투'로 불리며, 노동력이나 생산물의 10분의 1을 납부하는 십일조는 최초의 공식적인 세금제도로 볼 수 있다.[2]

시간이 지나자 굽는 대신 진흙 표면에 그림을 새겼는데 이것이 최초의 문자 체계였다. 문자로 제일 먼저 기록한 것은 세금이었다. 즉 점토판에 십일조 세금과 공물을 기록한 것이다. 이렇게 쓰고 기록을 관리하는 새로운 기술을 익힌 사람들을 서기$^{scribe,\ 書記}$라고 불렀는데 이들이 나중에 세금징수관이 된다. 이렇듯 고대부터 회계, 화폐, 부채, 세금, 문자는 모두 나란히 발달했다.

고대 정착지가 번성하여 도시로 확장되자 도시 간에 자원을 두고 전쟁이 일어나기 시작했다. 움마와 라가시가 가장 사이가 안 좋았다. 전쟁 비용은 무엇으로 충당했을까? 물론 세금이다.

수자원을 쟁탈하기 위해 벌어진 전쟁은 100년간이나 지속되다 마침내 라가시가 승리했고 움마는 저수지를 사용하려면 돈을 내야 했다. 그런데 라가시의 왕은 전쟁이 끝난 뒤에도 자기 시민들로부터 계속해서 세금을 거둬들였다. 당시의 한 서기는 라가시의 이쪽 끝에서 저쪽 끝까지 "곳곳에 세금징수관이 있었다"[3]라고 기록했다. 남자가 이혼하면 5셰켈의 은화를 내야 했고, 양치기가 양의 털을 깎아도 5셰켈의 은화를 내야 했으며, 남편이 죽으면 부인은 유산에서 일부를 내야 했다. 수메르의 서기는 "선박 관리자는 선박을 개인적으로 사용했고, 가축

관리자는 당나귀와 양을 탈취했으며, 어장 관리인은 물고기를 제 것인 양 마음대로 가져갔다"[4]라고 기록했다. 결국 역사에 기록된 최초의 반란이 일어나 우루카기나Urukagina가 왕을 폐위시킨 후 세제개혁을 단행하여 이전 세대의 관습을 없애버렸다.[5] 세금징수관을 해고하고 세금을 줄이는 조치를 취하고 배우자의 상속세를 면제해주고 악덕 세금으로부터 시민을 보호하는 법을 제정했다.

문명의 발상지가 곧 세금의 발상지였다. 그 후 모든 문명에는 세금이 있었다.

소득세의 기원

> 그가 또 너희의 곡식과 포도원 소산의 십일조를 거두어 자기의 관리와 신하에게 줄 것이며, 그가 또 너희의 노비와 가장 아름다운 소년과 나귀들을 끌어다가 자기 일을 시킬 것이며 너희의 양 떼의 십분의 일을 거두어 가리니 너희가 그의 종이 될 것이라. 그날에 너희는 (중략) 부르짖되······
>
> <사무엘상> 8장 15~18절

소득이나 수확량의 10분의 1을 헌납하는(또는 가져가도록 놔두는) 관습은 메소포타미아뿐 아니라 중국, 이집트, 인도, 그리스, 로마, 카르타고, 페니키아, 아랍 등 거의 모든 고대 문명에 나타난다. 십일조를 보통 교회에 내는 세금이라고 생각하는데 고대에는 신, 왕, 지배자, 교회, 정부의 구분이 명확하지 않아서 전부 하나로 보았다. 일부 학자들은 우리 손가락이 10개고 보통 손가락을 사용하여 계산하기 때문에 10분의 1이라는 숫자가 나왔다고 주장한다. 즉 10은 자연스럽게 나온 숫자라는 거다.

오늘날의 세금처럼 십일조는 전쟁과 국방, 건축물과 기반시설, 지도자의 사치스러운 생활비 외에 자선활동에도 사용되었다. 자선행위는 거의 모든 종교의 필수 요소다(개인적으로는 인간 본성의 일부라고 생각한다). 역사를 통틀어 볼 때 교회의 주요 역할은 오늘날 국가로 그 책임이 넘어간 복지, 의료, 교육 등의 서비스를 제공하는 것이었다. 이슬람교의 자카트^{zakat}(기부)는 이슬람의 다섯 기둥 중 하나이며 십일조는 우슈르^{ushur}로 알려져 있다. 시크교에는 다완디^{dawandh}라는 십일조가 있다. 불교에서는 10퍼센트라고 구체적으로 명시하지는 않았지만 보시^{布施}는 열반으로 가는 시작점이라고 한다. 힌두교에서는 십일조를 다나^{dana}라고 하는데 이는 반드시 지켜야 하는 의무다. 경건하게 지켜야 하는 또 다른 계율 중 하나인 다샤마 바가 브라타^{dashama bhaga brata}는 산스크리트어로 '10분의 1을 내겠다는 맹세'를 뜻한다.

유대교에서는 〈창세기〉부터 십일조에 관한 언급이 반복적으로 나타난다. 아브라함은 전투에서 승리하게 해준 신에게 감사하는 의미에서 '가진 것의 10분의 1'을 바쳐 신에게 감사를 올렸다(살렘의 왕 멜기세덱^{Melchizedek}이 신을 대신해서 공물을 받았고, 이는 숭고한 자기희생이었다).[6] 야곱은 "하느님께서 저에게 무엇을 주시든지 그 10분의 1을 반드시 드리겠습니다"[7]라고 맹세한다. 정치적·종교적 봉사에 대한 보답으로 이스라엘 부족은 레위인에게 "십일조 전부를 (중략) 길이길이 대대로"[8] 주도록 요구된다. 기독교는 유대교의 십일조 관례를 따랐으며, 그 관행은 서기 585년 마콘 공의회Synod of Macon에서 교회법으로 확립되었다.

화폐와 동전이 널리 쓰이기 전까지는 십일조를 현물로 바쳤다. 농부는 곡물, 양털, 고기, 우유 같은 수확물의 10퍼센트를, 기술자는 생산품의 10퍼센트를, 노동자는 노동력의 10퍼센트를 바쳤다. 한 해의 첫 수확물을 예배당에 바치는 것은 많은 종교에 공통된 관행이다. 노동력으로 지불하든, 노동해서 만든 상품으로 지불하든, 십일조는 사실상 소득세였다. 시간이 갈수록 금액이 누적되면서 십일조를 받는 기관은 엄청난 부와 권력을 축적할 수 있었다.

프랑스에서는 프랑스혁명 이후 십일조가 사라졌다. 영국에서는 시간을 두고 점진적으로 사라졌다. 종교개혁이 발생한 후 16~17세기에 많은 토지의 소유권이 교회로부터 평신도에게 넘어갔다. 동시에 십일조를 받을 수 있는 권리도 넘어갔는데 19세기 초가 되자 산업화와 종교개혁, 흉작, 소득세 시행, 화폐와 동전의 보급에 힘입어 십일조를 현물로 지급하는 관습은 시대에 뒤떨어진 것으로 여겨져 점차 사라졌다. 산업혁명기에 농민들이 농촌에서 도시로 이주한 원인은 여러 가지가 있지만 십일조를 지불할 능력이 없었던 것도 한 이유였다. 1836년에 제정된 의회법은 현물 십일조를 폐지하고 화폐로 편리하게 지불할 수 있는 소작세를 도입했다.[9] 토지 소유주에게 지불되던 십일조는 시간이 지나면서 사실상 토지 임차료가 되었다.

많은 사람들이 여전히 소득의 일정 비율을 교회에 낸다. 독일에는 아직도 교회세가 있지만 소득의 10퍼센트를 내는 십일조보다는 훨씬 세율이 낮다. 교회가 하던 서비스를 국가가 맡아 책임지면서 십일조는 점점 설 땅을 잃어가고 있다.

정치적 이념이 종교를 대체할 수 있지만 어려운 사람들을 돕는다는 취지는 변하지 않는다. 종교가 있건 없건, 사람들은 한때 십일조가 담당했던 의료, 교육, 복지 서비스에 많은 자금이 투입되어야 한다고 굳게 믿는다.

어떤 사람들은 영국의 국민보건서비스National Health Service(줄여서 NHS)에 대한 굳건한 믿음을 종교의 교리에 비유하기도 한다. "NHS는 우리의 종교다. NHS의 탄생이야말로 영국 역사상 가장 자랑스러운 사회민주주의적 사건이었다"[10]라고 〈가디언The Guardian〉의 폴리 토인비Poly Toynbee는 말한다. 영국 재무장관을 지낸 나이절 로슨Nigel Lawson은 "NHS는 영국인이 가진 가장 종교에 가까운 것이다"[11]라고 주장하였다. 많은 사람들이 NHS가 보장해주는 서비스에 열렬한 지지를 보내는 것은 베풂과 동정심 그리고 어려운 사람들이 보살핌을 받는 걸 확인하고자 하는 욕구가 우리 모두에게 내재해 있기 때문이다. 세금은 그런 생각을 실천하는 수단이다.

역사상 가장 중요한 고고학적 발견은
세금 문서였다

로제타석^{Rosetta Stone}은 인류 역사상 가장 중요한 고고학적 발견
으로 평가된다. 1799년 이집트 북부의 현재 라시드 땅인 로제타에
서 나폴레옹의 부하 장교들이 발견했다. 이들은 고대 이집트 묘지
를 탐사해서 프랑스로 보낼 유물을 찾는 중이었다. 이집트 정부로
서는 통탄할 노릇이지만 현재 로제타석은 대영제국박물관에 보관
되어 있다. 아마 전시품 중에서 가장 귀중한 보물일 것이다.

검은색 화강암으로 된 이 유명한 판석은 프톨레마이오스 왕조
가 다스리던 기원전 196년 헬레니즘 시대에 만들어졌다. 이 유물
이 큰 의미를 갖는 건 세 가지 서로 다른 문자, 즉 고대 그리스문
자(왕족의 문자), 민중문자(평민들의 문자), 신성문자(신관의 문자)로
쓰여 있기 때문이다. 동일 내용을 세 개의 다른 문자로 표기했기
때문에 학자들은 마침내 고대 문자를 해독할 수 있게 되었다. 특
히 그동안 풀리지 않았던 신성문자를 해독하면서 4,000년 전 고
대 문화의 비밀이 풀렸다.

파피루스가 아닌 비석에 문자를 새겨 넣었다는 건 무언가 중
요한 내용을 알리려 했다는 의도가 있다. 돌에 새기면 후세에 오
래 남는다. 또한 공을 들여 세 개의 다른 언어로 표기했다는 점에
서도 내용이 중요한 것임을 알 수 있다. 이렇게 해야 가급적 많은

사람들이 그 내용을 이해할 수 있을 테니 말이다. 그 중요한 내용이 도대체 무엇이었을까?

이 비석은 반란이 끝난 후 어린 왕 프톨레마이오스 5세가 발표한 칙령을 적은 큰 비석의 일부다. 반란군과의 전쟁에서 승리한 후 평화를 선포하여 '문명화된 삶'[12]을 회복하려고 시도한 것으로 보인다. 평화의 형식은 반란군을 의무로부터 면제한다는 내용이며, 구체적으로는 세금 면제였다.

칙령의 내용을 보면 프톨레마이오스 5세는 "화폐와 곡식을 신전에 선물하고 많은 비용을 들여 이집트의 번영을 추구하였다."[13] "이집트에 부과된 수입과 세금을 그가 전액 또는 일부 감면해주어 그의 치세 기간 중 이집트 백성과 다른 이들이 번영을 누릴 수 있었다."[14] 왕은 "이집트 백성과 다른 이들이 지고 있던" 빚도 모두 탕감해주었다. 그 칙령에 따르면 "신은 신전의 수입을 향유할 것"이며, 사제들은 "이전 세대와 달리 사제가 되기 위해 내야 했던 세금을 낼 필요가 없다."[15]

한마디로 왕은 경기부양책을 펴겠다고 선언하고 있다. 로제타석은 조세 계획이었다.

역사학자가 어느 시대를 잘 알고 싶으면 세금 서류를 뒤져봐야 한다는 말이 있다. 세금 서류는 통치자에게 매우 중요하기 때문에 보관 상태가 좋을 수밖에 없다. 세금이 부과되는 방식을 보면 그 사회의 많은 것을 파악할 수 있다.

고대 그리스의 자발적인 세금

능력이 되는 사람한테만 세금이 부과된다고 상상해보자. 이 제도하에서는 세금을 회피하거나 최소한만 내려 하지 않고 오히려 더 많은 금액을 자발적으로 낸다. 내는 사람이 원하는 곳에만 세금이 사용되며, 정부의 간섭은 없다. 그런 건 불가능하다고 생각할 것이다. 그러나 역사를 돌아보면 꼭 그렇지만은 않다. 수학이든 과학이든, 드라마든 철학이든 우리는 고대 그리스의 높은 문화 수준에 감탄해왔지만 그 목록에 그리스의 세금제도도 추가해야 할 것 같다.

계몽주의 시대 철학자들이 그랬던 것처럼, 그리스인들은 세금을 윤리의 범주에 넣었다. 사회의 자유와 독재, 다시 말해 사회가 얼마나 자유로운지 여부는 세금제도를 보면 알 수 있다고 생각했다. "많이 가진 사람이 많이 내고 적게 가진 사람이 적게 내는 것이 공평하다"[16]라고 아리스토텔레스는 말했다. 고대 그리스인들이 대단한 건 세금을 매긴 방법이 아니라 매기지 않았다는 사실에 있다. 소득에 대한 세금이 없었으며 부자들의 부를 사람들에게 분배하는 역할을 하는 세금도 없었다. 그 대신 리터지[liturgy]라는 자발적 세금이 그 역할을 했다.

그리스어 레이투르기아[leitourgia]에서 온 단어인 리터지는 '공공 봉사', 즉 '사람들에게 하는 일'을 뜻하며 그리스 신화에 기원을 둔 기부, 봉사, 자기희생의 개념이 고대 그리스의 정서에 녹아들어 간 것이다. 티탄족인 프로메테우스는 인간을 창조했는데, 제우스가 감추어둔 불을 훔쳐 인간에게 내준다. 프로메테우스는 인류에게 최대의 은인이 되었지만 그 죄로 인해 영원히 고통을 당하게 된다. 한편 아테네 여신은 시민들에게 평화와 번영의 상징인 올리브 나무를 선물하였고, 여신의 이름을 따라 아테네시가 생겼다.

아리스토텔레스는 이 개념을 더욱 발전시켰다. 그가 말하는 '통 큰 사람'은 엄청난 금액을 사회에 기부한다. 그의 정의에 따르면 가난한 사람은 금전적 수단이 없기 때문에 결코 통 큰 사람이 될 수 없다. 그는 저서 《수사학》에서 진정한 부자란 선한 일을 하고, 돈을 나누어주며, 희귀하고 값나가는 선물을 주어 사람들이 살아갈 수 있도록 도와주는 사람이라고 했다.[17] 의학의 아버지인 히포크라테스는 사회적 책임을 중요하게 생각하여 의사들에게 "때에 따라서는 무료로 진료를 베풀어라. 지난번 선행이 현재에 주는 만족감을 떠올려라. 경제적 어려움을 겪고 있는 사람들에게 도움을 줄 기회가 생기면 전심전력으로 도와주어라"[18]라고 가르쳤다.

예를 들어 도시에 새로운 다리 같은 기반시설이 필요하다고 하자. 아니면 곧 전쟁이 터질 것 같아서 군비 지출이 필요하다고 하자. 또는 축제 같은 것이 필요할 수도 있다. 그러면 부자들이 팔을 걷고 나선다. 논리는 부자들이 특별한 부를 누리므로 그들이 비용을 부담해야 한다는 것이다. 그들은 비용을 낼 뿐만 아니라 일을 직접 주관하고 관리감독까지 한다. 리터지를 책임진 부자들의 명예가 달려 있으므로 그들이 맡은 일은 잘 진행될 수밖에 없다.

때와 필요에 따라(전시에는 그 숫자가 더 많아졌다) 아테네에만 리터지를 행하는 사람들이 큰 부자, 작은 부자 다 합쳐서 300명에서 1,200명 정도 있었다. 대부분 자발적이었다. 법이나 정부의 강요가 아니라 전통과 시민의 정서에 따라 이루어졌다. 자비심과 대중을 향한 의무감도 있었지만 명예와 위신이 올라가는 효과가 있었으므로 부자들이 스스로 나섰다. 맡은 일이 성공적으로 완수되면 리터지를 행한 사람은 일반 시민들 사이뿐 아니라 상류 엘리트 집단 내에서도 지위가 올라갔다. 고대 그리스 초창기에는 전사만이 '영웅'이 될 수 있었지만, 나중에는 다른 사람들의 복지 향상을 위한 공적인 행동으로도 영웅의 지위에 오를 수 있었다. 그러다 보니 많은 부자들이 기대 액수의 3~4배되는 금액을 기부하여 가급적 세금을 적게 내려는 현대인의 노력과 상반된 모습을 보여준다. 기부자의 공명심을 이용하여 공공의 복지를 추구했다.

가장 권위 있으면서 중요한, 그리고 비용이 매우 많이 드는 리터지는 트라이어라키^{trierarchy}로 불리는 군함 건조였다. 이 일을 맡은 사람을 트라이어라크라고 불렀으며 3단노 갤리선^{trireme}의 건조와 운용, 유지를 책임졌다. 이 군함 덕분에 한때 세계에서 가장 강했던 아테네 해군을 건설하여 해적으로부터 해상로를 지킬 수 있었다. 무역 중심지 아테네를 보호하는 데 해군의 역할은 필수적이었다. 고대 그리스의 많은 건축물들은 명예를 얻기 위해 경쟁하는 기부자들에 의해 축조되었다. 파나텐 축제와 디오니소스 축제도 같은 이유로 생겨났다. 다양했던 아테네의 축제에서 체육, 연극, 음악 경연대회에 나갈 팀을 선발하여 금전적으로 지원하고 훈련시키는 일을 '코레기choregy'라고 하였다.[19] 맡은 팀이 우승하면 코레기를 지휘한 코라구스choragus의 명예도 따라서 올라갔다. 우승팀을 지원한 코레기를 기념하기 위해 청동 삼각대 위에 세운 기념비가 오늘날까지 남아 있다.

이 제도를 개인이 악용해서 이득을 본 사례는 많다. 특히 정치 분야에 많았는데, 장군이 되기 전에 젊은 페리클레스가 아테네에 이름을 떨치게 된 것은 아이스킬로스의 연극 〈페르시아인들〉을 디오니소스 축제에서 상연하여 자신의 선행을 널리 알린 것이 계기가 되었다. 그에게 가장 강한 정적이었던 키몬도 이와 비슷하게 상당한 개인 재산을 아끼지 않고 나누어주어 대중의 환심을 샀다.

어떤 이유에서건 리터지를 맡지 않으면 시민들의 경멸 대상이 될 수 있었다. 그러나 전에 리터지를 했거나 현재 다른 리터지를 진행 중이면 예외를 인정받을 수 있었다. 또한 안티도시스antidosis라는 제도도 있었다.[20] 리터지를 맡은 사람이 자신 말고 다른 사람(B라고 하자)이 더 부유하기 때문에 그 사람이 맡아야 한다고 주장할 수 있었다. B에게는 3개의 선택지가 있는데 대신 리터지를 맡거나, 한 달 이내에 소송을 걸어 누가 더 부자인지 판결을 의뢰하거나, 재산을 교환해서 자신의 부를 줄이는 방법이었다. 이는 당사자가 직접 주장하는 것보다 실제 부자를 가리는 데 매우 효율적인 방법이었다.

그러나 펠로폰네소스 전쟁(기원전 431~404년)의 비용이 점점 늘어나자 아테네 시민들은 전쟁세를 내야 했고 재산에 직접 부과되는 에이스

포라^{eisphora}라는 세금도 납부해야만 했다. 이렇게 아테네가 다른 강대국의 시스템을 따라 하면서 자발적 리터지는 점점 줄어들다가 없어져 버렸다. 사회가 진화하고 특히 전쟁에서 정부의 역할이 커지면서 초창기에 누렸던 낮은 세금과 자유는 사라졌다.

5장

종교와 세금

> 유대인들의 정치경제사는 터무니없는 세금에 대한 연속적인 투쟁이었다.
>
> 찰스 애덤스Charles Adams, 《선과 악을 위하여For Good and Evil》(1993)[1]

고대 메소포타미아가 문명의 한쪽 요람이었다면 이집트는 그 반대쪽이었다.

기원전 1300년경 히브리인들은 이집트에 450년간 정착 중이었고, 그들의 부와 인구가 점차 늘어나자 이집트는 이들을 위협적인 존재로 인식하기 시작했다. 1세기 유대인 출신의 로마인 학자인 티투스 요세푸스는 이집트인들이 히브리인들을 못마땅하게 생각했으며 "그들의 번영을 질투했다"[2]라고 기록했다. 성경에는 파라오의 말을 인용하여 말한다. "보라, 이스라엘 백성이 이렇듯 무섭게 불어나니 큰일이다. 잘 다스리자. 그들이 늘어나지 않도록."[3]

잘 다스려야 한다는 건 세금을 매긴다는 뜻이다. 하인리히 그레츠Heinrich Graetz의 저서 《유대인의 역사》에 따르면, 그 당시에는 전쟁 포로, 범죄자 그리고 채무를 못 갚거나 세금을 내지 못한 자는 노예가 되었다.[4] 역사가 항상 그렇듯 탄압은 세금으로 시작했다. 이집트인들이 "그들을 노예로 삼아 그들을 다스릴 감독들을 세우고 강제 노동으로 그들을 괴롭혔으며"[5] 징벌 수준으로 세금이 증가하면서 이스라엘 백성은 더욱 혹독한 시련을 겪었다. "더욱 혹독한 일로 그들의 생활을 괴롭히며 진흙을 이겨 벽돌을 굽게 하고 여러 가지 고된 농사일로 그들을 잔인하게 혹사했다."[6] 모세가 이들을 이끌고 이집트를 탈출할 때쯤에는 한때 자유인이었던 히브리인들이 노예 신분으로 전락한 상태였다. 노동력을 포함한 자신의 모든 것에 대해 소유권이 없는 노예 상태야말로 세금으로 속박할 수 있는 최고의 수준이다.

모세는 히브리인들을 이끌고 시나이반도로 탈출하여 속박에서 벗어났고, 역사상 최초로 세금을 피해서 탈출한 난민으로 기록되었다. 여기에서 유대기독교 신앙체계의 기본이 되는 '십계'가 탄생한다. 유대교 신앙의 뿌리에 세금이 자리 잡고 있다.

예수와 세금징수관

유대교에만 세금 이야기가 있는 건 아니다.

〈누가복음〉에는 "그 무렵 로마 황제 아우구스투스가 온 천하에 자신의 성읍으로 돌아가 세금을 내라는 명령을 내렸다. 그래서 사람들은 등록을 하러 저마다 본고장을 찾아 길을 떠나게 되었다. 요셉도 갈릴리 지방의 나사렛 동네를 떠나 유다 지방에 있는 베들레헴으로 갔다.

베들레헴은 다윗왕이 난 고을이며 요셉은 다윗의 후손이었기 때문이다. 요셉은 약혼한 마리아와 함께 등록하러 갔는데 그때 마리아는 임신 중이었다"[7]라는 구절이 있다.

마리아와 요셉이 베들레헴에 가서 예수를 출산한 것은 세금 때문이었다. 성경의 다른 버전에는 인구조사를 위해 베들레헴에 갔다는 설도 있지만 인구조사 역시 세금을 거두기 위해 실시하므로 결국 같은 이야기다. 어쨌든 마리아와 요셉은 세금 때문에 베들레헴에 갔다. 세금이 없었다면 기독교는 지금까지와 같은 길을 걸어오지 못했을 것이다.

세금은 예수의 일생에서 반복해서 나타나는 주제다. 혁명가였으니 당연한 일이다. 그는 불공정한 로마의 세금제도에 불만이 많았다. 특히 로마의 신들을 숭배하지 않는 모든 사원에 부과되는 성전세^{temple tax}에 큰 불만이 있었다. 그는 로마의 '땅 위의 왕들'이 자신들의 종교는 제외하고 다른 종교만 과세하는 데 불만을 가졌다. 하지만 예수는 "그들의 기분을 상하게 하지 않도록"[8] 세금을 내라고 충고했다. 세금이 아무리 불공정하더라도 이를 납부하지 않아서 죽음을 당하거나 노예가 되는 것보다는 내는 게 더 낫다.

예수와 바리새인들의 유명한 일화도 있다. 예루살렘 성전에 도착한 예수는 놀랍게도 안에서 장사하는 사람을 발견했다. 그는 "성전에 들어가 장사하는 사람들을 쫓아내시며"[9] 설교를 시작했다. 이에 바리새인과 서기들은 화가 났다. 장사를 못하면 로마를 대표해 유대 속주의 세수 업무를 관장하는 본디오 빌라도 총독에게 바칠 수입이 끊기고 총독과의 관계에 타격이 올 수도 있다. 예수를 제거하고 싶었으나 문제는 많은 사람들이 예수를 따른다는 데 있었다. 그들은 예수가 자신의 죄를 스스로 인정하게 만들 함정을 파기로 했다. 즉 "말로 예수님을 함정에 빠뜨릴"[10] 계획이었다. 우선 예수에게 아첨하여 진실을 향한 그의 헌신과 정직함, 공정함을 칭찬했다. 그러고는 예수에게 유대인들이 황제에게 세금을 내는 것이 옳은 일이냐고 물었다. 기대했던 대로 옳지 않다는 답이 나오면 빌라도 총독에게 예수를 넘길 이유가 생기는 것이었다. "그래서 그들은 예수님을 세심하게 지켜보다가 첩자들을 보내 의로운 체하며 어떻게 해서든지 예수님이 하는 말에서 구실을 찾아 그를 총독의 권한에 넘기려고 하였다"[11]라고 〈누가복음〉에 기록되어 있다.

그러나 예수는 간계를 파악하고 "왜 나를 시험하려 하느냐? 내게 세금 낼 돈을 보여보아라" 하고 말한다. 그들 중 한 명이 데나리온 은화를 보여주자 예수는 "이 돈에 누구의 초상과 이름이 새겨져 있느냐?"라고 물었다. 그들이 "황제의 것입니다"라고 대답하자 예수는 유명한 말을 한다. "황제의 것은 황제에게, 하느님의 것은 하느님께 바쳐라"[12]라고 하자 모두 그 대답에 놀라 말문이 막히고 말았다.

그 일은 잘 넘어갔지만 세금 문제는 결국 예수의 추락을 초래한다.

로마 시대에 일부 종교는 인정을 받았다. 유대교도 그런 공인 종교 중 하나였다. 잔인하게 탄압받지 않았고 켈트 지역의 드루이드교처럼 거의 말살당하지도 않았으며 정기적으로 열리는 바카날리아 비밀의식처럼 미신 취급을 받지도 않았다. 그러나 로마인이 아닌 사람이 지도자가 되는 것은 절대 용인되지 않았다. 로마의 권위와 세수에 대한 도전으로 간주되었기 때문에 왕을 칭하는 자는 선동죄로 다스려졌다.

로마 시민은 십자가에 못 박히는 형을 받지 않았다. 탈출하다 잡힌 노예, 노상강도, 해적, 선동죄를 저지른 비로마인들만 십자가형에 처해졌다. 군중은 예수를 본디오 빌라도 앞에 끌고 와서 "이 사람은 우리 민족을 그릇된 길로 인도하고 있습니다. 황제에게 세금을 바치지 못하게 하고 자기가 그리스도왕이라고 주장합니다"[13]라고 하였다. 세금을 내지 말라고 선동한 죄로 예수는 십자가형에 처해졌다.

이렇듯 예수의 탄생과 죽음, 생애 전반에 걸쳐 세금이 연관되어 있다.

세금과 이슬람교의 부흥

> 백성의 가난은 국가의 파멸과 몰락의 직접적인 원인이다. 백성이 가난한
>
> 원인은 지도자와 상류층이 부와 재산을 쌓으려 하기 때문이다.[14]
>
> 알리 이븐 아비 탈리브, 4대 칼리프(656~661)

이슬람교는 예언자 무함마드로부터 시작되었다. 그는 전쟁 승리와 무역로의 재빠른 장악, 모두를 평등하게 대우하겠다는 약속 등에 힘입어 아라비아 부족들을 통일한 뒤 632년 사망했다. 그가 죽은 지 30년이 채 되지 않아, 이슬람은 전 세계에서 가장 큰 제국이 되었고 계속 팽창했다. 이슬람교가 7~8세기에 짧은 시간 동안 성공적으로 퍼질 수 있었던 이유와 방법에 대해 학자들 사이에 많은 논의가 있었다. 이

슬람의 세금제도가 모든 걸 설명해준다. 그 어떤 수단보다 효과적으로 이슬람으로의 개종을 유도했기 때문이다.

무함마드의 후계자는 친한 친구이자 장인인 아부 바크르였고, 그가 초대 칼리프였다. 초기 로마제국의 충성스럽고 잘 조직된 군대가 그랬던 것처럼, 아부 바크르의 군대 역시 전원 지원자로 구성되어 있었다. 북동쪽에는 정치적·사회적·경제적·군사적으로 취약한 사산조 페르시아제국이 있었다. 한때는 세계열강 중의 하나였지만 무너져가는 비잔틴제국과의 수십 년에 걸친 전쟁으로 피폐해 진 상태였다. 페르시아제국, 비잔틴제국, 로마제국 시민들 모두 무거운 세금으로 고통받고 있었다. 바크르는 세금을 경감해주면 많은 지지자를 얻을 수 있다고 생각했다. 그는 "무함마드의 종교를 받아들이고 기도를 드리는"[15] 사람은 세금이 면제될 것이라고 선언했다.

바크르의 명령에 따라 칼리드 이븐 알 왈리드 장군이 페르시아제국을 공격했다. 대부분 조로아스터교도였던 피정복민은 지즈야^{jizya}라는 인두세를 내야 했으나 바크르의 지시에 따라 이슬람교로 개종한 사람들은 세금이 면제되었고 자유인이 되었다.[16] 개종하지 않더라도 세금만 제대로 내면 심한 취급은 받지 않았다. 그러나 세금을 제대로 내지 않으면 투옥되어 노예가 되거나 심지어 사형을 당하기도 하였다. "자비롭고 동정심 많은 알라의 이름으로 말하노니 이슬람교를 믿고 구원을 얻으라. 개종이 싫다면 세금을 내고 우리의 보호를 받으라. 그것도 싫다면 당신이 와인을 좋아하는 만큼이나 살인을 좋아하는 나의 부하들과 함께 당신을 칠 것이다"[17]라고 왈리드 장군은 협박했다. 죽음, 세금, 이슬람 중에서 선택해야 했다. 그 결과 많은 사람들이 이슬람으로 개종했다.

바크르의 후계자인 우마르, 우스만, 알리 모두 비슷한 접근 방식을 택했다. 이슬람의 군대는 북아프리카를 휩쓸고 마침내 스페인까지 점령했다. 모든 국가가 굴복했다. 비록 구호는 '이교도에게 죽음을'이었지만 이슬람의 성공은 정복과 포교보다는 합리적인 세금정책 덕분이었다. 정복당한 국가에서 저항은 거의 일어나지 않았다. 이전 정권의 세금이 너무 무거웠기 때문에 저항할 수단도, 의지도 없었다. "세금이 너무나 혹독해서 부자건 빈자건 기독교를 싫어했다"[18]라는 기록도 있다. 따라서 기독교도들이 가장 많이 개종했다.

개종하지 않은 사람도 이슬람 침략자들을 환영했다. 유대 지역에서 발생한 사건에 의하면 안티오크에서 대규모 로마군을 만나 후퇴하던 이슬람 후미 부대는 철수 과정에서 정복 지역의 시민들에게 거둔 세금을 돌려주라는 명령을 받게 된다. 세금이라는 것이 '단지 보호의 대가'[19]인데 이제는 주민들의 안전을 보장할 수 없게 되었다는 이유에서였다. 유대인들은 "우리 몸 안에 마지막 생명의 불꽃이 타 없어질 때까지 로마군과 싸우겠다"라고 맹세하며 전의를 불태운 반면, 그 지역 기독교인들은 이슬람군에게 눈물을 흘리며 "제발 우리를 버리지 마세요"라고 호소했다고 한다.[20]

초기 로마제국과 마찬가지로 이슬람 정복자들은 그 지역 징세방식의 기본은 건드리지 않으면서 피정복지 주민의 환심을 사기 위해 세율을 낮추고 온건한 징수방법을 실시했다. 예를 들어 4대 칼리프인 알리는 이집트 주요 지역의 행정관에게 지시를 내려 "납세자들의 번영을 보장하도록" 최선의 노력을 기울이라고 하였다. 또한 "경작 중인 토지를 잘 돌보는 것이 세금을 거두는 것보다 훨씬 중요하다. 땅이 비옥하지 않으면 세금을 거둘 수 없기 때문이다"라고 말했다. 칼리프는 또 "경작자의 토질 개선 노력을 도와주지 않고 세금만 종용하는" 관리에 대해 이런 말을 덧붙였다.[21]

> 경작자에게 부당한 고통만을 줄 뿐이며 결국 국가를 망치게 된다. 그런 관리는 오래가지 못한다. 농부가 전염병, 가뭄, 폭우, 척박한 토양, 그리고 생산량에 영향을 주는 홍수 등의 원인으로 세금을 줄여달라고 요구하면 적절하게 낮추어 어려운 상황을 극복할 수 있도록 도와주어라. 이로 인한 세수 감소는 염려 마라. 언젠가 풍년이 들면 그 몇 배로 돌아와 도시의 번영을 낳고 국가의 위상을 높일 것이다.[22]

또한 알리는 절대로 납세자들을 모욕해서는 안 된다고 강조하면서 "내 명을 거역하면 천벌을 받을 것이다"[23]라고 말했다.

스페인을 정벌했을 때도 유사한 일이 발생했다. 12세기 안달루시아의 철학자인 아부 바크르 무함마드 앗 투르투시에 의하면 "세금 내는 농민을 제대로 대접해주니 이슬람 정복자들은 항상 이전의 정복자들보다 인기가 좋았다. 이들은 상인이 상품을 아끼듯 농부를 아꼈다. 농산물이 넘쳤고 돈이 남아돌았으며 군대에는 보급품이 풍족했다."[24]

1대부터 4대까지 소위 정통 칼리프들(632~661)은 주로 군사적 팽창에 집중한 반면 우마이야 왕조(661~750)와 아바스 왕조(750~1258)는 이슬람 제국의 기반을 굳건히 다졌다. 수학, 화학, 의학, 음악, 건축, 예술 등의 분야에서 커다란 발전을 이루며 역사상 가장 위대한 제국 중 하나로 발전했다. 당시 무역로를 통해 에티오피아로부터 커피가, 중국으로부터 화약이 최초로 유럽에 전파되었다.

그러나 시간이 지나면서 이교도의 숫자가 줄어들자 세수도 감소했다. 개종을 이유로 인두세를 면제해주던 제도를 없앴다. 이집트에서는 파견관리가 개종자에 대한 세금을 다시 도입해달라고 요청해서 칼리프의 승낙을 받기도 했다. 교리보다는 세수가 우선이었다. 개종하는 대신 딤마^{dhimma}라는 제도가 있어서 이교도들도 세금만 잘 내고 이슬람교도를 공격하거나 이슬람 여성을 겁탈하지 않으면 보호를 받았다. 세금은 처음에는 1년에 1~2디나르였고 나중에 인상되었다. 이교도에 대한 과세는 상당히 짭짤해서 서구 기독교 국가에서 이를 모방하기 시작했는데 특히 유대인들이 주로 표적이 되었다.

이슬람 제국은 초기 로마 시대 같은 공화정과는 거리가 멀었고 로마 제국과 유사한 독재체제였다. 멀리 떨어져 있는 칼리프가 감독할 수단이 별로 없자 지방의 술탄은 점점 많은 부를 축적했다. 시간이 지남에 따라 이슬람군은 더 이상 세금으로부터 시민들을 보호하지 못하고 오히려 무자비하게 세금을 집행하였다. 인두세는 1디나르에서 4디나르로 늘어났고 25퍼센트의 수확세는 흔히 볼 수 있었다. 세금징수관 앞으로 끌려와서 두드려 맞거나 곤욕을 치르는 일도 많아졌다. 어떤 시민들은 세금을 또 내라고 할까 봐 아예 영수증을 목에 문신으로 새기기도 했다. 한 이슬람 성직자는 기독교도나 유대교도가 가진 자산 가치의 3분의 2에 해당하는 재산세를 부과해야 한다고 주장하기도 했다.[25] 이집트에서는 한 이슬람 성직자가 토지세 인상을 발표한 날, 그의 부인 중 한 명의 드레스가 3만 디나르라는 것이 알려지면서 폭동이 일어나기도 했다. 이에 한 시민이 "부인이 여러 명이고 드레스도 여러 개인데 그중 하나 가격이 3만 디나르니 말 다했지"[26]라며 용감하게 세금 인상의 부적절함을 지적했다. 당시 주민들의 말에 의하면 스페인에서는 세금징수관이 "주민들을 등쳐먹고 돈을 가로채자 지칠 대로 지친 주민들이 도주해버려 농사지을 사람이 없었다"라고 한다. 술탄의 세수입은 점점 감소했고 군대는 약해진 반면에 적은 더욱 강해져서 이슬람 제국의 영토를 빼앗아갔다. 이슬람군은 허약했고 적은 강했다.[27] 이슬람 세력의 유럽 진출을 막은 것은 피레네산맥이 아니라 지나친 세금이었다.

초대 칼리프였던 아부 바크르는 사망하면서 재위 기간 중 모은 모든 재산을 국가에 헌납했다.[28] 이후에는 그런 희생정신을 볼 수 없었다. 15세기가 되자, 아니 그 이전부터 이슬람의 전성기는 막을 내리고 있었다. 높은 세금이 당연시되니 피할 수 없는 결과였다.

14세기의 위대한 철학자 이븐 할둔은 대표작 《역사 서설》에서 세금의 순환을 다음과 같이 기술하고 있다.

> 제국의 초창기에는 부담 없는 수준으로 세금이 책정되어 상당한

세수입을 가져다준다. 시간이 지나 왕들의 승계가 계속되면서 이들은 초심을 잃고 세련된 것에 끌리게 된다. 자라온 환경 때문에 왕들의 욕구와 요구사항은 점점 많아진다. 결국 백성들에게 새로운 세금을 강요하고, 세수입을 늘리기 위해 세율을 대폭 상승시킨다. 세금 증가가 경제에 미치는 영향은 금방 나타난다. 상인들은 늘어난 세금이 자신들의 수익에 미치는 영향을 비교해보고 사업 의욕이 꺾인다. 그 결과 생산은 줄어들고 세수입도 줄어든다.

그의 설명은 과거의 로마제국이나 그리스, 그리고 나중에는 영국이나 미국에도 해당된다. 위대한 문명 초기에는 적은 세금과 작은 정부가 있고 멸망할 때는 많은 세금과 큰 정부가 있다.

세율이 높다고 세수가 많아지는 건 아니다

상식에 어긋나 보이지만 이는 수세기에 걸친 관찰에서 발견된 사실이다. 낮은 세율을 적용하면 세수가 많아지고 높은 세율을 적용하면 세수가 감소한다.

이를 알아챈 사람은 할둔이 처음이 아니었다. 이는 4대 칼리프인 알리의 통치 철학이었다. 앞에서도 언급했지만 그는 무슨 일이 있어도 납세자가 풍족하게 살기를 원했다. 18세기 스코틀랜드 철학자인 데이비드 흄David Hume과 애덤 스미스도 알았고 20세기의 존 메이너드 케인스[John Maynard Keynes], J. F. 케네디 대통령과 로널드 레이건 대통령 등 많은 사람들이 알고 있었다. 미국 재무장관이었던 앤드루 멜런[Andrew Mellon]은 1924년에 "세율이 높다고 반드시 세수입이 증가하지 않으며, 세율이 낮으면 오히려 세수입이 늘어날 수 있음을 이해하지 못하는 사람들이 있다"[29]라고 책에서 말했다. 이 주장을 편 가장 유명한 사람은 아마도 미국 경제학자인 아서 래퍼[Arthur Laffer]일 것이다.

그는 1974년에 워싱턴에서 탄핵된 닉슨 대통령의 참모였던 딕 체니, 도널드 럼즈펠드 그리고 〈월스트리트저널[Wall Street Journal]〉 기자였던 주드 와니스키[Jude Wanniski]와 함께 저녁식사를 하고 있었다. 이 자리에서 래퍼는 제럴드 포드 대통령의 잘못된 세수 증대 정책이 정부 수입의 증가로 이어지지 않을 것이라고 주장했다. 전해지는 이야기에 따르면 래퍼는 자신의 주장을 설명하려고 냅킨에 세율과 세수의 관계를 나타내는 곡선을 그렸다고 한다. 세율이 아주 낮으면 정부의 세수입이 적지만 세율이 아주 높아도 세수입이 적으므로(그 이유는 경제 불황, 기업의 매출 및 이익 감소, 만연한 탈세 등이다) 이 곡선은 종 모양을 하고 있다. 종의 가장 높은 부분이 세수입이 제일 커지는 지점이다. 즉 정부 세수입을 최대화하려면 이 지점에서 세율을 정해야 한다. 그의 설명은 동석자들의 관심을 끌었고 와니스키는 나중에 이를 '래퍼곡선[Laffer Curve]'이라고 이름 붙였다. 그런데 막상 래퍼는 "래퍼곡선은 내가 발견한 것이 아니다"[30]라고 부인하면서 케인스부터 할둔까지 많은 사람들이 이 현상을 알고 있었다고 말했다. (그렇다면 4대 칼리프 곡선이라고 불러야 하나?)

　케네디 대통령은 "모순적이기는 하지만 세율이 너무 높아 세수가 부족한 시기에 이를 늘리는 가장 합리적인 방법은 궁극적으로 세율을 내리는 것이다"[31]라고 말한 적이 있다. 이는 인류가 항상 잊기 때문에 계속해서 다시 일깨워줘야 하는 교훈이다(그런 면에서 이슬람 제국도 크게 다르지 않았다).

6장

조세 저항으로 탄생한 대헌장

세금, 하하하! 아름답고 사랑스러운 세금! 그래! 그래!

디즈니 영화 〈로빈 후드〉에서 존왕의 말(1973)[1]

통치자들은 오래전부터 도덕적 근거를 이용해 세금을 정당화해왔다. 전 영국 재무장관 조지 오스본은 설탕세 도입 목적이 정부의 세수 증대가 아니라 국민 건강이라고 주장했다. 프랑스의 에마뉘엘 마크롱 대통령은 기후변화에 대응하기 위해서 유류세를 도입했다. 이런 농간은 세금이라는 말의 어감에서도 찾을 수 있다. 세금은 '의무'이고, '감사의 표시'이며 '당연히 내야 하는 것'이지 않은가?

중세 영국에도 그런 예가 있다. 군주를 따라 전쟁에 나가고 싶지 않은 기사는 '병역면제세'를 내야 했다. 이 세금은 비겁세cowardice tax라고도 알려져 있다. 이 세금은 왕에게 짭짤한 수입을 안겨주었다.

1187년 쿠르드족 출신 최고의 지도자인 살라딘Saladin이 십자군을 격파하고 예루살렘을 점령하자 기독교의 근간이 뿌리째 흔들렸다. 영국과 프랑스의 왕은 새로운 십자군을 구성해야 한다고 주장했고 원정 자금을 모으기 위해 헨리 2세^{Henry II}는 살라딘십일조^{Saladin tithe} 라는 특별세를 신설했다. 소득과 동산에 10퍼센트의 세율로 부과했으나, 기사의 무기, 말, 갑옷과 성직자가 이용하는 말, 서적, 의복, 제복, 예배에 사용되는 교회 물품 등에는 과세하지 않았다.[2] 그 밖에는 예외가 없었다. 단 십자군 지원자는 면제되었으므로 많은 사람들이 세금을 피하려고 자원했다. 살라딘십일조는 그때까지 영국이 거둔 가장 비싼 세금이었다. 당연히 인기는 없었다.

그런데 헨리 2세는 십자군을 구성하지도 않았다. 처음에는 프랑스의 필리프 2세^{Philippe II}와, 그다음엔 자기의 아들과 싸우다 1년 후인 1189년 출혈성 궤양으로 사망했다. 그의 아들 '사자심왕^{Lionheart}' 리처드 1세^{Richard I}가 왕위를 물려받았는데 그는 영국을 통치 대상이 아닌 과세 대상으로 보았다. 리처드 1세는 정부 재정이 넉넉한 것을 보고 곧바로 3차 십자군 원정에 나섰으나 살라딘으로부터 예루살렘을 탈환하는 데는 실패하였다. 왕은 돌아오는 길에 포로가 되어 신성로마제국 황제에게 넘겨졌고 황제는 몸값으로 터무니없이 높은 은화 10만 파운드를 요구했다. 이는 그 전년도에 살라딘십일조로 모은 돈과 비슷한 금액이었다. 할 수 없이 왕을 석방시키기 위해 10퍼센트가 아닌 25퍼센트 세율로 또 다른 십일조세가 부과되었으며 이번에는 성직자도 면제 대상에서 제외되었다. 그 외 병역면제세와 새로운 토지세도 부과되었다.[3]

리처드 1세는 5년 후인 1199년에 사망했고 그의 동생 존이 왕위에 올랐다. 존왕은 신성로마제국 황제에게 형 리처드 1세를 더 오래 붙잡

아달라고 뇌물을 바치려 했던 인물이다. 그 역시 형의 뒤를 이어 과중한 세금으로 백성을 수탈한 악명 높은 군주였다. 17년의 재위 기간 중 병역면제세를 11차례나 부과했고, 심지어 전쟁이 없던 해에도 거두어 갔다. 형이 부과했던 토지세 위에 새로운 토지세를 부과했고 납부를 거부하면 토지를 몰수했다. 또 다른 십일조를 부과하고 수출입관세도 도입했다. 또한 일종의 상속세를 신설해 영지와 성을 유산으로 물려받은 귀족들이 내기 벅찰 만큼의 기부금을 요구했다. 왕은 돈을 받고 관직을 팔았으며 이렇게 관직을 산 사람들은 특히 삼림에서 거둬들이는 세금과 벌금으로 투자금을 회수하려 했다. 여기서 로빈 후드 이야기가 탄생한다. 왕은 새로운 도시를 건설할 권한도 팔았는데 이렇게 생긴 도시 중 하나가 리버풀이다. 이미 살라딘십일조의 주요 징수 대상이 되었던 유대인에게 특별세를 추가해서 4만 4,000파운드의 은화를 징수했다. 그리고 재혼하지 않는 과부들에게도 과세하였다. 존왕이 벌인 전쟁에 나가 남편이 사망한 과부들은 특히 괘씸했을 것이다.

설상가상으로 흉작이 계속되어 식량이 부족해지고 가격이 올랐다. 존왕은 1204년부터 1205년 사이에 화폐 개주re-coinage를 실시해서 물가 상승을 억제하려 했으나 실패하자 봉기가 발생했다. 영국민은 더 이상 참지 않았다.

북부와 동부의 귀족들은 왕과의 봉건계약 파기를 선언하고 신군Army of God을 자칭하며 런던으로 진격해서 점령해버렸다. 캔터베리 대주교 스티븐 랭턴Stephen Langton이 왕과의 평화협상을 중재했다. 런던에서 서쪽으로 20킬로미터 떨어진 지역인 러니미드의 템스 강변에서 광범위한 정치 개혁을 담은 협정이 체결되었다. 귀족들의 동의 없이 새로운 세금을 부과할 수 없으며 병역면제세와 다른 세금도 함부로 부과하지 못하도록 했다. 귀족의 불법 감금을 금지하고 신속한 재판을 명시했다. 평민과 교회의 권한도 보장되었다. 귀족들은 런던을 반환하고 군대를 해산하기로 약속했다.

그러나 존왕을 믿지 않은 귀족들은 해산하지 않았다. 예상대로 왕은 약속을 깨고 교황에게 호소했고, 교황은 당연히 그 협정이 "수치스럽고 모욕적이며 부당하다"라며 반란 귀족들을 파문했다.

존왕은 이어진 전투에서 이질로 사망했다. 그의 아홉 살 난 아들 헨리 3세$^{Henry III}$가 윌리엄 마셜$^{William Marshal}$의 섭정하에 왕위를 물려받았다. 캔터베리 대주교는 마셜을 '역사상 가장 위대한 기사'[4]로 평가했는데 제대로 본 것 같다.

마셜은 네 명의 왕을 모셨다. 존왕이 물러나고 그가 섭정이 되자 많은 반란 귀족들이 그의 편으로 돌아서서, 70세의 나이에도 전투에 직접 나서는 마셜의 왕당파가 사실상 전투에 승리했다. 그러나 이어진 램버스 조약에서 마셜은 반란군의 충성을 확인하고 싶었다. 노쇠하여 곧 물러날 시간이 다가올 것을 알고 있던 그는 아홉 살에 불과한 군주에게 평화와 안정을 주고 싶었다. 세 명의 전임 국왕이 벌인 악랄한 세금정책의 결과를 잘 알고 있었다. 돌아보면 2년 전 템스 강변에서 협약을 체결할 때가 최고의 기회였다. 왕에게 너무 관대하다는 비판을 무시하고 마셜은 조약을 재반포했다. 그는 조약의 증인이었고, 이 조약은 향후 정부의 근간으로 사용되었다. 이것이 '대헌장$^{Great Charter}$', 라틴어로는 마그나카르타$^{Magna\ Carta}$라고 불린 조약이다.

헨리 3세는 세금을 부과하는 대가로 1225년에 이를 재반포했고, 그의 아들 에드워드 1세$^{Edward\ I}$도 같은 이유로 1297년에 재반포했다. 이렇게 해서 이 문서는 영국의 성문법이 되었다.

사실보다 강력한 신화

> 초원으로 왕과 귀족들이 왔다. 그들의 협상은 역사상 가장 위대한 헌법 문서를 낳았다.[5]
>
> 토머스 데닝Thomas Denning, 영국 법관(1957)

영국의 저명한 법관인 토머스 데닝은 마그나카르타를 찬양한 많은 사람들 중 한 명에 불과하다. 어쩌면 이제는 문서 자체보다 마그나카르타에 대한 신화와 인간의 태생적 자유를 수호한다는 역할이 더 위대해졌다. 데닝은 이 문서를 "전제 군주의 폭정에 맞서 개인의 자유를 천명한 인류 역사상 가장 위대한 헌법 문서"[6]라고 찬양했지만 사실은 평민의 권리보다 왕과 귀족의 관계를 규정한 헌장이다. 많은 조항 중 오늘날까지 남아 있는 것은 단 세 개에 불과하며 나머지는 대부분 200~300년 전에 폐지되었다.

그러나 마그나카르타는 오늘날까지 강력한 아이콘, 즉 위대한 자유의 상징이 되었다. 그 정신은 영국 내전까지 이어져 마그나카르타 이후부터 왕에게도 일반 시민과 마찬가지로 영국 보통법이 적용된다는 주장의 근거가 되기도 하였다. 배심원 제도도 마그나카르타가 시초였다고 한다. 또한 1688년 명예혁명 당시 군중의 정치적 사고방식에 지대한 영향을 미쳤다. 그중 가장 중요한 사건은 영국의 개척자들이 마그나카르타를 품고 새로운 세계로 출발하면서 식민지에 가서도 영국 시민과 동일한 자유, 참정권, 면책특권을 누릴 것이라고 생각했다는 점이다.[7] 이들은 이 헌장을 헌법처럼 생각했다. 독립전쟁에서 영국군과 싸울 때도 새로운 자유를 얻기 위해서가 아니라 마그나카르타의 정신인 자유를 지키기 위해 싸운다고 생각했다.[8]

미국 국가기록원에는 "독립운동 기간 중 마그나카르타는 자유수호 정신을 고취하고 자유를 쟁취하기 위한 행동에 정당성을 부여했다"라고 기록되어 있다. 미국인들은 영국인과 동일하게 마그나카르타에 보장된 권리를 갖고 있다고 생각했다. 그리고 이 권리를 각 주의 법에, 나중에는 연방헌법과 권리장전에 포함시켰다.[9]

미국 수정헌법 제5조에는 "누구도 적법한 절차에 의하지 아니하고는 생명이나 자유 또는 재산을 박탈당해서는 아니 된다"라는 조항이 있다. 이는 아직도 영국 관습법의 일부로 남아 있는 마그나카르타의 세 조항 중 하나에서 유래된 구절이다. 마그나카르타에는 "모든 자유민은 그와 동등한 자의 적법한 판정에 의하거나 영국법에 의하지 아니하고는 체포·구금되거나, 재산이 박탈되거나, 법적 보호가 박탈되거나, 추방되거나 다른 방법으로 침해당하지 않으며 공격받거나 비난받지 않는다"라고 되어 있다.

프랭클린 루스벨트^{Franklin Roosevelt} 대통령은 1941년 취임 연설에서 "인류 역사에서 민주주의를 향한 열망은 최근에 나타나는 현상이 아닙니다. 그것은 마그나카르타에도 적혀 있습니다"라고 말했다.

약 700년 전에 존왕과 그 전임자들의 악랄한 세금정책에 대한 저항으로 탄생한 마그나카르타는 미국 국가 이념의 틀을 만들었다. 오늘날에도 그것은 여전히 이 거대한 국가, 미국의 특성을 나타내는 필수 요소다.

7장

세금구조를 바꾼 흑사병

짐이 몸소 이 전쟁에 출전할 것이오.

그리고 우리의 재정 상태가 너무 큰 궁정과

과다한 지출로 인해 다소 빈약해진바,

짐은 우리 영지를 분양하는 수밖에 없소.

거기서 나오는 수입으로

당장 필요한 경비를 조달할 것이오.

윌리엄 셰익스피어William Shakespeare, 《리처드 2세Richard II》(1막 4장)

오늘날 봉건제도로 알려진 중세의 통치제도는 근본적으로 세금으로
엮인 구조였다. 꼭대기에 왕이 있다. 신으로부터 통치권을 물려받았기
에 부의 근원인 모든 토지를 소유한다. 토지의 일부, 약 4분의 1은 왕
이 갖고 나머지는 교회와 귀족들에게 나눠주었다. 그 대가로 귀족들은
생산물, 수입, 노동력의 일부, 그리고 왕의 요구가 있으면 기사와 병사
를 제공하며 충성심을 바쳤다.

이처럼 생산물, 수입, 노동력을 제공하는 대가로 토지와 보호를 제공받는 역학구조는 먹이사슬을 타고 내려가 사회 최하층의 농노까지 적용되었다. 농노는 로마 노예의 후손이었다. 그들은 기사, 귀족, 교회, 왕 등 지주에게 노동을 제공해야 했다. 대략 일주일의 반은 지주의 토지에 가서 일하고 나머지 시간에 지주에게 받은 자신의 땅뙈기에서 농사를 지을 수 있었다. 추수 후에는 수확물의 일부분을 바쳤고 영주가 운영하는 방앗간에서 곡물을 빻고 또 일부분을 바쳤다. 가축을 도살하면 고기를 바쳐야 했다. 이들은 토지에 예속된 몸이어서 토지주가 바뀌면 새로운 주인을 따라갔다. 주인의 허락 없이 마음대로 타 지역으로 이주할 수 없었으며 만일 도망가면 범법자가 되었다. 농노의 신분은 기사나 귀족처럼 세습되므로 몇 세대가 지나도 노예 같은 굴레에서 벗어나지 못했다.

봉건제도는 근본적으로 세금구조였다. 군사력으로 유지되는 통제 및 지배 체계였다.

그런데 1300년대 중반에 흑사병이 닥쳤다.

이 전염병으로 유럽 전체 인구의 60퍼센트에 해당하는 5,000만 명이 사망했다. 특히 인구의 90퍼센트가 모여 사는 농촌지역에 타격이 컸다.[1] 통계치마다 다르긴 하지만 영국의 인구는 600만 명에서 200만 명으로 3분의 2가 감소한 것으로 추정된다.

유럽 전역에 걸쳐 봉건제도에 엄청난 변화가 일어났다. 당시 한 역사가는 "유례가 없을 정도로 모든 분야에서 하인들의 일손이 부족했다"[2]라고 기록하였다. 농노는 부족했지만 관리되지 않고 버려진 땅은 남아돌았다. 그 결과로 임금이 상승하고 지주의 수입은 감소했다. 반면에 1340년에서 1380년 사이에 농촌 일꾼들의 구매력은 40퍼센트나 상승했다.[3]

많은 농노들이 돈을 내지 않고도 자유의 몸이 되었다. 질병에서 살아남은 농노들을 계속 붙잡아두기 위해 영주들은 자유를 주었고 심지어 자신들의 토지에서 일한 대가를 주기도 하였다. 이때부터 농노들이 처음으로 돈을 만지기 시작했다.

임금 상승을 저지하기 위해 귀족들은 법 제정으로 맞섰다. 1349년 흑사병이 런던을 강타한 지 1년이 조금 넘었을 때 임금과 물가에 상한선을 정하는 법안이 통과되었지만 별 효과가 없었다. 2년 후 노동자법령이 반포되어 농부, 마구제조인, 재단사, 어부, 정육업자, 양조업자, 제빵업자 등 생각할 수 있는 거의 모든 직업의 임금에 일일 상한선이 책정되었다. 상품이나 노동의 가격은 흑사병 이전 수준을 초과해서는 안 되었고, 위반 시에는 몸에 낙인을 찍거나 징역형에 처했다. 법은 판사들에 의해 집행되었는데 이들은 대부분 지주였다. 1359년에는 거주지를 이탈한 노동자를 처벌할 수 있는 조항이 도입되었고 1361년에는 노동자법령이 더욱 강화되었다. 정부가 지방 지주들과 동맹을 맺어 추진한 법 중 이렇게 인기 없는 것도 없었다.[4] 하지만 대세는 막을 수 없었다. 하층민들이 좋은 옷을 입기 시작해 때로는 귀족과 같은 수준의 옷을 입기도 했으며, 식생활도 개선되었다. 이를 억제하기 위해 1363년에는 사치금지법이 제정되어 식단을 제한하고 각 계층의 평민이 입을 수 있는 옷의 품질과 색상까지 세세하게 규제했다.

한편 당시 영국과 프랑스는 나중에 백년전쟁으로 알려진 전쟁을 한창 벌이고 있었다. 1377년 리처드 2세가 아직 미성년자일 때, 랭커스터 공작인 곤트의 존^{John of Gaunt}은 군사령관이면서 영국에서 가장 부유한, 실질적인 정부의 수장이었다. 그는 점점 치솟는 전쟁 비용을 대기 위해 인두세를 부과했다. 귀족과 농민 모두가 대상이었고 귀족들도 찬성했다. 세금을 거두면서 자신들도 조금씩 챙길 심산이었다. 평민들에게 이번 세금이 달랐던 점은 현물이 아닌 1인당 4펜스씩 현금으로 납부했다는 점이다. 인력 부족의 결과로 생긴 변화가 반영되었다. 즉 평민들도 현금을 보유하고 있었다는 것을 알 수 있다.

일회성으로 끝날 예정이었지만 인두세는 2년 후에 또다시 실시되었다. 기대한 것만큼 걷히지 않자, 세 번째 인두세가 도입되었는데 15세 이상의 모든 사람에게 12펜스, 즉 1실링씩 정액으로 부과되었다. 이는 노동자의 일주일 치의 임금과 맞먹는 금액으로 부자나 가난한 사람이나 똑같이 납부했다. 결국 노동자 계층에게만 힘든 세금이었다.

사람들은 세금을 내지 않으려고 납세자 등록을 피했다. 모금액이 적은 것을 보고받은 곤트의 존은 엄청 화를 냈다. 제대로 내지 않은 사람을 파악하러 지방으로 보낼 관리를 임명했는데 그중 한 명이 치안판사인 토머스 뱀턴^{Thomas Bampton}이었다. 그는 1381년 5월 30일 에식스주 포빙이라는 마을에 도착하여 마을 사람들을 불러 모았다. 주민들은 활과 방망이 같은 걸로 무장하고 나타났다. 세금을 다시 내야 할 뿐만 아니라 거기 안 나온 사람들 몫까지 내야 한다고 뱀턴이 설명하자, 마을 대표인 제빵사 토머스가 마을 사람들은 이미 세금을 다 냈으며 더 이상

낼 수 없다고 반박했다. 뱀턴이 그를 체포하라고 지시했지만 그는 저항했다. 이어진 몸싸움에서 뱀턴 측 인원 3명이 살해되고 뱀턴은 가까스로 도망쳐 나왔다.

다음 날 수석재판관인 로버트 벨크냅Robert Belknap은 '주동자를 처형하면 나머지 사람들은 겁을 먹고 세금을 내겠지'라고 단순하게 생각하여 군인 몇 명을 대동하고 그 마을로 갔다. 그러나 전혀 뜻밖에도 그는 공격을 당했고 부하들은 흠씬 두드려 맞았다. 마을 사람들은 그에게 "다시는 이런 일을 하지 않을 것이며, 판사로서 이런 종류의 심리에 참여하지 않겠다고 성경에 손을 얹고 맹세"하도록 했다. 풀려나자마자 판사는 재빨리 집으로 도망갔다고 한다.[5]

이렇게 농민의 난이 시작되었다.

촌무지렁이들의 반란

속박의 굴레를 벗어던지고 자유를 되찾을 시간이 왔다.[6]

존 볼John Ball, 설교자(1338~1381)

역사가들은 농민의 난을 다소 우습게 보는 경향이 있어서 어설프고 심지어 우스꽝스러운 사건이라고까지 서술하지만 사실은 그렇지 않다. 농민peasant이라는 말 자체도 경멸적이지만('peasant'에 소작농, 촌무지렁이라는 뜻이 있다 - 옮긴이) 이 단어는 정확하지 않다. 농민도 있었지만 평범한 노동자, 기술자 그리고 소규모 자영업자도 있었다. 오늘날로 치면 중산층에 포함될 사람들이다. 게다가 이 난은 즉흥적으로 발생한 것이 아니라, 조세제도를 손보겠다는 확실하고 명석한 계획으로 제대로 준비된 개혁운동이었다. 이로 인해 영국 사회의 권력구조가 거의 붕괴될 지경까지 갔다.

농민의 난의 정신적 지주는 존 볼이라는 설교자였다. 그는 권력자들, 그중에서도 특히 캔터베리 대주교와 관계가 안 좋아서 교단에서 파문되고 여러 차례 옥살이를 했다. 그는 적어도 20년 이상 경제적 불평등에 대해 설교했다. 주교들이 그가 교구나 교회에서 설교하는 것을 금하자 야외로 나가 거리와 광장에서 불같은 분노를 토해냈다.[7] 그의 연설은 많은 청중을 끌어모았다. 당시 그를 경멸하던 여러 역사가 중 한 명은 그가 "촌무지렁이들한테 인기가 있었으며[8] 듣기 좋은 말로 청중을 끌어모으고 고위 성직자를 모함했다"[9]라고 기록했다. 마치 중세에 태어난 마르크스주의자처럼 "영국이 잘되려면 모든 것을 공유해야 한다"라고 주장했다. "귀족들이 벨벳과 가죽으로 된 옷을 입고 다닐 때 우리는 천 조각을 걸치고 다니고, 그들이 와인과 향신료, 부드러운 빵을 먹을 때 우리는 거친 호밀 빵에 맹물을 마신다. 저들이 좋은 집과 저택에서 호의호식하는 동안 우리는 밭에서 비바람을 맞으며 고생해야 한다. 저들이 고귀한 삶을 살 수 있는 건 우리 이마에 맺힌 땀방울 때문이다. 그런데도 농노라고 무시당하고, 일을 못하면 두드려 맞기도 한다."[10]

세금 때문에 영국민의 미움을 사고 있는 캔터베리 대주교의 입장에서 존 볼은 눈엣가시 같은 존재였다. 주교는 존 볼의 설교를 듣는 사람들을 전부 처벌하라고 지시했다. 그게 잘 먹히지 않자, 존 볼을 메이드스톤성에 감금해버렸다. 볼은 2만 명이 와서 자기를 구해줄 것이라고 예언했다.

포빙의 반란 소식은 금세 퍼졌다. 에식스, 켄트, 하트퍼드셔, 서퍽 등 모든 지역에 걸쳐 세금징수관이 오면 합심하여 저항했다. 이들은 징수관을 죽인 뒤 머리를 창대에 꽂아 이웃 마을로 돌아다녔다. 에식스에서 첫 반란이 일어난 지 일주일 만에 켄트주의 반란군은 메이드스톤성을 습격하여 볼을 구했다. 결국 그의 예언이 맞아떨어진 셈이었다. 반란은 사전에 준비된 듯했다. 무엇보다 애당초에 추종자들에게 세금을 내지 말라고 한 사람은 존 볼이었다. 이제 볼이 자유의 몸이 되었으니 반란은 하느님의 사람^{man of God}이란 축복을 받았다. 한마디로 정당화된 것이다.

켄트주에서 발생한 반란의 지도자로 뽑힌 사람에 대해서는 이름이 월터이고, 프랑스군 경력이 있으며 '신분이 낮은 기와공'[11]이라는 것 외에는 거의 알려진 바가 없다. 세금을 거두기 위해 기와공 월터^{Walter the Tiler}로 불렸다. 이 사람이 오늘날 우리가 와트 타일러^{Wat Tyler}로 알고 있는 사람이다.

켄트주의 반란군은 메이드스톤성에서 로체스터까지 간 후 계속해서 캔터베리까지 진군했다. 세금 관련 문서가 보관된 건물을 습격하고 태워버려 사람들의 이름과 임차료, 용역에 관련된 모든 기록을 없애버렸다. 법조인이나 법률 서류는 우선 공격 대상이었다. 모든 법조인, 문서보관소 직원, 세금 관련 직원들은 보이는 대로 없애버리라는 지시가 있었다.[12] 캔터베리 대주교가 인두세 징수에 적극적이었다는 걸 알고 있는 반란군은 그를 찾으러 대성당으로 진격했다. 다행인지 대주교는 런던에 가 있는 바람에 화를 피했지만 반란군은 그가 더 이상 대주교가 아니라고 선언해버렸다. 이는 국가 체계 자체를 뒤엎으려는 시도였다.

다음 날 그들은 런던을 향해 진군했다. 이들은 템스강 어귀 북쪽에서 오는 반란군과 시간을 맞추어 함께 런던에 들어가기로 되어 있었다. 에식스, 하트퍼드셔, 서퍽, 노퍽에서 온 반란군은 마일엔드에서, 그리고 켄트에서 온 무리들은 블랙히스에서 숙영했다. 토머스 뱀턴이 포빙에서 쫓겨난 지 보름이 채 되지 않아 조직화된 수많은 인원이 모인 것이다. 연대기 작가인 토머스 월싱엄^{Thomas Walsingham}은 "20만 명이 모였다"라고 기록했다. 실제 인원은 3~5만 정도로 추정되지만 그렇다고 즉흥적인 봉기는 아니었다. 반란은 영국군이 런던을 비운 사이에 추진되었다. 가장 가까운 부대는 북쪽에서 스코틀랜드군과 전투 중이었고 나머지는 유럽 대륙에 주둔하고 있었다.

반란군의 불만은 왕보다는 왕의 측근들에게 향했다. 왕은 윈저에 머물던 중 반란 소식을 들었다. 그는 왕실 바지선을 타고 런던을 향해 출발했다. 양측은 6월 13일에 반란군의 블랙히스 캠프에서 가까운 로더히스에서 회동하기로 약속했다. 그러나 강가로 접근해서 수많은 인파가 몰려 있는 걸 본 참모들은 왕을 배에서 내리지 못하게 했다. 좌절하고 분노한 농민들은 런던 시내로 쳐들어갔다.

런던 주민들은 이들의 주장에 동조하는 편이었다. 왕이 성으로 들어오는 모든 출입문을 폐쇄하라고 명령했지만, 남쪽에서 켄트주 반란군이 들어올 수 있도록 런던브리지를 개방해놓았고 동쪽으로는 에식스 반란군이 진입할 수 있도록 앨드게이트를 열어놓았다. 반란군은 점차 폭도처럼 변해갔다. 캔터베리에서처럼 형무소를 습격하여 죄수들을 풀어줬다. 템플 지역의 모든 법률 문서를 밖으로 빼내서 노상에서 불태워 버리고 건물들을 하나하나 부수어버렸고 법률 관계자는 죽여버렸다. 세금징수 업무와 관련 있는 사람은 모두 공격 대상이었다.

군중은 랭커스터 공작을 찾아 사보이성으로 쳐들어갔으나 그는 북방에서 스코틀랜드군을 방어하느라 성을 비운 상태였다. 가구를 불태우고 금속 조각품을 부숴버리고 귀금속과 보석은 갈아버렸다. 문서를 불태우고 부수기 어려운 것은 하수구나 템스강에 버렸다. 그러나 훔친 것은 없었다고 전해진다. 스스로 "우리는 도둑이나 강도가 아니며, 진실과 정의의 추구자다"[13]라고 했다.

런던에 입성한 첫날 저녁에 이들은 런던탑 인근에 모였고 왕은 성이 불타는 것을 공포에 질려 바라보았다. 남은 인원이라야 기껏해야 수백 명에 불과한 수비대와 경호부대였고 수천 명의 반란군과는 상대가 되지 않았다. 왕으로서는 군사력에 의지하는 것은 한계가 있었다. 하지만 무슨 수를 쓰든 런던에서 폭도들을 철수시켜야 했다. 그래서 도시 외곽의 마일엔드에서 다음 날 아침 8시에 만나기로 약속했다.

항상 그랬듯이 중세의 협상에서 속임수는 빠지지 않는다. 타일러는 농민들의 요구사항을 정리했다. 우선 인두세의 폐지를 요구했다. 농노제와 비자유 토지보유제를 폐지하여 농부들이 강제노동이 아닌 고용 노동을 해야 한다고 주장했다. 또한 원하는 대로 상품을 사고팔 수 있 는 자유로운 교역을 요구했다. 1에이커당 4펜스의 임대료 상한선을 설정하고 장원재판소에서 부과하는 벌금의 철폐도 요구했다. 자유인 으로서 권리와 특권을 보장하는 계약을 맺을 것이며 반란에 관련된 모 든 사람들을 사면하라고 요청했다. 게다가 세금으로 자신들을 괴롭혔 던 법률가들, 즉 '역적'의 명단을 작성했다. 처형할 수 있도록 이들의 신변을 넘겨달라고 했다. 그 명단에는 캔터베리 대주교와 랭커스터 공 작도 포함되어 있었다.

군사력으로 열세에 몰린 왕은 반란군이 지방으로 돌아간다는 조건 하에 대부분의 요구사항을 재빨리 수용했다. 명단에 있는 관리들을 넘 기는 것은 거부했으나 개인적으로 필요하다고 생각되면 이들을 처벌 하겠다고 약속했다. 30명의 서기들이 선언문을 작성하기 시작했다. 그것을 받자마자 하트퍼드셔, 이스트앵글리아, 에식스에서 온 반란군 들은 자신들의 요구가 관철되었다고 생각하고 고향으로 돌아갔다.

켄트 출신의 반란군은 선언문을 당일 입수하지 못했고 아직도 미심 쩍어했다. 귀환하는 왕을 맞이하기 위해 런던탑의 정문은 열려 있었는 데 400여 명의 반란군이 먼저 도착했다. 런던탑에는 많은 '역적'들이 있었다. 사이먼 서드베리 캔터베리 대주교, 왕의 금고지기인 로버트 헤일즈, 징세담당관 존 레그 등이 숨어 있었다. 반란군은 이들을 타워 힐로 끌고 나와 참수했다. 그날 밤에도 반란군은 런던 곳곳을 뒤져 랭 커스터 공작의 부하들 및 법과 관련 있는 사람은 모두 죽여버렸다.

다음 날 타일러와 왕은 런던 시내 스미스필드에서 다시 만났다. 전날만큼은 아니었지만 여전히 타일러 쪽 병력이 월등히 많았다. 여태까지의 성공으로 인해 타일러가 다소 우쭐해진 것 같았다. 연대기 작가의 기록에 의하면 "그는 추종자들이 자신을 볼 수 있도록 말을 타고 거만한 태도로 왕 앞에 와서 멈춰 섰다." 말에서 내리며 "무릎을 반만 굽히고" 두건도 벗지 않았다(이는 불경죄로 간주된다). 그러고는 "왕의 손을 잡고 힘차게 악수를 했으며" 왕을 '형제'라고 불렀다.[14]

그는 왕에게 "마음 편히 먹고 걱정하지 마시오. 앞으로 보름 정도면 국민들로부터 그동안 받았던 것 이상의 존경을 받게 될 것이며 우리는 좋은 동지가 될 것이오"[15]라고 말했다.

"왕이 타일러에게 물었다. '왜 고향으로 돌아가지 않느냐?' 그러자 와트는 '맹세코 원하는 선언문을 받기 전에는 그와 부하들이 절대 떠나지 않을 것'"[16]이라고 말했다고 한다.

그는 영국에 주교는 한 명이면 족하다며 교회의 모든 토지와 재산을 몰수해서 평민들에게 나눠주어야 한다고 말했다. 또한 소작과 농노제도를 없애고 모든 사람이 자유민이 되어야 한다고 말했다.[17]

왕은 그의 요구사항을 모두 들어주겠다고 했으나 그날 타일러의 행동으로 봐서는 왕을 전적으로 믿지 않은 것 같다. 날이 더웠기 때문에 그는 물병에 물을 담아오라고 시켰고 물을 가지고 오자 왕의 면전에서 매우 무례하고 지저분하게 입안을 헹구고 물을 뱉었다. 그러고는 맥주를 가져오라고 시켜서 크게 한 모금 마시고 왕이 보는 앞에서 다시 말에 올라탔다.[18]

이제 왕과 참모들의 계획이 실현될 순간이 왔다. "왕의 수행원 중 켄트 출신의 시종이 타일러를 알아본 것 같았다. 그를 본 순간 시종은 큰 소리로 켄트에서 가장 악랄한 도둑이자 강도라고 외쳤다." "이 말에 타일러는 시종을 단검으로 찌르려고 했다"라고 무명의 연대기는 기록하고 있다. 그러자 마침 갑옷을 입고 있던 런던 시장이 보다 못해 그를 무력으로 저지시켰다. 타일러가 시장을 떨쳐버리려 하자 시장은 그의 "목을 깊게 찌르고 머리를 크게 베었다." 그러자 "왕의 부하 중 한 명이 칼을 뽑아 두세 번 몸을 관통시켜 치명상을 입혔다."[19]

타일러는 무리들에게 복수해달라고 외치며 돌아가려 했으나 몇 발자국 가지 못하고 쓰러져버렸다. 반란군은 활을 쏘려고 시위를 당겼으나(그들의 마지막 기회였다) 정확한 상황 판단이 되지 않아 주저했다. 어린 왕은 침착하게 반란군 쪽으로 가서 요구사항을 모두 들어주기로 했으니 자기를 따라 성 밖의 클러켄웰로 가면 선언문을 주겠다고 했다. 왕을 믿은 그들의 실수였다.

타일러가 죽자 혁명의 거품은 사라져버렸다. 그의 머리는 막대에 꽂혀 시내를 돌아다니다 누구나 볼 수 있도록 런던브리지에 걸렸다. 농민의 난은 평정되었다.

그다음은 잔당을 소탕하는 일이었다. 왕의 군대가 하트퍼드셔, 에식스, 켄트 지역을 휩쓸었다. 군대가 들어오면 주민들은 사면장과 선언문을 보여주었으나 무자비하게 도륙되었다. 선언문이 실질적인 사형선고 역할을 했다. 왕은 적법한 절차를 거치지 않고 반란군을 처단한 사람들을 용서했다. 반란군에 들어오라고 부추긴 사람들의 명단만

불면 아무런 해가 없을 것이라고 했다. 이름이 불린 사람들은 모두 처형되었다. "너희는 농노 신분이며 영원히 농노로 살 것이다"라고 왕은 말했다. 그가 한 약속은 아예 잊혔다.

존 볼은 코번트리에서 잡혀 재판에 넘겨졌다. 그는 떳떳했으며 '용서받기 어려운' 믿음에 대해 잘못했다고 사과하지 않고 죽음을 택했다. 런던 주교는 혹시나 그가 자신의 반역죄를 뉘우치고 속죄할까 싶어 처형을 연기하기도 했으나 볼은 그럴 사람이 아니었다. 포빙에서 첫 봉기가 일어난 지 6주 만에 볼은 교수형에 처해진 뒤 내장이 발리고 사지가 찢겨 죽음을 당했다.

반란군의 입장에서 보면 농민의 난은 실패했지만, 그 영향력은 엄청났다. 의회는 임금 한도를 폐지했다. 영주들은 점차 돈을 받고 농노들을 자유민으로 풀어주었다. 토지보유제는 천천히 임차계약으로 바뀌었다. 그 후로 300년간 영국에는 인두세가 없었다. 백년전쟁 비용을 대기 위해 세금을 올리는 대신 의회는 군사력을 줄이기로 결정했다. 그 결과 영국은 이 전쟁에서 결국 패배했다. 헨리 7세가 왕위에 오를 때까지 약 100년간 해외에서 벌이는 전쟁 비용을 충당하기 위한 세금 인상은 없었다.

인두세에 대한 영국인의 반감은 결코 사라지지 않았다. 600년 후에는 인두세에 대한 조세 저항으로 전후 가장 유명한 영국의 마거릿 대처Margaret Thatcher 총리가 실각하기도 했다.

농민의 반란은 어떻게 대처 총리를
실각시켰나?

마거릿 대처 총리는 무려 16년간 레이트^{rate}로 불리는 영국의 지방세 폐지를 추진했다. 총리는 이 세금이 구시대적이라고 생각했고 불필요한 예산을 낭비하는 지방정부, 특히 지방 도시들이 보다 책임 있는 예산집행을 하길 원했다. 그 주장이 일리가 있었던 게 당시는 루니 레프트$^{Looney\ Left}$라고 불린 극좌파가 기승을 부리던 시절이었다. 당시 런던의 해크니 자치구는 프랑스, 서독, 이스라엘 도시와의 자매결연을 파기하고 소련, 동독, 니카라과 도시들과 새로운 자매결연을 준비하고 있었다. 램버스 자치구는 차별적이라는 이유로 공문서에서 '가족^{family}'이라는 단어를 금지하기로 결정했다. 케닝턴 지역에 소재한 런던중부교육청 소속의 한 학교는 학급 시간표에 항의 편지를 쓰는 과목이 있었고, '아우슈비츠: 과거의 차별주의'라는 교육 과정은 대처 총리의 노조 관련 법을 히틀러 시대의 노조법과 같은 것으로 간주했다.

1990년대 초 대처 행정부는 모든 사람이 일정액을 내는 지역주민세$^{community\ charge}$를 도입했다. 학생과 실업자만 80퍼센트가 할인되고 나머지는 모두 같은 금액을 내는 인두세로 지방정부의 서비스 비용을 충당할 목적이었다. 지역마다 제공하는 서비스가 달랐으므로 세금액도 달랐다. 대처는 이 세금으로 지방정부의 예산

집행에 투명성과 책임운영이 제고될 것으로 생각했지만 엄청난 비난에 부딪혔다.

이 세금은 주민들에게 부담이 컸다. 지방정부의 지출이 많으면 주민들에게 엄청난 금액의 세금고지서가 통보되었다. 똑같은 금액의 세금이 불공평하다는 걸 알게 되면서 곳곳에서 분노가 터져 나왔다. 웨스트민스터 공작은 소유한 부동산에 대해 지방세로 1만 255파운드를 냈지만 이제는 새로운 지역주민세로 그의 가정부나 운전기사와 같은 금액인 417파운드만 내면 된다고 〈가디언〉은 신랄하게 비판했다.[20]

집권 10년 차가 넘어가자 대처의 인기는 지지자들 사이에서도 시들해지기 시작했다. 그런데 마침내 이번에는 수많은 사상적 적들이 총리를 끌어내릴 만한 수단을 찾은 것이었다. 이들은 대처의 주민세를 1381년 농민 반란을 촉발한 세금의 명칭을 따라 인두세[poll tax]라고 부르기 시작했다. 대처 총리는 인두세가 아니라고 주장했으나 국민들에게 먹히지 않았다. 1381년에 그랬듯이 전국적으로 "돈도 없고 낼 마음도 없다"라는 납부거부운동이 일어나 국민들의 저항을 부추겼다. 폭동과 저항운동이 이어졌다. 납부를 피할 수 있는 온갖 방법이 동원되었다. 주소지에 누가 거주하는지 알 수 없도록 선거인 명부 등록을 미루는 방법도 있었다. 특히 학생 세입자는 계약기간이 만료될 즈음에 다른 지역으로 이사를 가는 방법으로 세금을 피했다. 지방정부는 징세 능력이 부족했고 미납자가 늘어나자 더 이상 집행을 계속할 수 없었다. 반대자들은 세금집행명령서에 이의제기 신청 후 명령 불이행에 관한 재판 심리에 불출석함으로써 소송의 진행을 방해하고 소송비용을 눈덩이처럼 키웠다. 이 과정에서 지방정부가 세금을 강요할 능력이 안 된다는 것을 알게 되자 더 많은 사람들이 납부를 거부했고 적어도 다섯 명 중 한 명은 안 내고 버텼다. 6개월이 채 안 돼 대처 총리는 사임했다.

1인당 정액으로 걷는 세금은 간단해 보이지만, 중앙정부에서 일괄적인 징수도 안 되고 원천징수도 안 되므로 강제로 집행하는 것은 불가능했다. 주민들은 통제불능인 지방정부의 과다한 예산 집행으로 인한 고통을 몸소 체험했지만, 지방정부를 욕하는 대신 세금을 설계한 사람에게 비난을 돌렸고 결국 대처가 총리에서 물러나면서 일단락되었다.

헨리 7세의 사업가적 기질과 봉건제도의 종말

농민의 난은 영국의 봉건제도를 끝내지 못했다. 뿌리 깊은 통치구조는 하루아침에 바뀌지 않는다. 최후의 붕괴는 100년 후 헨리 7세 Henry VII의 재정개혁으로 시작된다. 한 국가의 통치자가 전쟁을 피하면 어떤 일이 발생하는지에 대한 교훈은 헨리 7세를 보면 알 수 있다. 그는 1485년부터 1509년까지 24년을 통치했지만 외국과의 분규는 단

한 건밖에 없었다. 대신 그는 외국과의 결혼과 동맹을 택했다. 귀족에 대한 교활한 과세와 입법으로 그들의 권력을 빼앗았고, 결국 봉건시대가 종말을 맞게 된다. 또한 절대왕권을 수립하고 상인계층의 자유를 보장함으로써 튜더 왕조 시대에 대영제국의 찬란한 확장의 기초를 쌓았다. 그는 흑자재정을 달성한 최초의 영국 왕이었다.

즉위 첫해인 1485년 보즈워스 전투 승리로 장미전쟁을 끝냈다. 재빨리 적들을 사면하고 상대편 가문의 엘리자베스와 결혼하여 요크 가문과 랭커스터 가문을 튜더 왕조의 장미문양 아래로 통합시켰다. 그러고는 양 가문의 토지와 그 외의 많은 재산에 대한 지배권을 확보했다.

그는 귀족들의 권력을 약화시켰고 절대왕권의 우수성을 강조하면서 부를 축적해나갔다. 세금, 벌금, 사면은 왕의 주요 수입원이었다. 피상속인 없는 사망자의 토지는 왕에게 귀속되는 새로운 형태의 상속세를 신설하기도 했다. 반역죄로 투옥된 죄인은 재판 없이 처형할 수 있다는 법을 이용해서 국가에 재산을 헌납하면 처형을 면하도록 해주었다. 인구감소로 영지가 황폐해지자 일종의 토지방치세를 지주에게 부과하는 법을 도입하기도 했다. 반면에 왕실 소유의 토지와 그의 개인 토지는 효율성을 높여 최대한의 수확물을 거두려 노력했다.

백년전쟁과 장미전쟁 이후 귀족들의 권력은 약해졌으며 저항할 힘도 없었다. 헨리 7세는 사병제를 금지하여 귀족의 힘을 더욱 빼앗았다. 군사력이 없으면 귀족도 세금을 강요할 수 없었다. 한편 양모산업이 폭발적으로 커지자 봉건시대의 개방경지제는 울타리를 쌓아 양을 놓아 먹이는 폐쇄적인 형태로 변했다. 개방경지제에서는 농노가 지조

^{strip,地條}를 맡아 농사를 지었으나 그 역할이 점점 줄어들면서 영주가 십일조를 징수할 농노의 수도 줄어들었다. 영국 경제는 토지 기반에서 화폐 기반으로 변화하는 중이었다. 왕은 점점 강력해지는 상인계층과는 동맹을 맺어 귀족을 견제했다.

헨리 7세는 무역을 증진시키기 위해 프랑스의 부르고뉴 공작 필리프 4세와 소위 인터커수스 마그누스^{Intercursus Magnus}라는 무역협정을 맺었다. 후속 조치로 양모, 가죽, 의류, 와인에 관세를 부과했다. 내수 의류산업을 진작시키기 위해 양모 원사에 무려 70퍼센트의 수출관세를 부과했다. 또한 해군과 상선해병단을 창설하였다. 상선해병단은 해군을 지원하기도 하면서 무역을 통제했다.

백년전쟁에서 프랑스군 대포의 위력을 본 헨리 7세는 포탄을 만들어 스코틀랜드의 침공을 막는 데 사용했다. 영국 최초의 용광로가 1496년에 설치되면서 영국의 제철산업이 시작되었다.

그의 재정개혁으로 왕실 비용이 국가 예산에서 분리되었다. 새로운 동전을 발행하여 국가표준화폐로 삼았다. 도량형도 표준화되었다. 사법개혁안을 통과시켜 약자를 부당한 판결로부터 보호하였고 부패한 판사를 처벌했으며 공정한 법체계를 수립하여 귀족들이 내키는 대로 판결을 내리지 못하게 했다.

헨리 7세의 수많은 업적은 그의 비즈니스적인 마인드에서 유래한다. 경제 상황의 변화와 새로운 기술에 저항하지 않고 오히려 이를 권장했다. 전쟁을 하지 않고 피하는 쪽을 선택했다. 그는 엄청난 부를 쌓았고 봉건제도는 그렇게 서서히 무너졌다.

그렇지만 그의 아들 헨리 8세가 즉위한 지 이틀 만에 내린 첫 번째 조치는 선왕의 세금 업무를 담당했던 리처드 엠프슨^{Richard Empson}과 에드먼드 더들리^{Edmund Dudley}에 대한 체포령이었다. 이 두 사람은 대역죄로 기소되어 절차에 따라 처형되었다.

8장

세금과 근대국가의 형성

튜더 왕조 시대의 영국은 비교적 평화로웠지만 얼마 안 가 또 다른 내란이 발생했다. 이번에도 그 중심에는 세금이 있었다.

17세기 초 왕실의 수입원은 보통 의회가 쥐고 있었다. 의회는 주로 젠트리gentry 계급(귀족은 아니지만 가문의 휘장을 사용할 수 있도록 허용된 유산 계급 - 옮긴이)으로 구성되었으며 이들만이 하위 행정조직 단계부터 가장 의미 있는 형태의 세금을 징수할 능력과 권한을 가지고 있었다.

어느 왕가나 의회와 원만한 관계를 맺는 일이 필요했지만 스튜어트가 최초로 제임스 1세James I가 왕위에 오른 후부터 갈등이 생기기 시작했다. 왕실은 빚더미에 놓여 있었고 인플레이션이 닥쳤다. 왕은 사치스러운 생활을 버리지 못했다. 가장 심각한 문제는 유럽 대륙에서 30년 전쟁이 임박한 상황에서 해외에서 치러야 할 전쟁이 또 생겼다는 것이다. 왕은 돈이 필요했다. 그는 관세와 물품세에 눈독을 들였지만 의회는 이런저런 핑계로 동의하지 않았다.

세금을 둘러싼 갈등은 1626년에 왕이 된 아들 찰스 1세Charles I까지 이어졌다. 찰스 1세가 가톨릭신자와 결혼한 사실이 갈등을 더욱 악화했다. 의회는 왕의 관세부과권을 인정하지 않았다. 돈이 다급해진 왕은 의회를 해산하고 새로운 의회를 소집했으나 이를 다시 해산한 후 11년간 의회를 소집하지 않았다. 이것이 이른바 '11년간의 전제정치' 기간이다. 이 시기에 좋은 점이 있었다면 왕이 전쟁을 하고 싶어도 재원 부족 때문에 유럽에 평화가 왔다는 점이다.

찰스 1세는 자금을 얻기 위해 다른 수단을 이용했다. 바로 벌금이었다. 작위를 강매하고 당사자가 받기를 거부하면 벌금을 받았다. 왕은 의회의 승인 없이 바로 부과할 수 있는 선박세를 부과하려 했다. 문제는 이 세금이 오직 전쟁 중에만 가능하다는 점이었다. 존 햄프던John Hampden이라는 정치가가 세금 납부를 거부하고 1637년에 재판정에 섰다. 그는 패소했지만 유명해졌고 이 재판은 세금과 의회의 대표성에 대해 다시 생각하는 계기가 되었다. 그는 말했다. "왕이 권한 밖의 것을 요구하면, 국민은 거부할 권리가 있다."

1639년 스코틀랜드가 잉글랜드를 침범했을 때 왕은 전쟁 비용을 조달하기 위해 의회를 소집해야 했다. 의회는 왕의 최측근 몇 명을 처형한다는 조건을 달아 자금을 승인했다. 왕은 자신의 권위가 신으로부터 왔다고 생각했다. 어떻게 감히 의회가 그에게 책임을 물을 수 있는가? 그는 자신을 가장 비판하는 정치가 다섯 명을 체포하려 했다. 그중 한 명이 선박세를 거부했던 존 햄프던이었다. 곧 내전이 발생했다.

영국 내전은 수십 년에 걸쳐 발생한 무력 충돌이기는 하나 보통 세 개로 나뉜다. 2차 내전 후 승리한 스코틀랜드는 우선 10만 파운드를 받고 나머지는 나중에 받는 조건으로 찰스 1세를 잉글랜드에 넘겼다.[1]

그리고 왕이 재판에 회부되어 최초로 법정에 서는 선례를 남겼다.

찰스 1세는 그 재판이 불법이며 왕의 권한은 신이 준 것이므로 어떤 법원도 왕을 재판할 수 없다고 주장했다. 원고 측 대리인인 존 쿠크[John Cooke]라는 변호사는 여러 차례의 신변 위협에도 굴하지 않고 자신의 주장을 밀어붙였다. 왕이 국가보다 자신의 개인적 이익을 위해 권력을 사용했다고 주장했다. 그러므로 왕은 반역죄를 저질렀으며 "다른 무엇도 아닌 오로지 영국법 테두리 내에서만 제한된 통치권을 행사할 수 있다"[2]라는 것이다.

찰스 1세는 유죄가 인정되어 사형선고를 받았다. 1649년 1월 30일 오후 2시에 왕은 처형되었다. 단칼에 그의 머리가 날아가면서 왕의 신권도 날아가 버렸다. 이제 다른 모든 사람처럼 왕도 법의 지배를 받게 되었다. 의회의 세금 통제권이 그렇게 만든 것이다.

그의 아들 찰스 2세가 잠시 왕위를 승계받았지만 1651년 우스터 전투에서 의회파에 패배한 후 해외로 탈출했다. 영국 내전은 끝났지만 전 국민의 6퍼센트에 해당하는 30만 명이 그 와중에 사망했다.

영국은 청교도적 군사 지도자인 올리버 크롬웰[Oliver Cromwell]의 통치를 받는 보호국[Protectorate]이 되었다. 그는 찰스 1세의 몸값과 같은 액수인 연 10만 파운드의 엄청난 급여를 받았다.[3] 보호국은 오래가지 못했다. 1658년 크롬웰이 죽자 그의 아들 리처드는 군의 신임을 받지 못하고 곧 물러났다. 권력의 공백이 생기자 왕정이 복고되어 명랑왕[Merry Monarch]으로 알려진 찰스 2세가 왕위에 올랐다. 그는 오랫동안 청교도의 억압 통치에 짓눌려 있던 국민들에게 딱 맞는 왕이었다. 크롬웰은 다른 조치도 내렸지만 그중에서도 극장을 폐쇄했고 크리스마스를 금지시켰던 것이다. 찰스 2세는 둘 다 부활시켰고 처음으로 여성이 무대에 서는 것을 허용했다.

그는 확실히 별명 값을 했다. 최소 일곱 명의 정부에게서 12명의 자식을 얻었지만 전부 사생아였다. 1685년 "여러분, 이렇게 죽게 되어 미안하오"라는 유언을 남기고 그가 사망한 후 왕위는 다소 내성적인 동생 제임스 2세James II에게 넘어갔다. 그는 가톨릭 신자였다. 대부분 신교도로 구성된 의회는 새로운 왕을 신임하지 않았다. 왕이 친프랑스적이고 친가톨릭적이며 영국에 절대왕정을 부활시키려 한다고 의심했다. 그가 적자를 낳자 의회는 위험을 사전에 제거하기 위해 네덜란드 왕인 오렌지공 윌리엄William of Orange과 연합하여 이 문제 많은 왕을 제거하기로 했다.

제임스 2세는 쉽게 물러섰고, 의회는 윌리엄과 그의 부인인 메리를 불러들여 영국의 공동 국왕으로 삼았다. 메리는 선왕인 제임스 2세의 딸로서 적법한 왕위 계승자였다. 의회는 세금을 부과하려면 의회의 동의를 얻어야 한다는 규정을 담은 권리선언Declaration of Rights (후에 권리장전Bill of Rights이라는 이름으로 정식 제정됨 - 옮긴이)에 동의할 것을 새로운 국왕에게 요구했다. 왕의 세금부과권을 줄여 왕권을 제한하려는 시도였다. 이 선언문은 또한 정기적인 의회소집과 자유선거, 의회 내에서 발언의 자유 등을 포함하고 있다. 또한 법률로 개인의 삶, 자유, 재산권을 보호함으로써 인권보장의 기초를 닦았다. 이것이 명예혁명이다.

이제 영국의 권력 구조가 바뀌었다. 의회의 동의 없이는 국왕이 세금을 부과하거나 인상할 수 없는 법이 제정된 것이다. 이 법은 현재까지도 적용된다. 세금은 왕실의 소유이나 의회만이 징수방법과 사용처를 결정할 수 있다. 이 때문에 영국에는 지휘체계가 맞지 않는 부분이 있다. 세금이 왕실에 귀속되므로 징수 담당기관인 영국 국세청^{Her Majesty's} ^{Revenue and Customs}은 직접 의회에 보고하지 않는다.

웨스트민스터궁 로비에는 찰스 1세에게 선박세 납부를 거부했던 존 햄프던의 동상이 서 있다. 이곳은 입법권 수호의 상징인 상원의원과 하원의원이 모이는 곳이다. 매년 의회 개회식에서는 찰스 1세가 체포하려 했던 존 햄프던, 아서 하셀리그^{Arthur Haselrig}, 덴질 홀스^{Denzil Holles}, 존 핌^{John Pym}, 윌리엄 스트로드^{William Strode} 등 다섯 명의 의원을 추모하는 행사가 열린다. 국왕의 사절 앞에서 하원 의사당 문이 쾅 닫히는 것은 의회의 권리와 왕실로부터의 독립을 상징한다. 세금을 두고 투쟁한 영국 내전으로 인해 오늘날 우리가 아는 영국의 정치제도가 탄생했다.

미국: 대표 없는 과세는 독재다

찰스 1세에 맞섰던 존 햄프던의 신조는 미국 독립운동의 구호가 되었다. 그들의 슬로건은 오늘날에도 울려 퍼진다. "대표 없이 과세 없다." 영국의 군주가 부과한 세금에 맞서 13개 주가 일어섰다. 이들의 승리가 오늘날 세계 최강대국인 미합중국을 탄생시켰다.

아이러니하게도 미국의 상황이 그렇게 나쁘지는 않았다. 영국이 거둔 세금은 대부분 미국에서 사용되었다. 이 세금이 투입된 전투에서 승리함으로써 프랑스의 위협에서 벗어나고 서부 개척로가 열렸다. 식민지는 영국으로부터 군사적으로 보호를 받았다. 자원이 풍부했고 기회는 많았다. 많은 이들의 진로를 막았던 유럽의 계급구조로부터 미국은 자유로웠다. 미국의 젊은이들은 징집되어 자신과 별 상관 없는 머나먼 타국의 전쟁에 나가지 않아도 되었다. 미국의 독립운동은 세금의 많고 적음이 아니라 부과된 방식 때문에 일어났다. 잘못 판단한 입법으로 어떤 일이 발생하는지 미국 독립운동이 잘 보여준다.

종종 그렇듯 모든 발단은 해외 분규로부터 시작되었다. 1756년부터 1763년 사이에 유럽 대륙에서 치러진 7년 전쟁으로 인해 영국은 부채를 지게 되었다. 영국은 미국에서 프랑스를 몰아내는 데 미 대륙의 주민도 비용을 분담해야 한다고 생각했고 이는 딱히 잘못된 생각도 아니었다. 그래서 1764년에 설탕세를 도입했다(영국 상인을 보호하기 위해 대부분 관세와 물품세의 형태로 부과되었다).

나중에 미국 대통령이 된 존 애덤스^John Adams^는 설탕법이 "엄청나게 부담스럽고 탄압적이며 파괴적이고 견디기 힘든"[4] 세금이라고 했지만 가장 타격을 입고 분노한 사람은 뉴잉글랜드 6개 주(미국 북동부의 매사추세츠주, 코네티컷주, 로드아일랜드주, 버몬트주, 메인주, 뉴햄프셔주 등 – 옮긴이)의 상인들이었다. 다른 주는 대체로 무관심했다. 13개 주가 유례없이 굳건하게 단결했던 것은 다음 해에 부과된 세금 때문이었다.

영국 내부에 문제가 있었다. 1765년의 반란으로 세금징수관이 집단으로 공격을 받았다. 이로 인해 해외 세원 발굴이 필요해졌고 당시 총리였던 조지 그렌빌George Grenville은 의회에 가능성을 타진한 결과 긍정적인 대답을 들었다. 그 결과 식민지 주둔군의 비용을 부담하기 위한 인지세가 도입되었다.

인지세를 부과한다는 의미는 신문, 카드, 법률 서류, 토지등기권리증, 사업자등록증, 학위증 및 권리를 인정받기 위한 모든 서류에 관청으로부터 인지를 구입해서 부착해야 한다는 뜻이다. 유럽에는 보편적이었지만 식민지에는 생소했던 이 세금에 주민들은 분노했다. 이런 종류의 직접세는 헌법 정신과 마그나카르타의 정신과 위배되며 식민지에 세금을 부과하려면 최소한 영국 의회에 식민지 주민들의 대표가 있어야 한다고 생각했다. 벤저민 프랭클린Benjamin Franklin을 포함한 대표단이 영국으로 건너가 인지세 폐지를 청원했다. 프랭클린은 영국에 대한 미국의 감정이 "어떤 나라보다 좋았던" 2년 전에 비해 "매우 심각하게 변했다"라고 경고했지만, 대표단의 성과는 없었다.

미국에서는 타운홀 미팅과 연설이 이어졌고 심지어 폭동이 일어나기도 했다. 자유의 아들들Sons of Liberty로 알려진 정치운동이 일어나 위협적이며 폭력적인 방식으로 인지 배포를 방해했다. 징수관들이 공격받았고 이들을 본뜬 인형이 불태워졌다. 전국적인 영국 제품 불매운동이 벌어져 수입이 큰 폭으로 감소했다. 영국 상인들이 인지세 반대 의사를 표시하기 위해 미국을 방문했다. 그 영향으로 1766년 선언법이 제정되고 인지세는 폐지되었다. 환호성이 울렸지만 잠시뿐이었다.

선언법에는 부칙이 붙어 있는데 이는 건방진 식민지 주민에게 본때를 보여주고 싶은 영국 의원들의 화를 달래기 위한 것이었다. 이에 따르면 영국 의회는 "어떤 상황에서든 식민지와 미국인에 적용되는 법과 규정을 만들 수 있는 전권을 가지고 있다."[5] 이는 영국 의회가 원한다면 세금을 부과할 권한이 있으며 식민지는 예외 없이 이 세금을 수용해야 한다는 뜻이다. 영국 의회는 절대 권력을 갖고자 했다. 왜 식민지 주민들이 분노했는지, 왜 동의 없는 과세가 그들의 심기를 건드렸는지 이해가 된다.

재무장관인 찰스 타운센드Charles Townshend는 영국의 토지세 부담을 줄이기 위해 외국으로 나가는 종이, 유리, 페인트, 납, 차tea에 대해 새로운 관세를 도입했다. 식민지 주민들은 이 법령의 목적이 교역 규제가 아닌 세수 확보임을 금세 알아차렸다. 한마디로 이 법은 인지세만큼이나 나쁜 세금이었다. 더욱 끔찍한 점은 징수방법에 있었다. 징수관들은 "모든 무역업자를 사기꾼으로 취급했다."[6] 이 법을 어기면 화물뿐 아니라 배를(심지어 선원의 개인물품 보관 상자까지) 통째로 압수했다. 밀수 정보를 신고한 사람에게는 압수품의 3분의 1을 보상하는 제도로 피해망상과 불신 풍조 그리고 거짓 정보가 넘쳤다. 이 세금이 주로 쓰이는 대상인 군대가 나서 세금징수관을 지원하고 보호했지만 별 도움이 되질 않았다.

벤저민 프랭클린은 영국의 세금이 얼마나 잘못된 것인지 알리기 위해 풍자문을 썼다. 제목은 〈대제국이 소국으로 전락하는 데 필요한 규칙Rules by Which a Great Empire May Be Reduced to a Small One〉이다. 규칙 11은 "세금을 더욱 혐오스럽게 만들고 보다 많은 저항을 야기하기 위해서 영국으로부터 가장 경솔하고 무식하고 무례한 공무원을 선발해서 세금징수를 감독하게 하라. (중략) 이들이 최고로 불친절하지 않은 것 같으면 해고하라. 만일 제대로 욕을 먹으면 승진시켜라"라고 되어 있다. 규칙 14는 "해군의 용감하고 성실한 군인들을 별로 중요하지 않은 승선세관 관리인이나 세관원으로 보직을 변경시켜라. 무장한 함선으로 해안 곳곳에 산재한 항구, 강, 만의 구석구석을 샅샅이 뒤져서 연락선, 목선의 모든 선원을 검색하라. 화물과 바닥짐까지 뒤집어 파헤쳐라. 신고하지 않은 물건이 사소한 것이라도 나오면 선박을 통째로 압수하라"[7]였다.

식민지 주민들이 영국 군대에 식량과 주둔지를 제공해야 한다는 병영법은 양국 간의 갈등을 더욱 악화했다. 영국에서는 토지 소유주가 반대하면 군인들이 사유지에 주둔할 수 없었다. 왜 미국에는 다른 법이 적용되는가? 식민지 주민들은 자신들의 권리와 자유가 침해된다고 생각했다. 미국은 영국의 복속국이 아니고 동등한 지위를 가졌는데 말이다.

또다시 영국 제품 불매운동이 일어났고 양국의 교역은 급감했다. 자유의 아들들은 계속 협박 정책을 펴나갔다. 가장 분위기가 험악했던 보스턴에서는 영국 군인들이 공격받자 군중을 향해 발포하여 다섯 명이 사망하는 저 유명한 보스턴 학살 사건이 발생했다. 이어진 조사와 재판에서는 매우 다른 내용의 보도가 나와 양측의 선전전으로 확대되었다. 존 애덤스는 그날 "미국 독립의 기초가 수립되었다"라고 말했다.

재정수입이 악화되고 상인들의 청원이 빗발치자 영국은 1770년에 결국 타운센드법을 폐지했다. 다만 상징적인 제스처로 차에 대한 관세는 살려두었다. 이 조치로 양측의 긴장은 완화되었지만, 가장 영국적인 음료인 차에 대한 관세는 나중에 혁명의 기폭제 역할을 한다.

1773년에 미국 상인들은 내리 5년째 영국으로부터 차 수입을 거부하고 있었다. 90퍼센트의 차는 네덜란드에서 들어오는 밀수품이었다. 네덜란드산 차는 가격도 저렴했지만 관세를 피할 수 있었다. 그러나 정식 수입사인 영국의 동인도회사는 어려움을 겪었다. 의회는 동인도회사를 지원하기 위해 차법Tea Act을 제정하여 회사의 독점권을 보장했다. 더 중요한 내용은 식민지에 수출하는 차에 관세를 없앤다는 것이었다. 이렇게 되면 네덜란드산 차보다 가격이 저렴해져 미국 내 차 수입상은 완전히 경쟁력을 상실하게 된다. 매출에 미치는 타격이 엄청나자 차 수입상들은 인디언으로 위장하고 영국 배에 올라가 실려 있던 차를 강으로 던져버렸다. 이 행위가 모든 미국인들의 공감을 산 것은 아니었다. 그것은 심각한 사유재산권 침해였다. 벤저민 프랭클린을 비롯한 많은 이들이 차 소유주에게 전액 보상하는 것이 타당하다고 생각했다. 이에 대해 영국은 식민지에 대한 지배를 강화하기 위한 법안 제정으로 맞섰다. 타운홀 미팅이 금지되었고 하원의 권한은 축소되었다. 동인도회사에 대한 보상이 이루어질 때까지 보스턴 항구는 폐쇄되었다(실제 보상은 없었다). 이로써 상황은 더욱 나빠지기만 했다.

1775년이 되자 전면전으로 비화되면서 독립군 측에 프랑스, 스페인, 네덜란드가 가세해 영국에 맞섰다. 전쟁은 6년간 지속되었다. 영국군으로서는 약 4,800킬로미터 떨어진 곳으로 병참지원을 하는 것이 점점 부담스러워졌다. 독립군이 서서히 승기를 잡았다. 영국은 캐나다를, 스페인은 플로리다를, 미국은 그 중간의 영토를 차지해 서쪽으로 미시시피까지 진출했다.

가슴 아픈 아이러니는 오늘날 미 국민의 납세 부담에 비하면 당시의 세금은 쥐꼬리만 한 금액이었다는 점이다. 수만 명이 목숨을 잃었고 살아남은 사람은 폐허가 된 고향의 농장으로 돌아갔다. 영국에 충성했던 20퍼센트의 주민들은 전 재산을 잃고 고향을 떠나 북쪽의 캐나다나 남쪽의 바하마 군도로 도망쳤다. 전쟁 비용으로 인한 채무도 갚아야 했다. 투쟁 기간 중 미국을 지배했던 대륙회의^{Continental Congress}는 병사들의 밀린 월급뿐 아니라 채무 원금은 고사하고 이자도 지급하지 못하는 상황이었다. 전쟁 비용을 충당하기 위해 막 찍어낸 화폐는 엄청난 인플레이션으로 가치가 폭락했다(여기서 '전혀 가치 없는^{not worth a continental}'이라는 표현이 유래했다).

비록 "영국 의회 주도의 과세가 상당한 불편함과 무질서를 초래했다"[8]라고 매우 절제된 표현으로 기술하고 있지만 영국은 이 전쟁에서 교훈을 얻었다. 1778년에 조지 3세^{George III}는 "영국 정부는 세수 증대를 목적으로 관세, 세금, 벌금을 식민지에 부과하지 않는다"[9]라는 내용의 새로운 법령을 발표했다. 그때부터 식민지의 동의 없는 과세는 금지되었다. 미국은 자신들을 위한 전쟁에서만 승리한 것이 아니고 어떻게 보면 대영제국 식민지 전체를 대표한 싸움에서 승리했고 이것이 제2차 세계대전 후 대영제국의 몰락을 초래했다고 볼 수 있다.

원인은 졸속으로 밀어붙인 세금이었고, 결과는 낮은 세금을 국가 이념으로 삼은 미합중국의 탄생이었다.

프랑스: 자유, 평등, 박애

　루이 14세^{Louis XIV}는 72년 동안 프랑스를 통치했는데 유럽 역사상 가장 오랫동안 재위한 왕이었다. 1715년 임종 시에 후계자에게 이렇게 말했다고 한다. "나의 전철을 밟지 마라. 나는 전쟁을 가볍게 여기고 허영심 때문에 전쟁을 수행한 적도 많았다. 나 같은 왕이 되지 말고 평화를 사랑하며, 백성의 고통을 덜어주는 데 최우선을 두고 왕으로서 역할을 수행하기 바란다."[10] 사후에 조사해보니 왕실 재정은 엉망이었다.

　그가 사망한 후 잠시 동안 그의 유지가 잘 지켜지는 듯했으나 곧 연이어 전쟁이 발발했다. 1740년대에는 오스트리아 왕위계승 전쟁이 발생했고 얼마 안 있어 터진 7년 전쟁에서 패하여 아메리카 식민지를 영국에 넘겨주고 프랑스 해군은 괴멸했다. 당시 루이 16세^{Louis XVI}는 미국 독립전쟁에서 미국을 지원하면서 엄청난 전비를 지출하고 적어도 1만 명 이상의 프랑스군의 희생을 초래하였다. 프랑스는 안타깝게도 사치스러운 왕과 전쟁광인 왕들만 있어서 갚기 벅찰 정도의 국가 채무가 발생했다. 수십 년간 빌린 돈으로 전쟁을 벌이면서도 지배계급이 극도로 사치스러운 생활을 하고 있어서 채무상환은 불가능했다. 결국 어떻게든 세금을 올리는 수밖에 없었다.

　프랑스혁명의 원인에 대해서는 역사가들이 계속해서 연구를 하겠지만 한 단어로 요약한다면 '세금'으로 귀결될 것이다. 세금 종류가 너무 많고 세율이 너무 높았으며 일관성이 없고 불공정했다. 그럼에도 프랑스 귀족계급의 씀씀이를 감당할 수 없었다. 아이러니한 것은 부패와 무능, 모순으로 점철된 프랑스가 불공정한 세금 때문에 발발한 미국 독립혁명을 지원하다 프랑스혁명을 자초했다는 점이다.

프랑스는 가장 많은 세금을 부과하는 국가였지만 영국처럼 무역대국도 아니었고 초기 산업혁명 시대 같은 생산성 증가도 없어 세금을 감당하기 어려웠다.

프랑스에는 우선 보유한 토지의 면적에 따라 각 가정에 부과되는 타유^{taille}라는 세금이 있었다. 인두세가 있었고, 어려워진 국가재정에 도움을 주고자 일회성으로 부과된 소득세인 방티엠므^{vingtième}가 있었다. 또한 농민들은 교회에 십일조 헌금을, 영주에게도 세금을 내야 했다. 봉건적 시스템이 아직 존재했으므로 농민은 재산을 불리기 어려웠고 토지 소유주로서 완전한 권한을 갖지도 못했다. 물품세와 옥트르와^{octroi}라는 통과세가 있었다. 프랑스 해안을 통한 밀수는 원천봉쇄가 어려웠으므로 대신 내륙 도시로 물품이 들어올 때 부과했던 것인데 당연히 농민들에게 부담이 되었다. 파리 성곽 안쪽에 이중으로 성벽을 쌓아 옥트르와를 징수하여 탈세를 예방하였다. 프랑스혁명이 발발했을 때 이 내벽은 가장 먼저 파괴된 건축물 중 하나였다.

가벨^{gabelle}이라는 소금세는 시민들이 가장 증오했던 세금이다. 특권층은 면제되었지만 서민은 실제 소금 가격의 10배를 세금으로 내야 했다.[11] 각 가정은 인위적으로 부풀려진 가격으로 최소량을 구입해야 했는데 그 양이 각 가정의 평균 사용량보다 훨씬 많았다. 하지만 규정상 소금은 다른 사람에게 공짜로 나누어 주어서도 안 되고 보관했다가 다음 해에 사용해서도 안 되었다. 결국 다음 해에는 소금을 또 구입해야 했다. 고기나 생선을 염장하기 위해 소금이 필요할 때는 소금 취급소의 허가서를 받아 세금을 더 내고 구입해야만 했다. 그게 싫어서 많은 사람들이 염장 보관을 하지 않았다.

17~18세기에는 음식, 주류, 담배 등을 포함해 움직이는 모든 것에 세금이 붙었다. 이 품목들이 프랑스에서 얼마나 대중적인지는 잘 알 것이다. 어느 때는 포도주에 다섯 가지 세금이 붙은 적도 있었다. 가지에 매달린 포도, 수확한 포도, 숙성 중인 포도주, 수송 중인 포도주 그리고 판매 중인 포도주에 각각 세금이 부과되었다. 맙소사! 다른 곳도 아닌 프랑스에서! 농부들은 대신에 사과주를 마셨다.

프랑스에서는 세금징수 업무를 세수조합에 외주를 주었다. 그들은 너무 의욕에 넘쳐 세금을 징수할 때 협박을 일삼았다. 효율성을 높이기 위해 세수조합은 전국을 몇 개의 구역으로 나눈 뒤 자신들의 지부를 활용하여 전국적인 조직을 결성하였고, 나중에 정부는 채무상환에 이 조직을 활용하였다. 세금징수는 엄청난 수익이 나는 장사여서 징수원 중 앙투안 크로자Antoine Crozat라는 사람은 아메리카 대륙의 프랑스령 루이지애나를 소유할 정도로 부자였다.

지방관리들이 세금을 거둬 재무관리인에게 보내면 그는 총괄관리인에게 보내고 다시 그는 왕실관리인에게 보냈다. 중간에서 무슨 일이 발생할지는 충분히 짐작할 만하다. 장부 정리 수준이 뒤떨어진 탓에 왕실관리인은 금액이 맞는지, 중간에서 얼마나 빼돌렸는지 알 방법이 없었다. 어느 날 왕이 세수입이 왜 이리 적냐고 물어보자 한 귀족이 얼음 한 조각을 모든 참석자의 손을 거쳐 왕에게 전달시켰다. 왕의 차례까지 왔을 때는 다 녹고 아무것도 없었다.

법을 강제하고 만연한 밀수를 막기 위해 광범위하고 체계적인 감시가 이루어졌다. 조사관들은 아무 예고 없이 가택수색을 할 수 있었다. 협박도 빈번했다. 볼테르^{Voltaire}는 소금세가 징수되는 장면을 다음과 같이 묘사하고 있다. "세금징수 대행업자의 행동대원 50명이 떼를 지어 다니며 모든 마차를 세워 검문하고 사람들의 주머니를 뒤지며 왕명이라는 핑계로 각 가정으로 무자비하게 쳐들어가면서 거치적거리는 것은 무엇이든 다 부숴버리니 농부들이 뇌물을 주지 않을 수 없었다."[12]

그렇게 많은 세금을 내면서도 정작 의회에 평민들의 대변인은 없었다. 목소리를 내는 유일한 방법은 봉기를 일으키는 것이었다. 그래서 여러 번 봉기가 일어나기도 했다. 그런데 보르도 지역의 와인 농가에서 들고 일어나면 그 지역만 세금을 줄여주었다. 부르고뉴 지방에서는 또 봉기를 일으켜야만 줄여줬다. 이처럼 일관된 세금정책이 없다 보니 시민들은 세금 그 자체에도 분노했지만 오락가락하는 정책의 부당함에 더욱 분노했다.

그 많은 종류의 세금을 거의 한 푼도 내지 않는 계급은 성직자와 귀족 두 계급이었다. 성직자는 5년에 한 번씩 무상기부라고 불리는 자발적 기부를 할 수도 있었으나 이는 정해진 것도, 강제성이 있는 것도 아니었다. 귀족은 기사계급과 마찬가지로 주군에 대한 봉사와 전쟁에서 흘리는 피로 세금을 대신했다. 그 결과 귀족의 신분이나 관료직 또는 세금이 면제되는 지위를 돈으로 사고파는 사업이 출현했다. 이는 정책의 혼란을 더욱 가속화할 뿐이었다. 이처럼 매관매직에 대한 악명이 높아지자 미국 건국의 아버지들은 아예 헌법 조항 두 곳에 이와 관련한 내용을 삽입하여 매관매직을 원천봉쇄했다.

세금제도를 개혁하려는 모든 노력은 번번이 귀족이라는 계급의 벽에 부딪혀 무산되었다. 1750년의 타유 개혁안은 교회와 귀족 소유의 토지와 일부 지방의 토지에 대한 면세 특권을 없애려 했다. 그러나 귀족들의 압력에 굴복한 왕이 개혁안을 무산시켰을 뿐 아니라, 개혁안을 제안한 장관마저 경질해버렸다. 결국 타유는 '소작농의 세금'이라는 별명이 붙었는데 다른 계급은 다 빠져나가고 오직 농민들만 세금을 냈기 때문이다.

그러나 프랑스의 중하층 계급은 점차 상황을 제대로 인식하기 시작했다. 계몽주의 철학자들 덕분에 자유, 박애, 평등 같은 무정부주의적 개념이 점점 널리 퍼졌다. 또한 군주는 신이 내린 것이 아니며, 알고 보면 무능하다는 회의적인 생각이 퍼져나갔다.

세금을 내는 대가로 대표 선출을 요구한다는 미국 독립운동 소식이 퍼지기 시작했다. 혁명적인 과학적·철학적 사고를 담은 27권짜리 《백과전서Encyclopédie》가 널리 보급되어 책의 목적대로 "사람들의 생각을 바꾸기" 시작했다.[13] 당대 유명 사상가들의 기고문 중에는 "세금에 관한 한 모든 특권은 불공정하다"(볼테르), "겨우 먹고사는 사람은 아무런 세금도 내서는 안 된다"(루소Rousseau), "프랑스의 세금제도는 가난한 사람을 거지로 만들고, 일하는 사람은 게으름뱅이로 만들며, 사회의 낙오자는 범죄자로 만든다"(레이날Raynal) 등이 있었다. 무거운 세금을 내고 있던 프랑스 중산계급인 부르주아는 자신들이 점점 정치권력으로부터 소외되고 명예와 특권층과 거리가 멀어지는 현실에 분노하게 되었다. 퇴폐적이고 난잡한 왕, 경박하고 현실을 모르는 지배층, 개혁 의지가 전혀 없는 구시대적인 정부 구조, "무능과 권력남용으로 점철된, 일관성 없고 독단적이며 구태의연한" 세금제도에 점점 환멸을 느꼈다.[14]

1787년 2월, 정부의 재정 상태가 극도로 악화되자 재무장관인 샤를 알렉상드르 드 칼론Charles Alexandre de Callone은 '명사회assembly of notables'를 소집하여 재정적자를 해소하기 위해 특권층에 대한 세금을 늘리는 방안을 제안했다. 그러나 특권층의 반대로 이 안의 처리는 연기되었다. 1788년에는 흉년이 들어 물가가 상승하자 민심은 더욱 흉흉해졌다.

마침내 이 문제를 해결하기 위해 프랑스 사회의 세 신분, 즉 성직자(제1신분), 귀족(제2신분), 평민(제3신분)이 모이는 삼부회가 열리기도 했다. 이 회의에 대한 기대감으로 당시 프랑스에는 국가를 어떻게 개혁해야 하는가에 대한 팸플릿이 넘쳐흘렀다. 제3계급이 작성한 진정서에서 가장 큰 비중을 차지한 것은 세금 문제였다.

1789년 5월 5일 베르사유에서 삼부회가 개최되었다. 그런데 투표 방법에 이견이 있었다. 회의가 잘 진행되지 않자 제3신분 대표단은 스스로 국민의회임을 선포하고 새로운 헌법을 제정하지 않으면 해산하지 않겠다고 했다. 왕이 굴복하여 국민제헌의회가 구성되었다.

그러나 제헌의회가 구성되자마자 왕은 군대를 소집하여 제헌의회를 해산시키려 했다. 귀족들이 음모를 꾸며 제3신분을 탄압한다는 소문이 전국으로 퍼지면서 봉기가 발생했다. 1789년 7월 14일 파리 시민들은 독재의 상징인 파리 중심가의 바스티유 감옥을 습격했다. 프랑스 전역에 걸쳐 헐벗고 분노한 농민들이 왕에 반대하여 일어섰다.

제3신분의 국민제헌의회는 봉건체제와 십일조 세금을 폐지해야 한다고 주장했다. 그리고 〈인간과 시민의 권리선언〉을 발표하여 개인의 자유, 평등, 재산의 보장 및 저항권을 선언하였다. 이 선언문은 납세 능력에 따라 세금이 공평하게 분배되어야 하며, 시민들이 세금의 필요성을 미리 고지받아야 하고, 세금을 반대할 권리가 있으며, 세금의 사용처를 감시할 수 있고, 조세부과율과 산출방식, 징수방법과 징수기간을 결정할 수 있다는 내용을 담고 있다. 그리고 모든 공직자에게 조세 업무의 책임을 물을 권리가 있다는 내용도 포함되었다.

왕은 이 선언문을 재가하지 않았다. 파리 시민들은 다시 봉기하여 10월 5일 베르사유 궁전으로 행진했고, 그 후의 진행 상황은 역사가 되었다.

승리한 혁명군이 제일 먼저 한 일은 징세청부업을 폐지한 것이다. 루이 16세가 처단된 사실은 잘 알려져 있지만 사실은 많은 청부업자도 이때 같이 처형되었다. 왕은 징세권을 잃었고 그 권한은 국민의 대표인 의회로 넘어갔다. 귀족과 성직자, 특정 주 및 도시, 기업에 대한 면세 특권도 모두 폐지되어 구시대의 세금제도는 완전히 사라졌다.

그러나 새 정부도 돈이 절실하게 필요하긴 마찬가지였다. 소금세를 비판했지만 더 공평한 다른 세금을 만들 때까지만 소금세를 납부해 줄 것을 국민들에게 요청했다. 그러나 효과가 없었다. 사실상 소득세와 마찬가지로 소득의 25퍼센트를 기부해달라고 부탁했지만 역시 거부당했다. 긴급하게 공공부문의 채무를 탕감하기 위해 프랑스 전체 토지의 3분의 1에 달하는 교회 토지를 몰수했다. 이 토지를 담보로 아시냐assignats라는 채권을 발행해서 채무를 갚았다. 채권을 산 사람은 압수된 토지와 맞바꾸거나 다른 사람에게 채권을 팔 수 있었다. 지불수단이 부족하다 보니 이 채권은 법정통화 기능도 했다. 그런데 이미 토지로 바꾸어간 채권도 계속해서 유통시키는 등 정부는 계속해서 아시냐를 발행했다. 채권은 시장의 신뢰를 잃었고 인플레이션에 이어 초인플레이션을 거쳐 1797년에는 통화로서 기능을 상실했다.

프랑스는 새로운 방향을 제시할 새로운 지도자가 절실히 필요했다. 그 지도자는 바로 나폴레옹 장군이었다. 그가 파리 시내로 입성하자 군중들은 "세금은 이제 그만, 부자에게 죽음을, 공화국 폐지, 황제 만세"[15]라고 외치며 환영했다.

나폴레옹도 세금을 없앨 수는 없었다. 그러나 마르탱 미셸 샤를 고댕Martin Michel Charles Gaudin, 프랑수아 바베 마르부아François Barbé-Marbois, 니콜라 프랑수아 몰리앙Nicolas François-Mollien 등 3인의 도움을 받아 세제개혁을 단행했다. 또한 재무부와 재정부 그리고 1800년에는 프랑스 국립은행을 설립했다.

징세청부업 문제를 해결하기 위해 세금징수만 전문으로 하는 부서를 설립하고 직원들의 급여는 고정급으로 정했다. 납부를 독려하기 위해 파리에서 가장 아름다운 광장에 최초로 세금을 완납하는 지역의 이름을 붙이겠다고 약속했다. 그렇게 해서 보주광장이 생겼다.

나폴레옹이 도입한 새로운 세금은 성공한 것도, 실패한 것도 있었지만 최종적으로는 토지세, 임차료에 10퍼센트의 세율로 부과되는 상업세, 여러 가지 등록면허세 등이 시행되었다. 노동자와 농부로부터는 연소득의 3일 치에 해당하는 금액을 징수했다. 이 외에 와인, 놀이용 카드, 마차, 소금, 담배, 창문과 문에도 세금을 매겼다.

각 부서의 지출은 엄격히 통제되어 적자가 나지 않도록 했다. 나폴레옹 정부는 통화가치 하락을 허용하지 않았다. 따라서 생활물가도 안정적으로 유지되었다. 국가 채무를 완제한 후에는 높은 이자율을 부담해야 하는 또 다른 채무를 발생시키지 않았다. 70년 만에 처음으로 균형재정을 달성했다. 한마디로 전보다 세금은 더 낮았고 공정했으며 효율적이었다.

그렇다고 해도 나폴레옹의 원정 비용을 대기에는 부족했다. 그는 정복하고 나서 과세하는 정책을 구사했다. 특히 이탈리아 북부 지역이 부유하다고 판단하여 새로운 세금징수체제에 의거, 기존 세금 외에 새로운 세금을 부과했다. 옥트르와, 등록면허세, 소비세가 새로 도입되었다. 당연히 피정복지 주민들의 감정은 좋지 않았고 나폴레옹의 지배는 오래가지 못했다. 전투에서의 승리에만 의존하다 보니 한 번 패배하면 충격이 컸다. 얼마 안 있어 워털루 전투에서 패배한 것은 당연한 일이었다.

권력이 계속 바뀌었지만 세금에 대한 프랑스 국민의 안 좋은 감정은 100년 이상 지속되었다. 영국과 기타 지역에서는 소득세가 자리를 잡았지만 프랑스에서는 그렇지 못했다. 수차례 발의되고 토론을 벌였지만 사생활 침해와 불공평한 누진세율은 받아들여지지 않았다. 프랑스 세금에는 원칙이 있었는데 세금이 사물을 따라가야지 사람을 따라가서는 안 된다는 것이었다.[16] 토지나 사업에서 발생하는 소득은 정확하지 않더라도 일정 기간 거기에서 발생한 평균 소득을 기준으로 삼아야 했다. 신고를 못 했다고 해서 징벌 조항이 적용되지는 않았다. 대신에 추정소득을 사용했다. 이는 납세자와 징수원 간의 접촉을 최소화한 것으로, 소규모 사업자, 제조업자, 무역업자 등이 많은 국가에 적합한 제도였다. 세금보다는 자유가 우선이었다. 담세율은 절대 12퍼센트를 초과하지 않았다. 그런데도 프랑스는 번창했다.

남북전쟁이 끝난 후 프랑스는 자유를 상징하는 로마의 여신 리베르타스Libertas 조각상을 미국에 보냈다. 이 상은 머리 위로 광명, 투명, 진실을 상징하는 횃불을 들고 있으며 왼손에는 독립기념일 날짜가 적힌 석판을 들고 있다. 발밑에는 끊어진 쇠사슬이 놓여 있다. 자유의 여신상은 자유와 미국의 상징이 되었다. 사생활을 침해하는 소득세는 프랑스와 미국 모두에게 자유를 해치는 적으로 간주되었다.

그러나 제1차 세계대전으로 모든 게 바뀌었다. 전쟁이 끝날 때쯤에 프랑스 국민의 소득세 신고서는 영국만큼이나 복잡하고 사생활을 침해하는 것으로 바뀌었다. 정부 지출이 GDP의 56퍼센트에 이르는 프랑스는 오늘날 세금이 가장 많은 국가 중 하나다.[17] 프랑스인들은 노란 조끼를 입고 다시 시위를 벌이고 있다.

사라진 11일

영국은 과세연도가 4월 6일에 시작해서 다음 해 4월 5일에 끝난다. 왜 그럴까?

1752년까지 영국의 새해는 한겨울인 1월 1일에 시작하지 않았다. 대신 계절에 맞추어 춘분(낮과 밤의 길이가 같아지는 절기)인 3월 25일 주님탄생예고대축일^{Lady Day}에 시작했다.

영국은 율리우스 카이사르가 제정한 율리우스력을 사용해왔다. 주님탄생예고대축일은 사분기 결산일 중 하나이며 나머지는 세례자요한축일^{Midsummer day}(6월 24일), 성미카엘축일^{Michaelmas}(9월 29일) 그리고 성탄절이다. 사분기 결산일은 임차료 납부 마감일, 분기 장부 마감일이며 새로운 고용이 개시되고 학기가 시작되는 중요한 날이었다. 그 전통은 중세 시대부터 계속 내려온 것이다.

주님탄생예고대축일이 쟁기질을 시작하는 날과 추수일의 중간에 걸쳐 있기 때문에 농부와 지주의 장기계약이 시작되는 날이기도 했다. 주로 이날 농부들이 전 지주와 계약을 끝내고 새로운 지주와 계약을 맺었다. 그래서 이날이 회계연도와 계약연도의 시작점이 된 것이다.

1582년 교황 그레고리오 13세는 보다 정확한 그레고리력을 제정했고 프랑스가 중심이 되어 유럽 대륙 국가에서 채택하기 시작했다. 그 당시에는 독립국이자 카톨릭 국가였던 스코틀랜드는

1600년에 채택했다. 신교도 국가인 영국은 가톨릭의 달력을 받아들이지 않고 율리우스력을 고집했다.

서로 다른 달력을 사용하는 '이중역법'의 문제점이 점차 나타나자 스코틀랜드 및 유럽의 다른 국가와 보조를 맞추기 위해 영국 의회는 1751년에 달력법을 제정하여 율리우스력에서 그레고리력으로 바꾸면서 1월 1일이 새해의 첫날이 되었다.

비록 1751년은 3월부터 12월까지만 운영되는 짧은 해지만 그레고리력에 맞추기 위해 11일을 조정해야 했다. 그래서 1752년 9월 2일 수요일 다음 날을 9월 14일 목요일로 변경하기로 했다. 따라서 영국인에게 말 그대로 11일이 '날아간' 것이다.

그럼에도 세금과 기타 요금은 3월 25일에 그대로 내야 했다. 영국인들은 날아간 11일에 대해 무언가 조치가 있어야 한다고 생각했지만 고지서는 전액을 요구했다. "11일을 돌려달라!"라고 요구했다. 폭동이 발생한다는 소문도 있었다.

결국 다음 회계연도를 3월 25일의 11일 뒤인 4월 6일부터 시작하는 것으로 바꿔 문제를 해결했다. 이 전통이 오늘날까지 내려와 과세연도의 시작일이 되었다.

9장

나폴레옹 전쟁과 소득세

19세기 영국 총리였던 윌리엄 글래드스턴^{William Gladstone}이 "국가 재정을 움직이는 거대한 엔진"[1]이라고 했을 정도로, 소득세는 근대 역사에 엄청난 영향을 끼쳤다.

원래 나폴레옹을 물리치기 위해 도입했지만, 이 세금은 제1차 세계대전의 양상을 바꾸었고, 제2차 세계대전에 미국이 참전하는 데 자금줄이 되어 연합군의 승리를 이끌었으며, 오늘날에는 전 세계 복지국가의 예산을 구성하는 핵심 요소다.

소득세가 없었다면 현재 우리가 시행 중인 공공교육, 복지, 국민보건, 연금 등의 체계를 만들지 못했을 것이다.

미국의 경우, 정부 수입의 65퍼센트가 소득세에서 나온다.[2] 독일도 마찬가지다.[3] 영국은 47퍼센트다.[4] 소득세를 징수하고부터 오늘날 대부분 선진국의 형태인 '큰 정부가 주도하는 사회민주주의 모델'이 가능해졌다. 소득세로 인해 오늘날 우리가 살고 있는 사회 형태가 만들어졌다.

윌리엄 피트가 영국 총리로 재임했던 시절인 1799년에 소득세가 도입되었기 때문에 일반적으로 그가 세계 최초로 소득세를 실시한 정치인으로 알려져 있다. 그러나 이보다 앞선 사례도 많이 있다. 네덜란드 공화국은 1674년에서 1715년 사이에 실시했으며, 프랑스는 혁명 성공 후인 1793년에 도입하려 했다. 네덜란드는 1796년에 다시 도입하였다.[5]

피트 총리보다 무려 400년 전에 실시한 기록도 있다. 1404년 1월에 영국 의회는 헨리 4세에게 단 한 번에 한해 소득세 부과를 허용했다. 전제 조건은 후대에 선례를 남기지 않는다는 것이었다.[6] 비밀을 유지하기 위해 재무부는 어떤 증거도 남기지 않았고 모든 문서는 소각시켰다.[7] 연대기 작가인 토머스 월싱엄은 저서 《성공회 역사[Historia Anglicana]》에서 이 세금이 "짜증 나고 부담스러운" 것이라고 적었지만, 그 이상의 기록은 없다. 월싱엄은 세부 내용을 알면서도 징수액이나 과세방식에 대해 언급하지 않았다. 그는 "마음만 먹으면 책 내용에 넣을 수도 있었겠지만" 의회가 이를 영원히 비밀로 해주길 원한다고 했다. 우리는 그 이유를 결코 알지 못할 것이다. 온갖 이유들을 상상하는 것은 가능하지만 말이다.

정확히 말하면 별로 알려진 게 없는 이 1404년의 소득세도 최초는 아니었다. 앞에서 다뤘지만 소득세의 기원은 고대 메소포타미아 왕국의 십일조다.

나폴레옹을 격파하기 위한 세금

영국인 1인당 기준으로 히틀러를 무찌르기 위해 거둔 세금보다 나폴레옹을 격파하기 위해 거둔 세금이 더 많았다.

앤드루 램버트Andrew Lambert, 역사가(2005)[8]

1783년 피트 총리 집권 초기에 영국의 연간 세수입은 1,300만 파운드였다. 국가 채무는 2억 3,400만 파운드였고, 이자만 800만 파운드였다.[9]

10년 후 프랑스와 전쟁이 터지면서 문제가 커지기 시작했다. 총리는 프랑스 혁명운동을 반대했다. 봉기가 영국으로 번질까 염려해서 무슨 일이 있어도 그런 사태는 막으려 했다. 혁명 위협에 직면한 유럽의 왕가를 지원하기 위해 엄청난 자금을 쏟아부었다. 이 지원금은 그가 보낸 기니 금화에 새겨진 세인트조지St George 상 때문에 '세인트조지의 황금 기병대'라고 불렸다.

1793년에서 1798년 사이에 피트 정부의 지출은 대부분 차입으로 충당했다.[10] 1798년에는 채무가 4억 1,300만 파운드로 늘었고 이자도 두 배 이상 늘었다.[11] 영국 정부에 돈을 빌려준 사람 중에는 후에 전 세계 최고 부자가 되는 은행가 나탄 메이어 로스차일드Nathan Mayer Rothschild도 있었다.

상황이 심각하게 돌아갔다.

영국 중앙은행은 처음에는 분기마다 금화와 은화로 이자를 지불했지만 금액이 커지자 지폐로 지불하기 시작했고 점점 작은 단위의 지폐를 발행했다. "지불요구를 하면 은행은 1파운드당 반 크라운(약 5실링)도 내주지 못할 것이다. 전체 통화체계가 이렇게 빈약한 기반에 놓여 있다"[12]라고 토머스 페인Thomas Paine은 지적했다. 액면가보다 금 자체의 가치가 더 높아지자, 많은 사람들이 금화를 녹여 금괴를 유럽으로 수출하기 시작했다. 금은의 재고가 소진되자 은행은 지폐를 금이나 은으로 교환해주지 않는 방법을 피트에게 제안했고 총리는 수용했다. 영국 화폐는 불태환unconvertible 화폐가 되었고 영국 정부는 사실상 금본위제를 포기했다.

그 결과 전쟁 내내 "영국인이 한 번도 경험하지 못한"[13] 속도로 인플레이션이 발생했다. 빵, 고기, 맥주 가격은 50퍼센트, 유제품은 75퍼센트, 소금은 270퍼센트, 임차료는 76퍼센트 인상되었지만, 임금은 거의 변하지 않았다.[14] 이렇듯 화폐가치 하락으로 인한 피해는 고스란히 서민들의 몫이었다. 게다가 1801~1802년에 흉년이 들자 폭동이 일어나기 시작했다.

피트는 채무와 지폐 남발로 인해 재정상태가 매우 어려웠던 1799년에 소득세를 도입했다. 해군은 반란을 일으켰고 육군은 굶주리고 있었다. "전쟁을 지속하기 위해서는 지원과 자금"[15]이 필요했다.

당시 영국 정부는 "보이는 건 무엇이든 세금을 매겼다."[16] 마차, 짐차, 수레, 카트에 따로 세금을 매겼다. 남자 시종도 과세 대상이었고 벽돌, 유리, 창문, 벽지, 수레 끄는 말, 승마용 말, 경주용 말, 사냥용 말에 각각 과세했다. 1795년에는 가발용 헤어파우더에, 1796년에는 개 소유주에게, 1797년에는 외투와 시계에도 세금을 부과했다. 1798년에는 문장에도 과세했다. 마차에 부착된 문장, 도장에 새긴 문장, 반지에 새긴 문장 또는 휴대용 문장을 가리지 않고 과세했다.

다음으로는 3배 과세제를 도입해서 전에 납부했던 금액의 3배에서 5배를 내도록 했다. 만일 전년도에 20파운드의 세금을 냈다면 60파운드가 부과되었다. 그게 부담되면 자신의 연소득을 신고하고 그 금액의 10퍼센트를 납부하는 대안이 있었다.[17] 세수로 1,000만 파운드를 거둘 것으로 예상했지만 40퍼센트나 미달했다. 피트는 '수치스러운 탈세'와 '뻔뻔한 속임수'에 대해 불평했지만 실패의 원인은 세금의 구조에 있었다.

세금 작동법: 원천징수

1802년에 평화가 찾아오자 피트의 후임 헨리 애딩턴Henry Addington 총리는 소득세를 폐지했다가 1년 후에 프랑스와의 관계가 악화되자 재빨리 다시 도입했다. 그러나 애딩턴 총리는 몇 가지 근본적인 변화를 추구했다.

피트 총리의 소득세에 사람들이 반감을 가졌던 가장 큰 이유는 사생활 침해 때문이었다. 애딩턴은 소득세를 재검토하여 두 가지 원칙을 세웠다. 사생활을 침해하지 않되 탈세는 철저히 예방한다는 것이었다. 그는 소득을 5개 분야로 분류했는데 오늘날에도 이 방식이 일부 적용

되고 있다.[18]

가장 커다란 혁신은 원천징수제도 도입이었다. 피트 시대에는 세금을 내는 책임이 납세자에게 있었지만 애딩턴 시대에는 소득이 발생하는 시점에 세금을 거두었다. 은행은 이자소득에 대한 세금을 먼저 납부하고 나머지 이자를 채권 보유자에게 지급했다. 회사는 배당소득에 대한 이자를 먼저 납부하고 나머지를 주주에게 배당금으로 분배했다. 공무원의 급여와 연금도 지급 시에 과세되었다. 이 제도는 20세기 후반에 모든 형태의 급여생활자에게 확대되어 현재는 거의 모든 나라가 적용하고 있다.

애딩턴의 징수제도는 비록 욕을 먹긴 했지만 피트의 징수제도보다 성공적이었다. 최고세율은 5퍼센트(도입 당시)로 피트의 10퍼센트보다 낮았지만 징수액은 50퍼센트 더 많았다.[19] 실패한 피트의 전례에서 배웠는지 모르겠지만 애딩턴의 소득세가 훨씬 더 효율적이었기 때문에 여러 면에서 피트가 아닌 애딩턴이 근대 소득세의 창시자라고 불려야 한다.

워털루 전투 1년 후인 1816년 프랑스와의 전쟁이 끝나자 소득세에 대한 반대 청원이 379건 제기되었다.[20] 재무장관은 지속시행을 원했지만 하원의 반대 표결로 폐지되었다. 기록에 의하면 우레와 같은 박수로 환영받았는데[21] 박수 소리가 몇 분이고 계속되었다고 한다.[22] 사생활 침해에 대한 증오가 너무 심했기 때문에 관련 서류는 잘게 쪼개져 펄프로 갈아버렸다. 일부는 대중이 보는 앞에서 재무장관이 직접 소각하기도 했다.

하지만 웬일인지 왕실 채권 징수관에게 보내진 사본은 파기되지 않았다. 정부는 소득세가 세수 증대에 매우 효과적이었다는 사실을 잊지 않았다. 그런 경험은 절대 잊지 않는다.

전쟁의 진짜 비용: 영원한 빛

> 국가를 죽음과 같은 무력감에 빠뜨리는 제일 좋은 방법은 세금과 부채를 늘리는 것이다.[23]
>
> 윌리엄 코빗William Cobbett, 문필가(1763~1835)

나폴레옹 전쟁은 영국에 6억 파운드 이상의 추가 부채를 안겼다. 그전에 치렀던 네 차례의 전쟁 비용을 모두 합친 금액의 세 배가 소요되었다.[24] 소득세 덕분에 채무의존도는 줄었지만 여전히 정부 지출의 반 이상은 채무로 충당했다.[25]

1853년 윌리엄 글래드스턴 총리는 "좀 더 일찍 소득세를 도입하기로 결정했더라면 오늘날과 같은 부채는 없었을 것이다",[26] "누적된 부채로 이 나라가 안고 있는 엄청난 중압감과 폐해를 막을 수도 있었을 것이다"[27]라고 구체적인 수치까지 언급하며 주장했다.

그러나 납세자들이 비용을 몽땅 부담했다면 전쟁은 불가능했을 것이다. 세금만으로 그 엄청난 전쟁 비용을 충당할 수는 없었다. 돈과 자산을 가진 유한계층은 지원하지 않았을 것이다. 중간계층과 빈곤계층도 엄청난 세금을 낼 수 없었을 것이다. 사실 글래드스턴은 세금이 전쟁을 억제한다고 생각했다. "매해 전쟁 발생 비용을 반영한 예산을 편성할 때마다 세금의 본질과 세금이 제공하는 혜택을 감사하게 여기며 이로 인해 건전하고 유익하게 전쟁을 억제할 수 있다."[28] 영국은 차입을 일으키고 금본위제를 폐지해서 긴급 상황을 잘 넘겼으며 실제 전쟁 비용을 숨길 수 있었다. 여기에 소득세까지 더해서 영국은 전쟁에서 승리했다.

아이러니한 점은 이 기간 중에 프랑스는 오히려 전통적인 복본위제(두 가지 이상의 금속을 기준으로 삼는 화폐제도로, 금은 복본위제가 가장 일반적이다 – 옮긴이)를 채택했다는 점이다. 프랑스혁명 전에 왕실의 낭비가 심했기 때문에 국가 신용도가 낮았다. 프랑스보다 영국의 재정이 더 건전했고 의회의 개방적인 예산심의 과정 덕분에 프랑스보다 훨씬 낮은 이자율로 대출을 받을 수 있었으며 통화팽창을 통해 인플레이션세 inflation tax를 추진할 수 있었다. 정부 비판으로 옥고를 치른 윌리엄 코빗은 저서 《금에 맞선 지폐Paper against Gold》 전편에서 정부의 교묘한 속임수를 비판하고 건전한 금본위제의 필요성을 강조하였다. 쉽게 빚을 내서 쉽게 전쟁에서 이겼다고 주장했다. 애덤 스미스는 "채무를 발생시켜 전쟁 비용을 충당하면 체계적이고 지속적으로 국민들을 통째로 속이는 것이다. 그 영향이 먼 후세로 넘어갈 뿐이다. 이들은 자신이 무슨 일을 벌이는지조차 모른다"[29]라고 말했다. 글래드스턴도 반세기 후에 비슷한 주장을 했다.

그러나 영국 정부는 코빗과 반대자들의 목소리를 낮추기 위해 출판물, 인쇄물, 광고, 인쇄용지에 과세하여 사실상 지식 전파 대상인 노동자들이 구입할 수 없도록 가격을 올려버렸다. 이것이 '지식세'로 알려진 세금이다.

나폴레옹 전쟁으로 발생한 채무와 이자는 계속해서 갚아나가야 할 부담이 되어 그다음 50년간 영국인들에게 엄청난 고통을 안겨주었다. 19세기 전반 50년간 영국 노동자계급의 생활수준은 그 어느 때보다 열악했다. 노르만 정복 이래 영국에 가장 많은 농노가 존재한 시기라고 디즈레일리[Benjamin Disraeli] 총리가 말했을 정도다. 사회역사학자인 존 해먼드[John Hammond]와 바버라 해먼드[Barbara Hammond]는 산업혁명이 노동자계층에 미친 영향에 대한 연구[30]에서 22파운드를 버는 노동자가 생필품에 붙는 간접세로 11파운드를 지불했다고 밝혔다. 그러니 그렇게 많은 영국인이 더 나은 기회를 찾아 미국으로 이주했던 것이다. 19세기 공업도시의 발전으로 상황이 조금 나아지기는 했지만, 피트가 발생시킨 빚이 없었다면 19세기 전반에 국민들이 그렇게 가난으로 고통받지 않아도 되었을 것이다.

1806년에 피트 총리가 사망한 후 그에게 4만 파운드의 채무가 남겨진 것이 밝혀졌다. 그의 하인들이 오랫동안 그를 속이고 재산을 횡령했던 것이다. 그는 국가 예산만큼이나 자신의 개인 자산도 제대로 관리하지 못했다.

1842년, 폐지된 지 26년이 채 되지 않은 소득세가 로버트 필 총리의 첫 번째 예산안에 포함되어 부활했다.

필에게는 두 가지 긴급한 현안이 있었다. 첫째는 영국의 불황 극복이었고, 둘째는 전 정부에서 발생한 750만 파운드의 재정적자였다. 세금의 종류는 줄이면서 세수는 늘려야 한다고 생각한 필은 3퍼센트로 부과되는 소득세 카드를 해결책으로 꺼내들었다. 재정수지가 균형을 이루면 바로 폐지한다는 조건으로 도입된 임시세였지만, 175년이 지난 오늘날까지 남아 있다.

소득세는 그 효율성 때문에 폐지될 가능성이 별로 없다. 필 총리 시절만 해도 계획 대비 50퍼센트의 초과 세수가 걷혔다. 1853년에 글래드스턴이 재무장관에 오르면서 기필코 소득세를 폐지하려 했으나 국가 채무가 그의 손발을 묶었다.

글래드스턴은 소득세를 좋아하지 않았다. "소득세가 야기하는 사생활 침해는 매우 심각한 문제이며 이를 피하기 위한 속임수는 형용할 수 없을 정도로 사악하다"라고 말할 정도였다. 하지만 어쩔 도리가 없었다. 1854년 발발한 크림 전쟁으로 사태는 더욱 악화되었고, 1860년이 되자 정부는 소득세에 더욱 의존하고 있었다. 그는 "1853년 이전 25년간 정부 지출이 안정적이거나 알아차리기 힘들 정도로 완만하게 증가했다면 오늘날 소득세는 이미 폐지되고 없을 것이다"[31]라고 말한 바 있다.

1871년 총선에서는 글래드스턴과 디즈레일리 모두 소득세를 반대했다. 디즈레일리가 승리했지만 소득세는 폐지되지 않았다. 그는 '공공지출 증가'와 정부의 '절약정신 실종' 때문에 폐지할 수 없다고 핑계를 댔다.

1875년 소득세는 경상세가 되었다.

로버트 필: 영국 세금혁명의 영웅

로버트 필은 영국의 위대한 세금 개혁가로 인정받아야 한다. 비록 그의 업적들 중 일부는 의도하지 않은 것이라 하더라도 영국의 위대한 조세정책 개혁자로 인정받아야 한다. 그는 "우리는 이 나라를 생활비가 덜 드는 국가로 만들어야 합니다"[32]라고 선언하고 1842년에 연간 150파운드 이상의 소득자에게 파운드당 7펜스를 과세하는 소득세를 도입하면서 600여 품목의 관세를 철폐하고 500여 품목의 관세는 감소시켰다. 그가 조세·무역·재무 분야에서 시행한 개혁으로 영국은 흑자재정을 달성했다.

관세 폐지 품목 중에는 설탕, 가축, 면화, 식용고기, 감자 외에 유리도 포함되어 있었다. "정부가 국민에게 부과할 수 있는 가장 잔인한 세금이며 그 잔인성이 곡물세와 동등 수준인 유리 관세 폐지를 격하게 환영합니다"[33]라고 의학 저널 〈랜싯〉은 밝혔다. 그 과정에서 정치 생명이 끝났지만 필은 결국 곡물세도 폐기했다.

악명 높은 곡물세는 나폴레옹 전쟁의 결과로 실시되었다. 빵 가격이 떨어지자 토리당의 리버풀 총리는 영국 곡물업자를 보호하기 위해 수입 곡물에 관세를 도입했다. 지주들의 농지생산성 증가를 독려하는 대신 외국과의 경쟁으로부터 보호하는 정책을 취했다. 곡물 가격은 인상되었고 이로 인해 이미 형편이 어려운 노동자 계층의 고충은 더욱 커져만 갔지만 반면에 영국에서 가장 부유한 귀족 가문이 탄생하는 계기가 되었다. 오늘날 런던 한복판의 금싸라기 땅을 다수 보유하고 있는 캐도건, 웨스트민스터, 베드퍼드 가문들의 엄청난 부동산 자산은 이 당시 보호주의 관세를 발판으로 이룩한 것이다. 웨스트민스터 공작은 여전히 오늘날 전 세계 최고의 부자 중 한 명이다. 경제학자인 샘 윌킨스^{Sam Wilkins}는 그의 저서 《상위 1퍼센트 부자의 비밀^{Wealth Secrets of the One Percent}》에서 고대 로마 시대의 마르쿠스 크라수스부터 록펠러, J. P. 모건, 미국 도금 시대^{Gilded Age}의 앤드루 카네기 그리고 현재의 빌 게이츠 같은 부자들이 위험을 무릅쓴 투자에 성공해서가 아니라 시장의 경쟁자를 도태시키기 위한 법을 악용해서 큰 부자가 되었다고 주장한다. 곡물법은 그런 사례 중 하나다.

곡물세는 특히 아일랜드에 심각한 타격을 입혔다. 1840년대에 이 나라에는 대기근이 닥쳤다. 국민들의 주식인 감자에 마름병이 번졌다. 해외로부터 곡물 수입이 절실히 필요하게 되었고 마침 미국에는 값싼 곡식들의 재고가 많았다. 그러나 수입관세를 붙이니 가격이 높아졌다. 100만 명 이상이 아사했고 또 다른 100만 명은 기아를 피해 미국으로의 이민을 택했다. 곡물법으로 아일랜드계 이민자가 미국에 미친 영향을 고려해보면(20명 이상의 대통령을 배출했다) 별거 아닌 것 같은 세금이 인류 역사에 미치는 영향을 실감할 수 있을 것이다.

이미 1820년부터 곡물세 폐지 청원이 있었으나 의회에 지주들이 너무 많아 반대에 부딪혔다. 지방국세청장들도 토지를 보유한 젠트리 층이 많았다(이들이 1849년에 조세심의위원회의 위원이 된다). 곡물세를 존치한 것이 토리당의 잘못이라고 비난하는 사람들이 있지만 휘그당 역시 정권을 잡은 1830년부터 1841년 사이에 이를 폐지하지 않았다. 1838년에 자유무역주의자인 리처드 콥덴^{Richard Cobden}은 곡물법폐지연합을 결성하였고 1841년에는 의원으로 선출되었다. 그는 결과적으로 필을 설득하는 데 성공한다. 필은 1837년부터 1845년까지 계속해서 곡물법 폐지에 반대표를 던졌으나 영국 본토의 식량난이 심해지고 아일랜드에 기근이 발생하자 그도 방향을 바꾸었다. 영국의 농업생산량은 감자마름병으로 기근이 닥쳤을 때는 물론이고 평상시에도 급속히 늘어나는 인구를 먹여 살릴 정도가 못 되었다.

필의 세제 개혁안은 자신이 속한 보수당 내부에서도 반대에 부딪혔다. 아일랜드가 기근 사태를 과장한다는 의견이 있었다. "무관심과 무대응으로 일관하라는 것이 의회 보고서의 내용이었다."[34] 그러나 필은 반대파인 휘그당의 지지를 획득하면서 1846년에 마침내 폐지법안을 통과시켰다. 그러나 본인 소속당과 반대 노선을 취한다는 것은 총리로서의 역할이 끝났다는 의미이므로 그는 법안이 통과된 날 바로 사임했다. 그 후로는 어떤 공직도 맡지 않았다.

그러나 콥덴이 예상했듯이 필의 개혁은 영국 19세기 후반의 자유무역 시대를 열었고 혁신, 새로운 발명, 번영이라는 측면에서 보면 영국 역사의 가장 위대한 페이지를 개척했다고 할 수 있다.

영국 농업은 필의 개혁에도 처음에는 큰 피해가 없었다. 그러나 20~30년이 지나자 기차와 증기선의 발달로 값싼 농산물이 미국과 러시아로부터 수입되기 시작했다. 또한 미국에서는 농기계 산업의 발전으로 생산성이 증가되었다(러시아는 기계보다는 값싼 노동력에 의존했다). 영국의 농산품은 대량으로 들어오는 값싼 수입 농산품과 경쟁이 되지 않았다. 1880년에는 농업에 종사하는 인구 비율이 타 산업에 밀리기 시작했다. 농업을 제치고 상공업이 경제의 중추가 되었다. 1914년이 되자 영국은 식량의 5분의 4를 수입했다. 소작료 수입이 많은 지주들이 가장 부유한 계급이었으나 이들의 경제적 지위가 흔들리면서 정치적 입지도 약해졌다. 필의 조세개혁으로 영국의 권력구조가 바뀐 것이다.

10장

남북전쟁의 진짜 이유

> 남부 주민들은 북부를 위해 세금을 내며, 거둔 세금의 4분의 3은 북부에
> 투입됩니다. 그러므로 (중략) 남부의 도시들은 발전하지 못하지요. 성장
> 은 멈추고 북부의 주변 도시 역할밖에 하지 못할 겁니다.[1]
>
> 미국의 노예 소유주들에게 행한 사우스캐롤라이나 대회 연설문

미국 역사에서 남북전쟁만큼 많은 연구와 저술이 이루어진 사건도 없을 것이다. 노예제를 두고 오랫동안 대립한 결과로 전쟁이 발생했다는 것이 학교에서 배우는 정설이다. 그러나 링컨이 참전한 이유는 노예제 때문이 아니었다.

남북전쟁의 진짜 원인이 무엇인지 알아보자.

19세기 초반 미국의 경제 권역은 크게 북부, 서부, 남부로 나뉘었다. 북부는 무역과 운송사업에서 공업생산 분야로 옮겨가고 있었다. 남부의 막강한 부는 담배, 사탕수수 그리고 전 세계 면화의 3분의 2를 생산하는 농업에 기반을 두고 있었다. 서쪽으로는 1803년에 루이지애나

를 구입하면서 사실상 미국의 면적이 두 배로 늘었다. 프랑스로부터 1,500만 달러에 구입한 루이지애나의 면적은 214만 제곱미터로,[2] 이는 4,000제곱미터당 3센트를 주고 구입한 셈이어서 프랑스 입장에서 본다면 역사상 최악의 부동산 거래였다. 마침내 태평양에 도달할 때까지 미국의 팽창은 계속되었다. 서부는 원자재를 시장에 내다 팔기 위해 운하와 철도같이 발전된 수송 수단이 필요했다.

1804년부터 북부에는 노예제도가 (실제는 안 그럴 수도 있지만 원칙적으로는) 금지된 반면에 남부의 농장경제는 노예제도에 의존했다. 아직 팽창 중인 서부는 노예제의 가부가 완전히 결정되지 않았다. 조만간 가장 크지는 않더라도 큰 문제 중 하나가 될 소지가 있었다.

1802년에 토머스 제퍼슨[Thomas Jefferson]은 "아무 농부, 아무 기술자, 아무 노동자나 붙잡고 세금징수원을 본 적이 있느냐고 물어볼 수 있는 것은 미국인의 만족이자 긍지다"라고 말했다.[3] 그 말이 맞다. 미국에는 소득세, 창문세, 기타 유럽에 존재했던 자질구레한 세금이 없었다. 작은 정부를 지향했으며 지방분권을 추구했다. 각 주는 독립된 주권이 있었으므로 필요에 따라 세금을 부과할 수 있었으나 영미전쟁을 치른 1812년부터 1815년 사이를 제외하고는 연방정부 단위의 세금은 없었다.[4] 그 대신 연방정부의 수입은 간헐적인 국유지 매각을 제외하면 대부분 수입관세로 충당했다. 그러나 이 제도는 불공평했다. 끝이 좋지 않았다.

우리의 이야기는 잘 알려지지 않은 1816년 댈러스 관세로부터 시작한다. 보통의 미국인들은 일상생활에서 세금을 낼 일이 별로 없었다.

영국과 미국의 전쟁은 1812년에 시작해서 사실상 1815년까지 지속되었다. 영국이 전부터 미국과 프랑스의 무역을 방해해서 1807년에서 1815년 사이에 미국의 수입은 90퍼센트 이상 감소했다.[5] 영국 상인들은 전쟁 중 엄청난 양의 재고를 쌓아놓고 있다가 전쟁이 끝나자 봇물 터지듯 미국 시장에 풀어놓았다. 미국 제품보다 저렴한 가격에 품질이 좋았으므로 미국 산업계는 타격을 입었다. 이에 대응하고 전쟁으로 발생한 채무도 해소하기 위해 미국은 높은 세율의 관세를 도입했다.

이 관세는 특히 남부 지방에 타격이 컸다. 남부는 유럽에서 농기계 같은 물품을 수입하고 면화를 직수출했다. 관세가 부과되면 남부 주민들이 구입하는 물품의 가격이 올라간다. 그런데 관세로 거둔 금액은 남쪽에 남지 않고 북쪽으로 흘러간다. 사실상 남부가 나머지 지역을 지원하는 셈이다.

그런데 남부는 관세를 찬성했을 뿐 아니라 관세를 부과해야 한다고 여러 차례 주장하기도 했다. 왜 그랬을까?

남부 주민들은 국익을 우선으로 생각했다. 관세로 인해 남북의 갈등이 심해질 수도 있었다. 미국이 살아남으려면 자체적으로 산업기반을 강화해야 한다고 생각했다. 남부에는 관세 부담을 짊어질 만큼 충분한 부가 있었다. 면화 가격이 높으니 견딜 만했다. 관세도 좀 지나면 없어지리라 생각했다.

1816년 4월 27일 댈러스 관세가 3년간 한시적으로 시행되면서 영국산 수입품과 미 국산품의 가격이 비슷해졌다.

남과 북: 30년간의 관세 전쟁

처음에 임시적인 조치라고 발표한 세금이 종종 경상세로 변한다. 사실상 보조금이나 마찬가지인 세금 때문에 특수 이익집단이 생긴다.

1820년 관세의 만료시한이 다가오자 이 세금으로 혜택을 본 북부의 제조업자들은 연장을 원했다. 더 높은 세율과 대상 품목을 확대한 내용의 새로운 영구적 관세 법안이 발의되었다. 하원에서 통과되었으나 상원에서 한 표 차로 부결되었다.

이번에는 남쪽의 지원이 없었다. 더 이상 지원할 이유가 없었다. 1819년의 면화 가격 하락으로 남쪽도 쪼들렸다. 긴박한 전쟁의 위협도 사라졌다. 1812년에 발생한 전쟁 채무도 이미 갚은 상태였다. 무역전쟁은 거의 없어진 거나 마찬가지였다. 북부의 제조업을 보호하는 것이 이제는 긴급한 현안이 아니었다.[6]

그러나 북부와 서부에서는 보호주의 입김이 강했기 때문에 1824년에 또 다른 관세가 부과되었다. 이번에는 의회를 통과했는데 1816년 이전에 5퍼센트에 불과했던 세율이 33퍼센트로 인상되었다.[7]

상황은 더욱 악화되어 1828년에는 '혐오관세Tariff of Abominations'라고 불린 관세법이 통과되었다. 수입 품목의 92퍼센트에 38퍼센트의 세금을 붙였다. 이번에도 북부와 서부가 연합해서 이 법안을 밀어붙였다. 사실상 남부 주민들이 전체 연방세금의 75퍼센트를 부담했다.[8] 높은 관세를 내고 수입품을 사지 않으려면 북부에서 만든 질 낮은 제품을 높은 가격에 사야 했다. 무얼 택하든 돈은 북부로 흘러가게 되어 있었다.

경제의 중심이 북부로 이동하자 사람들도 이를 따라 이동해갔다. 남부 주민들이 차별받고 있다고 느끼는 것도 무리가 아니었다. 남부의 상황은 1819년 이래 면화 가격이 반 토막 나면서 더욱 악화하였고 남부는 그 원인으로 관세를 지목했다.[9]

그 무렵 사우스캐롤라이나주에서는 분리 이야기가 나오기 시작했다. 켄터키, 노스캐롤라이나, 버지니아가 합세했다. 1832년에는 앨라배마, 조지아, 메릴랜드의 대표들이 가세했다. 사우스캐롤라이나주는 회의를 소집하여 이 관세가 헌법정신에 위반되므로 강제할 수 없다고 결의했다.

그렇게 연방법 실시 거부 파동이 시작되자 앤드루 잭슨Andrew Jackson 대통령은 강제로 세금징수를 하겠다고 경고했다. 거의 내란 직전의 상황까지 치달았다. 대통령이 군대를 소집했다면 남부의 다른 주들도 사우스캐롤라이나에 동조했을 것이다.[10] 그러나 부통령을 지낸 적 있는 사우스캐롤라이나 출신의 존 칼훈John C. Calhoun이 대표적 관세 찬성론자인 헨리 클레이Henry Clay 상원의원과 타협에 성공했다. 2년마다 10퍼센트씩 세율을 떨어트려 1842년에 20퍼센트가 되도록 합의했다. 이렇게 위기를 넘겨 거의 10년간 관세 이슈는 물밑으로 사라졌다.

그런데 1842년이 되자 북부의 주들은 또다시 보호주의 정책을 요구하기 시작한다. 헨리 클레이를 주축으로 영국 업체들과 경쟁하기 어렵다는 주장이 다시 제기되었다. 1842년에 보호주의 정책이 반영된 소위 블랙 관세Black Tariff 법안이 단 한 표 차이로 의회에서 통과되었다. 남부는 9년간 약속한 20퍼센트로 관세율이 떨어지기를 기다렸는데 되려 혐오관세 수준으로 다시 오른 것이다. 당연히 남부는 격렬하게 저항했다.

사우스캐롤라이나 상원의원 로버트 레트^{Robert Rhett}는 "혁명만이 답이다"[11]라고 부르짖었다. 앨라배마의 하원의원 윌리엄 페인^{William Payne}은 앨라배마 주민들은 북부의 노예로 사느니 차라리 "처참한 죽음을 선택하겠다"라고 선언했다. 버지니아의 루이스 스틴로드^{Lewis Steenrod}는 보호주의가 내란을 불러일으키고 "연방의 영속성을 해친다"라고 주장했다. 수입 관세율은 거의 40퍼센트까지 인상되었고 품목마다 세율이 달랐다. 철에 대한 세율이 가장 높아서 못 같은 경우는 100퍼센트를 초과하기도 했다. 무역은 급감했고 수입액은 반 토막 났다. 뉴욕주의 모지스 레너드^{Moses G. Leonard} 의원은 이 관세를 "미 의회가 독립적이며 지성적인 국민을 대상으로 자행한 불공정 행위 중 가장 역겨운 것"이라고 비난했다.

그러나 1844년 대선에서 제임스 포크^{James K. Polk}가 헨리 클레이를 꺾고 대통령이 되자 상황은 역전되었다. 새 대통령은 관세 인하가 새 행정부의 4대 중점 추진과제 중 최우선 과제라고 발표하고 재무장관 로버트 워커^{Robert Walker}에게 조치 작업에 착수하라고 지시했다.

재무장관은 각 품목마다 달랐던 세율을 25퍼센트의 표준 과세로 통일하여 전 품목에 적용할 것을 제안했다. 세율이 내려가면 무역이 활성화되어 결국 세수가 늘 것이라고 주장했다. 전 세계를 상대로 무역을 하고 싶은 북서부 주민들은 남부와 연합하여 이 안을 통과시켰다. 결국 재무장관의 말이 맞았다. 관세율 인하에도 불구하고 세수액이 매

해 늘어 1850년이 되자 3,000만 달러에서 4,500만 달러로 50퍼센트 증가했다.[12]

물론 북부와 남부의 대립은 단지 관세율 때문만은 아니었다. 노예제 역시 문제였다. 미국-멕시코 전쟁으로 획득한 새로운 주에서 노예의 신분에 대한 이견으로 사우스캐롤라이나주는 1850년 다시 연방에서 분리하겠다고 으름장을 놓았다. 만일 새로운 지역에서 노예제를 불법이라고 선포하면 남부 사람들은 워싱턴에 우호 세력이 감소해서 정치적 영향력이 줄어들 것을 우려했다. 게다가 자유 주free state (남북전쟁 이전 노예제를 불법으로 선언한 주 - 옮긴이)가 더 많이 생기고 노예해방 소요가 더 많이 일어날수록, 내란이 발생할 가능성이 높아진다. 독립하게 되면 사우스캐롤라이나에는 노예제도가 보장되어 면화산업으로 일군 부를 보호할 수 있게 된다. 1851년 10월의 선거는 사실상 이 문제에 대한 국민투표였다. 이 투표에서 분리주의자들이 대패하고 반대파인 협력주의자가 58.5퍼센트로 승리했다.[13] 노예제 문제만으로는 남부의 다른 주들은 말할 것도 없고 사우스캐롤라이나주의 분리 독립을 추진하기가 어려웠다. 특히 경제가 좋을 때는 더욱 그랬다.

1850년대 미국 경제는 호황을 맞았고 남부의 주들도 별 불만이 없었다. 1857년 제정된 관세는 전보다 더욱 줄어들어 1816년에 임시세로 도입할 때와 비슷한 15퍼센트에 불과했다.

그러다 1857년 공황이 발생했다.

불황이 낳은 보호주의

유럽에서는 크림 전쟁으로 농업생산량이 폭락했고 미국산 농산물이 그 자리를 채웠다. 그런데 전쟁이 끝나고 유럽의 농업이 다시 제자리를 찾아 생산량이 늘어나자 미국 농산물 수입이 감소했다. 영국의 미국산 밀 수입은 90퍼센트 감소했고[14] 일반 생필품의 가격도 최대 35퍼센트까지 하락했다.[15] 농업 분야 곳곳에 투자를 했던 오하이오 생명보험 신탁회사가 부도나면서 금융위기가 닥쳤다. 수송물량이 감소하니 철도산업도 휘청거렸다. 수많은 실업자가 발생했고 투자자들은 원금손실을 입었다. 캘리포니아의 골드러시로 채취한 14톤의 금을 실어 '황금 선박 Ship of Gold'으로 불리던 증기선 SS 센트럴 아메리카호가 뉴욕으로 항해하던 중 허리케인을 만나 침몰하면서 경제에 대한 신뢰, 특히 은행에 대한 신뢰가 무너졌다.

이렇게 1857년 공황이 닥쳤다.

남부는 북부나 서부만큼 손해가 크지는 않았다. 면화 가격이 떨어지기는 했으나 금세 회복했다. 파산한 은행도 별로 없었다. 오히려 이 불황으로 남부는 자신감을 다시 회복했다. 전 세계 무역에서 남부의 면화가 차지하는 비율이 절대적이라는 믿음을 재확인시켜 주었다. 북부와 서부가 그동안 이룬 엄청난 경제발전에 된서리를 맞는 동안 남부는 비교적 안전했다.

그런데 경제불황은 종종 어리석은 법 제정으로 이어진다.

펜실베이니아 출신의 헨리 캐리 Henry Carey는 당대 가장 유명하고 영향력 있는 경제학자였다. 그는 보호무역주의가 미국 산업을 육성하는 지름 길이라고 생각했다. 1857년 관세 때문에 경제불황이 발생했다고 지적했다. 그의 열렬한 주장은 널리 퍼지면서 인기를 얻었다. 관세율을 인상하려는 노력이 본격적으로 다시 시작되었다. 새로 탄생한 공화당은 캐리의 의견을 수용했고 당 설립자 중 한 명인 저스틴 스미스 모릴^{Justin Smith}^{Morill}은 그의 의견을 참조하여 새로운 관세를 입안했다. 단지 1846년 수준으로 돌아갈 뿐이라고 했지만 실제 세율은 그때보다 높았다.[16]

모릴 관세는 무려 2년간 온갖 논란을 불러일으키다 1860년 5월에 마침내 의회를 통과했다. 남부에서는 단 한 주에서만 찬성표가 나왔다.

공화당 대표 에이브러햄 링컨^{Abraham Lincoln}은 이전부터 계속해서 이 관세를 찬성했다. "나는 내부 개선 제도와 고율의 보호관세에 찬성합니다. 이 두 가지는 나의 신념이자 정치적 원칙입니다"라고 1832년 최초의 정견 발표에서 밝혔다.[17] 그의 신념은 한결같았다. 1860년에도 "관세에 관한 나의 생각은 기본적으로 변화가 없습니다.[18] 음식이 사람에게 필수적인 것처럼 관세는 정부에 필수적입니다"[19]라고 말했다.

링컨, 대통령이 되다

공화당 대선후보 경선에서 링컨의 경쟁자로 가장 유력한 후보였던 윌리엄 시워드^{William H. Seward}는 1850년 연설에서 저 유명한 "헌법보다 더 높은 법이 있다"라는 주장으로 대놓고 노예제를 비판했다.[20] 그러나 이런 식으로 드러내놓고 노예제도를 말하지 않는 사람도 많았다. 약삭빠른 정치인이었던 링컨은 유권자들을 자극할까 봐 이 문제에 대해 언급을 피해왔다. 마음속으로는 노예제도를 혐오했는지 모르겠지만 겉으로는 "입술을 꽉 깨물고 아무 말 안 하는"[21] 전략을 택했다. 그가 대선후보로 선정된 것은 특히 펜실베이니아 경선에서 보호주의 관세를 적극 지지한 덕택이었다.

대통령 선거에서 그의 상대 후보는 오랜 정적인 민주당의 스티븐 더글러스Stephen A. Douglas였다. 그러나 민주당은 분열되어 있었다. 북부는 더글러스를 지지하고 남부는 존 브레킨리지John Breckenridge를 지지했던 것이다. 링컨은 북부의 더글러스만 이기면 당선이 확실했다. 더글러스와 민주당원들은 호응을 못 받고 있는 반관세정책을 지지하고 있었기 때문이다. 링컨의 전략은 노예제에 대해서는 조용히 하고 보호주의는 목청 높여 주장하는 것이었는데 이 전략이 잘 먹혔다. "관세에 관한 공약이 광적인 환영을 받았으며 펜실베이니아 주민 대표들이 자리에서 일어나 모자와 지팡이를 허공에 흔들며 환호의 도가니에 빠졌다"라고 역사가인 데이비드 포터David M. Potter는 기록했다.[22]

1860년 11월 6일 링컨이 미합중국 대통령으로 당선되었다. 그의 득표율은 40퍼센트에 불과했으며 대부분 북부와 서부에서 획득한 것이다. 결과적으로 나중에 분리한 주들로부터는 단 한 표도 얻지 못했다. 모릴 관세는 공화당 공약 17개 중 12번째였다. 공화당이 의회 다수당이 되었으므로 보호주의 정책이 다시 시행될 것은 뻔했다. 사우스캐롤라이나주의 주도하에 남부의 주들은 하나씩 연방에서 탈퇴하기 시작했다.

남부 주민들은 "영국이 자신의 이익을 위해 우리 조상들에게 과세한 것처럼 북부가 자신의 이익을 위해 우리에게 과세한다"라고 사우스캐롤라이나 연설문에 밝혔다.[23] 사우스캐롤라이나 주민들은 지금이 선조들이 "대표 없이 과세 없다"라고 외치며 저항할 때와 똑같다고 느꼈다. 정확히 그때와 같은 입장에 있다고 생각했다.[24]

1861년 2월 1일이 되자 미시시피, 플로리다, 앨라배마, 조지아, 루이지애나, 텍사스가 사우스캐롤라이나를 따라 연방에서 탈퇴했다. 이들 일곱 주는 새로 자신들의 정부를 만들어 남부연합Confederate State of America을 구성했다. 한편 경제학자 캐리는 링컨에게 새로운 관세를 조속히 도입할 것을 건의했다. 그는 "링컨 행정부의 성공은 회기 내 관세법 통과 여부에 달려 있습니다. 이것만이 당의 안정적 미래를 보장하는 길입니다"[25]라고 말했다. 남부의 주들이 탈퇴한 상황에서 법안은 쉽사리 통과되었다. 이틀 후인 3월 4일 링컨은 취임연설을 했다.

"나는 직접적이든 간접적이든 노예제도가 존재하는 주의 정책에 간섭하고 싶은 마음이 없습니다. 저에게 그럴 법적 권한도 없고 그리고 싶지도 않습니다."[26] 의회 역시 연방정부가 남부의 노예제도에 간섭하지 않겠다는 내용의 헌법 개정안을 제안했다. 대법원 역시 3년 전 드레드 스콧Dread Scott이 자신과 가족을 노예 신분에서 해방해달라고 제기한 소송에서 그에게 패소판결을 내려 남부의 손을 들어준 적이 있다. 이렇듯 연방정부의 3부인 입법부, 사법부, 행정부가 노예제에 대해 남부에게 권한을 주었음에도 남부연합은 연방 참여를 거부했다. 노예제보다 중요한 쟁점은 관세와 자치권이었는데 링컨이 이에 대해서는 양보하지 않았기 때문이다. 관세에서 나오는 수입과 국내산업 보호의 가치가 너무 커서 양보하기 어려웠다.

링컨은 "저에게 부여된 권한을 미합중국 정부의 재산과 영토를 보전하고 점유하며 소유하는 데 사용할 것이며 또한 관세와 부과금을 징수하는 데 사용할 것입니다. 이들 업무수행에 필요한 범위 외에는 그 어디에서도 그 누구에게도 무력을 사용하여 침범하는 일은 없을 것입니다"[27]라고 말했다. 그는 세금징수에 무력을 사용하곤 했다. 이는 남부의 주들에게는 냉혹한 선택의 문제였다. 세금을 내든가, 안 내고 그 대가를 치르든가 택일해야 했다.

공화당이 모릴 관세를 추진하는 사이 탈퇴한 남부의 주들은 그들만의 헌법 초안을 작성했다. 놀랄 만큼 미국 헌법과 유사했으나 각 주에 부여된 권한과 중앙정부의 세금징수권 제한에서 현격한 차이를 보였다. 의회는 채무상환, 국토방위, 정부 역할 수행을 하기 위한 구체적인 경우에만 "세금, 조세, 부과금, 물품세"를 신설하거나 징수할 수 있다. 더 이상 "미국의 보편적 복지 향상"[28] 같은 애매한 목적의 세금 신설은 안 된다고 못 박고 있다.

또한 "외국에서 수입하는 물품에 대한 관세나 세금을 특정 분야의 산업을 육성하고 발전시키기 위해 사용할 수 없다"라고 규정하였다. 혼동의 여지를 없애기 위해 "이 조항을 포함한 헌법의 어떤 구절도 의회에 내부 개선에 필요한 자금을 배정할 권한이 있다고 해석해서는 안 된다"[29]라고 구체적으로 명시하였다.

노예제도에 대한 항목도 있었다. 최초의 미국 헌법은 '노예^{slavery}'라는 단어 대신 '용역이나 노동의 의무를 진 사람(들)^{Persons held to Service or Labor}'(이 단어에는 계약 형태의 노역에 종사하는 백인도 포함된다)이라는 용어를 사용했지만 남부연합의 헌법은 노예라는 단어를 직접 사용했다. 이 헌법은 아프리카와의 노예무역을 금지했다. 또한 남부연합에 속한 주는 노예제를 폐지할 수 없으며(아이러니하게도 개별 주들은 노예제에 대한 결정권이 없었다) 여행할 때 노예를 데리고 갈 수 있는 권리를 보장했다.

남부는 전쟁을 피하고 싶었다. 북부를 이길 수 없다는 걸 알았기 때문이다. 그저 마찰 없이 독립하기를 바랐다. 남부연합 대통령 제퍼슨 데이비스^{Jefferson Davis}는 "우리 농업인의 주요 관심사는 공업 국가에 필요한 농산품을 수출하는 데 있다. 우리의 궁극적 정책은 평화와 허용 가능한 가장 자유로운 교역이다. 상품을 매매하는 데 있어 어떠한 제한도 없어야 한다"라고 취임연설에서 밝혔다. 남부연합의 대통령으로서 가장 먼저 한 업무는 평화로운 관계를 원한다는 내용의 서한을 쓴 일이었다.[30] 그는 워싱턴으로 평화대표단을 보냈지만 링컨은 이들을 만나지도 않았다.

전쟁을 벌이려는 링컨의 책략

섬터요새^{Fort Sumter}는 사우스캐롤라이나의 찰스턴 항구로의 출입을 통제하는 기지였다. 미국 동부 해안가 요새들 중 하나로 관세를 징수하는 지점이었다.[31] 연방군이 점령하고 있어 남부연합은 이들이 평화적으로 요새를 떠나도록 몇 주간 설득했다. 남부는 섬터요새뿐 아니라 남부에 산재한 북부의 재산에 대해서도 보상을 약속했다. 링컨 행정부의 국무장관 시워드는 섬터요새에서 물러나겠다고 했지만 요새 지휘관인 앤더슨 소령은 철수를 거부했다.

1861년 4월이었다. 아직 양측 간의 교전은 한 번도 발생하지 않았다. 북부의 존 볼드윈[John Baldwin] 대령은 링컨 대통령에게 버지니아 탈퇴 회의(버지니아 각 카운티 대표들이 모여 연방 탈퇴 여부를 논의한 회의 – 옮긴이) 관련 보고를 했다. "우리 측이 3 대 1로 확실히 우세합니다"라고 대통령에게 말했다. 그는 그 회의에서 "절대적으로"[32] 이길 것으로 확신했다.

볼드윈은 링컨에게 간청했다. "평화를 위해 섬터에서 군대를 철수시키시죠. 그러면 남부뿐 아니라 전국적으로 호응을 받을 것이고 각하의 지지도는 미국 역사상 그 누구보다 높아질 것입니다. 평화를 반대하는 지지자 한 명을 잃는 대신 평화와 연방을 응원하는 10명의 지지자를 얻을 것입니다."[33]

그러나 섬터요새는 관세를 징수하는 주요 지점이었다.[34] "관세 수입은 어쩌고?" 대통령이 물었다. "관세 수입 감소를 어찌 처리해야 할지 모르겠소."[35]

"각하, 관세 수입이 연간 얼마나 된다고 생각하십니까?" 대령이 다시 물었다.

"연간 5,000만에서 6,000만 달러 정도요."

"각하의 재임 기간 중 수입이 2억 5,000만 달러라고 해도 이는 전쟁이 발생했을 때 예상되는 비용에 비하면 아무것도 아닙니다. 필요하다면 그냥 포기하시죠. 그런데 그럴 필요가 없습니다. 각하가 해결할 수 있으니 말이죠. 어느 쪽이든 발포하면 물 건너가는 겁니다. 하늘에 확실히 하느님이 계시듯 이건 확실히 끝나는 겁니다. 버지니아주는 지금은 연방 편이지만 48시간 내로 탈퇴할 겁니다."

"그건 상상하기도 싫소." 링컨이 말했다.

"결정하셔야 합니다. 그것도 빨리 하셔야 합니다. 국민을 생각해서 이 나라의 구원자가 될 것인지 아니면 다른 길을 선택해서 역사에 영원한 오명을 남길 것인지 각하가 마음먹기에 달려 있습니다."[36]

링컨은 결국 전쟁을 선택한다.

일주일 후 섬터요새에서 최초로 포격전이 발생했을 때 버지니아, 아칸소, 노스캐롤라이나, 테네시 등 그 어느 주도 독립하지 않았다. 대의원 투표든 일반 유권자 투표든 처음에는 독립을 반대하는 표심이 우세했다.[37] 그들은 연방에 남고 싶었고 연방이 존재하길 바랐다. 그러나 링컨이 남부연합에 무력을 사용하려 한다는 것이 확실해지자 새로운 투표가 실시되었고 이번에는 대다수가 분리를 선택했다. 볼드윈의 예언이 맞았다.

링컨은 섬터요새의 발포가 전쟁의 도화선이 되리라는 것을 알았다. 또한 연방에서 탈퇴하려는 주를 상대로 전쟁을 벌이는 것이 헌법의 정신과 목적에 상충된다는 것도 알고 있었다.[38] 이렇게 위헌성 있는 행위를 정당화할 수 있는 전략은 남부를 침입자로 호도하는 것뿐이었다.

링컨은 보급품을 실은 비무장 상선을 섬터요새로 출발시켰다. 나중에 볼드윈은 이렇게 말했다. "찰스턴 항구 주민들이 이미 섬터요새에 식량을 공급하고 있었다는 건 누구나 다 아는 사실이었다."[39]

당시 〈뉴욕타임스New York Times〉는 "보급 추진은 미끼였다"라고 보도했다. "반란군에게 전쟁 개시의 모든 책임을 확실히 뒤집어씌우기 위한 책략이었다."[40] 링컨은 심지어 당시 내각진에게 "만일 사우스캐롤라이나군이 섬터요새나 보급선에 포격을 가한다면 전쟁 발발의 책임을 남부연합으로 돌릴 수 있을 것이다"[41]라고 말했다.

보급선이 점점 섬터요새에 접근하자 남부연합은 앤더슨 소령에게 요새를 포기하라고 재차 요구했지만 거절당했다. 4월 12일에 남부의 포격이 시작되었다. 링컨이 원하던 바였다. 발포 행위를 반란으로 볼 충분한 명분이 생겼다. 비록 이 포격으로 북부 쪽에 누구 하나 다친 사람이 없고, 앤더슨 소령은 바로 다음 날 요새를 이양했지만 이제 국가의 권위가 "유혈사태에 물들었다."[42] 남부연합 대통령 제퍼슨 데이비스는 "멋모르고 함정에 뛰어든 것이다."[43]

남부는 북부를 점령할 생각이 없었고 시도한 적도 없었다. 남북전쟁 대부분의 전투는 남쪽 지역에서, 그중에서도 버지니아주와 테네시주에서 발생했다. 전선 최북단이라고 해봐야 남부 펜실베이니아 정도였다. 남부연합은 수세에 몰렸다. 연방군을 물리칠 여력이 안 되었다. 북부의 2,200만 인구에 비해 남부는 900만에 불과했다. 연방군의 병력이 거의 두 배 많았다.[44] 북부는 공장과 산업시설과 제조업을 가지고 있었다. 데이비스 대통령은 남부는 평화적인 분리를 원하며 북부와 갈

등을 원치 않는다고 수차례 이야기했다. 섬터요새에 대한 포격은 끔찍한 실수였다. 링컨 대통령으로부터 평화로운 독립을 인정받을 수 있는 실낱같은 기회마저 날아갔다. 이제 남부가 할 수 있는 일은 전쟁을 될 수록 오래 끌어 많은 사상자가 발생하면 북부가 지쳐서 남부의 존재를 인정하기만을 바라는 것밖에 없었다.

"계획이 성공했다. 남부의 공격으로 섬터요새가 함락되었고 요새가 버틴 것보다 훨씬 좋은 결과가 나왔다"라고 링컨은 말했다.[45]

북부가 분리 독립을 인정하지 않은 이유와
남부연합의 치욕

링컨이 대통령이 되고 보니 국가 재정은 이미 안 좋은 상황이었다. 남부연합이 탈퇴한 이후 세수는 급격히 감소했다. 링컨이 섬터를 가리키며 관세수입은 어떻게 하냐고 물어본 게 당연했다. 국가의 최대 수입원이 사라질지 모르니 말이다.

링컨이 남북전쟁에 참전한 가장 큰 이유는 연방 수호였다. 그러나 북부가 존재하려면 남부에서 벌어들이는 관세수입이 필수적이었다. "북부는 남부 사람들이 대부분의 관세를 낸다는 것을 잘 알고 있으며 연방정부의 불공평한 정책으로 이 수입이 주로 북부 주민들을 위해 사용된다는 것도 잘 알고 있다"라고 〈뉴올리언스 데일리 크레센트 New Orleans Daily Crescent〉 신문은 비판했다. "그들은 남부가 자신들과 같은 편에 있어야 약탈할 수 있다는 걸 잘 알고 있다. 그렇게 오랫동안 단물을 뽑아먹었고 이제 더 짭짤한 수확을 막 거두려는 찰나에 남부가 탈퇴하겠다니 화가 나는 것이다."[46] 북쪽은 남쪽이 필요했지만 남쪽은 북쪽이 필요하지 않았다.

전쟁으로 많은 비용이 필요해지자 링컨은 일련의 새로운 세금을 도입해야 했다. 미국 최초의 재산세와 소득세가 신설되었다. 위헌 여부와 상관없이 소득세는 1861년에 연소득 800달러 이상의 개인에게 임시세율 3퍼센트로 과세되었다. 800달러 초과 소득자는 채 3퍼센트가 안 되었기 때문에 이 세금은 폭넓은 지지를 받았다. 다음 해에는 기준 소득이 600달러로 내려갔고 세율은 올라갔다.

철저한 세수 확보를 위해 링컨은 미국 국세청을 설립했다. 1862년의 세법에는 오늘날까지도 남아 있는 새로운 소득세법 조항을 신설했다. 즉 미국 공무원이 아닌 한, 해외에 거주하는 미국인은 해외 발생 소득에 대해 미 국세청에 세금을 내야 한다.

그러나 남북전쟁은 단지 관세수입을 잃는 것 이상을 의미할 수도 있었다. 독립한 주들이 유럽과 직접 자유무역을 한다면 제조업, 선박업 그리고 특히 금융업 같은 북부의 산업이 미 대륙과 유럽 간의 무역 사이클에서 제외되는 타격을 입을 수 있기 때문에 이는 엄청난 위협이 될 수 있었다. 〈보스턴 헤럴드Boston Herald〉는 이 사태가 북부에 심각한 손상을 줄 것이라고 우려를 표명하기도 했다.[47] 북부연방은 이를 좌시할 수 없었다. 북부 전체의 경제 모델이 위태로워질 수도 있었다. 링컨에게 평화로운 분리 독립은 고려 대상이 아니었다.

하원회의에서 자유당의 윌리엄 포스터$^{William\ Forster}$가 남북전쟁의 원인이 노예제라고 발언하자 "아니요. 관세 때문이오!"[48]라며 반대 의견이 빗발쳤다. 링컨은 노예제를 폐지하기 위해 남북전쟁을 벌인 것이 아니다. 1862년 8월까지도 링컨은 "남북전쟁의 지상 목적은 연방을 구하는 것입니다"라고 말할 정도였다. "이 전쟁의 목적은 노예제도의 보존이나 폐지가 아닙니다. 단 한 명의 노예도 해방시키지 않고 연방을 구할 수 있다면 그렇게 할 것입니다. 모든 노예를 해방시켜야만 연방을 지킬 수 있다면 그렇게 할 것입니다. 일부는 해방시키고 나머지는 그대로 두어야만 한다면 또 그렇게 할 것입니다."[49] 남부의 노예를 해방시키는 노예해방 선언은 뒤늦게 1863년 1월에야 발표되었는데 이는 링컨이 "더 이상 사용할 카드가 없어 전략을 바꾸지 않으면 패배할 것 같은 절박한 상황에서 취한 행동이었다."[50]

1862년 영국 주재 남부연합 외교관들은 영국이 국가 승인을 해주면 노예제를 폐지할 수도 있다는 뜻을 영국 정부에 전했다.[51] 남부는 당분간만이라도 노예제 유지를 바랐을 것이다. 노예 노동력이 필수적이었기 때문이다. 그러나 남부연합을 보존하기 위해서라면 이를 폐지할 의사가 있었다. 1864년에도 이런 취지의 제안을 유럽에 했다.[52] 남부에는 독립이 무엇보다 중요했지만 북부는 이를 원하지 않았다. 북부는 세금 수입이 필요했다. 자유무역을 지지하는 집단이 지척에 존재하는 것을 두고 볼 수 없었다.

노예제는 관세, 연방 예산 집행, 국경 수비, 동일한 영토 접근권, 국유지 매각처럼 남과 북의 의견이 다른 것 중 하나였다. 분리 독립을 촉발한 것은 불평등한 세금이었다. 남부는 자신들의 부를 지키고 싶었고, 링컨과 북부는 남부의 부를 북부를 위해 사용하고 싶어 했다. 일반적으로 남북전쟁에서 북부의 명분은 위대하고 고상한 것으로 포장되고 남부는 타락한 것으로 묘사되지만 사실은 양측 모두 경제적 이익을 위해 싸운 것뿐이다.

1861년 찰스 디킨스는 자신이 운영하던 잡지 〈연중무휴All the Year Round〉에 발표한 기고문에서 "현 상황에서 남과 북의 대결은 순전히 경제적인 싸움이다. (중략) 남부의 불만은 참다 참다 모릴 관세에서 터져버린 것이다. (중략) 그것이 남과 북을 하나로 묶어주던 마지막 연결고리를 끊어버렸다"[53]라고 주장했다.

남북전쟁은 다른 나라의 내전이나 대규모 반란과 다를 게 없었다. 모든 사건의 본질에는 흔히들 잘 모르지만 항상 세금 문제가 있다.

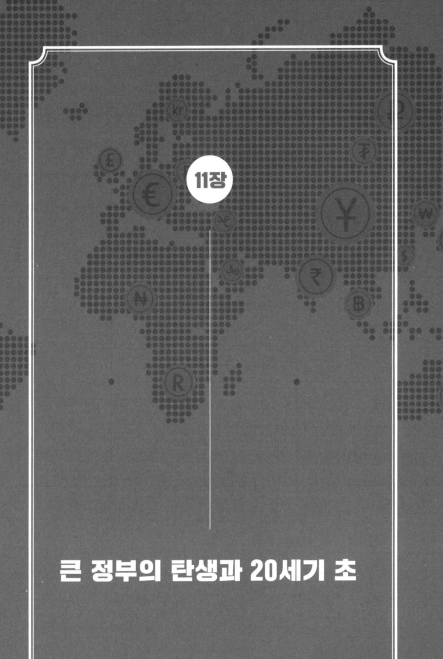

11장

큰 정부의 탄생과 20세기 초

세금은 도둑질이다. 전쟁은 훔친 돈으로 벌이는 대량 학살이다. 징집은 합법적인 납치다.

로저 버Roger Ver, 기업가(2018)[1]

20세기 초 세계에서 가장 부유한 국가는 영국이었다. 그럼에도 국민 20명 중 19명은 재산이 없었다.[2] 노동계약은 노동자 보호에 미흡했고 늘 해고와 실업의 위협에 시달려야 했다. 노동환경은 대부분 열악했다. 카를 마르크스Karl Marx 같은 사람들의 사상이 인기를 얻으면서 사회주의가 전 유럽에 퍼져나갔다. 정부가 소득재분배에 더욱 발 벗고 나서야 한다는 의식이 대두되기 시작했다.

영국에서는 재무장관 데이비드 로이드 조지David Lloyd George와 그의 젊은 동료 윈스턴 처칠Winston Churchill이 이 주장에 적극 동조하고 나섰다. 그들은 19세기 영국 전역에 자발적으로 탄생해 가입자들이 매해 소득의 일부분을 갹출해 운영했던 우애조합friendly societies의 성공을 재현하고 싶었다. 조합원과·그 가족들이 어려운 일을 당했을 때 연금, 지원, 치료 등의 서비스를 받는 일종의 공제조합이었다. 로이드 조지와 처칠은 지역 수준이 아닌 전국 수준의 조합을 성공시키고 싶었다.

로이드 조지는 당시로서는 영국 역사상 가장 분배적 성격이 강했던 1909년 국민의 예산을 필두로 개혁을 이끌었다. 그는 자신의 주장을 빈곤과의 전쟁으로 규정했다. "이것은 전시 예산과 같습니다. 빈곤과 불결에 맞서 단호한 투쟁을 하기 위해 자금을 모아야 합니다. 모든 사람이 소집되어 자신의 몫을 분담해야 합니다."[3] 재원은 토지세, 상속세, 소득세 인상 등으로 충당하려 했다. 그러나 지주들이 많은 상원에서 반대에 부딪혔다. 상원은 정부가 투표로 국민의 승인을 얻으면 통과시키겠다고 약속했다. 1910년 1월 재선이 치러졌고 헝 의회^{Hung} Parliament(과반을 차지한 단일 정당이 없는 의회 - 옮긴이)가 탄생했다. 4월에 마침내 예산안이 통과되었다. 당연한 일이지만 토지가격세^{land value taxes}는 빠졌다.

로이드 조지는 상원이 그의 예산 집행 계획을 반대하도록 내버려 두지 않았다. 1911년 의회법을 제정해서 상원의 예산안 거부권을 없애 버렸다. 당시 총리였던 허버트 애스퀴스^{Herbert Asquith}는 국왕이 상원의원의 물갈이를 원한다고 압박했다. 만일 법안이 부결되면 자유당 출신의 귀족이 대거 상원에 임명될지 모른다는 우려 때문에 상원은 어쩔 수 없이 법안을 통과시켰다. 거부권이 없어지자 전쟁 예산이든 사회복지 예산이든 세금을 올려 충당할 수 있게 되었다. 세금역사학자인 제임스 코필드^{James Coffield}는 이제 사회의 결함이 "국가의 개입으로 해결될 수 있다. 세금을 통해 소득이 재분배되고, 노동자는 악덕 고용주로부터 보호되고, 거대화된 공무원 집단이 삶의 질, 건강, 자유에 관한 정책을 결정한다"4라고 말했다. 19세기 후반의 전통적인 자유방임주의가 천천히 퇴색하기 시작했다.

곧이어 1911년 국민보험법이 제정되어 고용주, 정부, 노동자가 의무적으로 기여금을 분담해 운영하는 국민건강보험이 탄생했다. 이로 인해 국민건강보험이 벤치마킹했던 우애조합은 뜻하지 않게 없어졌다. 국민들은 두 군데 다 가입할 여력이 없었고 그럴 의사도 없었다. 하나는 강제적이고 다른 하나는 자발적이면 어떤 것이 살아남을지는 뻔했다. 영국의 국민건강보험제도는 현재도 실시되고 있으나 회계사들이 아주 기겁할 정도로 기금 운영에 문제가 있다(그럴 만한 이유가 있다). 최초 설계안과 비교하면 현재는 수입보다 지출이 더 많은 상황이다.

제1차 세계대전과 급격한 세금 증가

로이드 조지의 국민예산안에는 급격한 소득세 인상안은 없었다. 세율은 소득 2,000파운드 이하는 3.75퍼센트, 2,000~5,000파운드는 5퍼센트, 5,000파운드(현 시세로 약 50만 파운드, 한화 약 8억 원) 이상은 추가 2.5퍼센트로 과세되었다. 평시에 세율을 많이 올리면 반발이 심하므로 로이드 조지는 복지 예산을 충당하기 위해 다른 수단을 강구했다. 전임자인 피트 총리와 마찬가지로 세금 문제로 국민과 맞서기보다는 국가 채무를 발생시켰다. "총리에게 후세대가 갚아야 할 채무는 안중에도 없다"라고 자본가 J. P. 모건이 말한 바 있다.[5]

1914년 가을에 영국은 제1차 세계대전에 휘말리게 된다. 제1차 세계대전은 서유럽의 정부 형태에 큰 변화를 가져왔다. 세율을 높여도 문제가 되지 않았다. 표준 소득세율이 1914년 6퍼센트에서 1918년에는 30퍼센트로 인상되었다. 최고세율이 50퍼센트를 넘기도 했다. 소득세 과세 대상자는 110만 명에서 300만 명으로 늘었다.[6] 군수물자 생산으로 이익을 본 기업에는 초과이익세가 부과되었다. 총 징수액은 1913~1914 회계연도에 1억 6,300만 파운드에서 1918~1919 회계연도에는 7억 8,400만 파운드로 증가했다. 이는 1905년 대비 17배가 증가한 금액[7]이지만 총 전쟁 비용의 19퍼센트에서 25퍼센트 사이에 불과했다.[8] 나머지 비용은 채무와 비공식적 세금인 인플레이션으로 충당했다.

국가 채무는 1914년 6억 5,000만 파운드에서 종전 무렵에는 74억 파운드로 늘어나 있었다. 이 빚은 한 세기가 지난 2015년에서야 전부 상환했다.[9] 피트 총리의 나폴레옹 전쟁 채무와 마찬가지로 여러 세대에 걸쳐 후손들에게 짐이 되었다.

인플레이션 측면에서는, 전쟁 초기에 영국 정부는 금본위제를 포기하고 파운드화를 평가절하해서 전비를 지불했다. 1921년에는 생활비가 1914년 대비 2.5배 이상 올랐다.[10]

납세자 수가 늘어나면서 민주적 동의 절차를 시행하는 선거권 보유자의 범위도 확대되어 1918년과 1928년 두 차례에 걸쳐 국민대표법이 제정되었다. 세금이 성인의 보통선거를 가능케 했던 것이다.

한 세기 전의 나폴레옹 전쟁과 마찬가지로 소득세가 전쟁의 승패를 갈랐다는 의견이 있다. 독일은 수십 년간 전쟁을 준비하면서 약 3,000톤의 금괴를 보유하고 있었다. 전쟁이 길지 않을 것으로 생각하고 모자라는 금액은 패전국의 약탈물이나 전리품으로 충당하려는 구상이었다. 그런데 금이 바닥나자 독일은 돈을 빌려 전쟁 비용을 치렀다. 소득세는 국민들에게 너무 큰 부담이 되므로 공공의 안녕이 위태로울 수 있다고 생각했기 때문에 연방 단위의 소득세 부과는 없었다. 전쟁 중에 전시초과이익세, 석탄세, 매출세가 도입되긴 했지만 전체 전쟁 비용 1,700억 마르크에서 차지하는 비율은 8퍼센트로 미미했다.[11] 나머지는 은행과 개인에게 빌렸다. 해외 차입을 시도했으나 너무 어려워 포기했다. 독일의 국가 채무는 1914년 50억 마르크에서 1918년 천문학적인 1,560억 마르크로 증가했다.

독일 정부는 시민들에게 금을 사들이고 지폐를 지불했다. 독일 지폐 통화는 금으로 교환이 안 되는 명목화폐(정부가 발행하고 관리한다)가 되었다. 가격통제에도 불구하고 전쟁 중에 인플레이션이 서서히 닥쳤다. 1920년대 초반 역사상 최악의 금융위기 속에 독일의 인플레이션은 초인플레이션으로 발전했다. 이로 인해 독일 화폐는 물론이고 전시채권의 가치도 완전히 폭락했다.

미국에 도입된 소득세

미국에 소득세가 처음 시도된 것은 1814년까지 거슬러 올라간다. 앤드루 댈러스^Andrew Dallas 재무장관이 1812년에 벌어진 영미전쟁의 자금을 조달하는 방법으로 고려한 적이 있었다. 1815년에 전쟁이 끝나면서 이 안은 보류되었다. 전쟁이 다시 발발하자 재검토되었고 링컨 대통령이 1861년에 도입했다. 소득세는 남북전쟁이 끝나고 1872년에 없어졌다가 19세기 말에 관세를 대체할 목적으로 다시 도입되었다. 그러나 말 많았던 1895년 '폴록 대 농민 대부 신탁회사 사건^Pollock vs. the Farmers' Loan & Trust Co., 1895 ' 판결에서 대법원이 소득세가 위헌이라고 선언하면서 소득세 부과는 불가능해졌다.

소득세의 합헌성은 미국을 끈질기게 괴롭힌 문제다. 미국 헌법은 현대적 의미의 소득세 개념이 널리 퍼지기 전에 제정되어 이에 관한 내용이 명확하지 않다. 애매모호한 부분이 계속 논란을 야기한다. 심지어 오늘날에도 계속되고 있다. 그러나 계몽주의 시대에 태어나 자유, 작은 정부, 공정 과세의 신봉자였던 미국 건국의 아버지들은 소득세를 승인하지 않았을 거라고 쉽게 추측할 수 있다. 그렇다고 불공평한 관세제도를 승인했을 것 같지도 않다.

미국 헌법은 세금이 인구 비례적이어야 한다고 구체적으로 명시하고 있다. 즉 인구가 10분의 1인 주는 세금도 10분의 1만 부담하면 된다는 뜻인데 이 구절이 소득세 부과를 어렵게 하고 있다. 인구는 적은데 고소득자가 많은 주와 인구는 많은데 저소득자가 많은 주에 어떻게 과세할 것인가?

헌법은 또한 "연방의회는 채무를 상환하고 공동 방위와 일반 복지를 위하여 세금, 관세, 공과금 및 물품세를 부과·징수할 권한이 있다. 다만 관세, 공과금 및 물품세는 합중국 전역에서 동일해야 한다"라고 명시한다. 개인들의 소득이 천차만별이기 때문에 소득세는 동일하게 과세할 수 없다. 그런데 헌법에는 세금이 동일해야 한다는 조항은 없다. 오직 관세, 공과금 및 물품세만 동일해야 한다고 되어 있다.

온갖 논란에도 불구하고 적어도 법적으로는 1913년에 이 문제를 해결했다. 다음과 같은 내용의 수정헌법 16조를 이용하여 대법원 판결을 피해 갔다. "연방의회는 출처에 상관없이 소득세를 부과·징수할 권한을 가지며 각 주별, 인구별 할당은 없다." 이로써 많은 세금을 거두어 '큰 정부'로 가는 길이 열렸다.

소득세가 탄생시킨 금주법

금주법은 수정헌법 16조가 의도치 않게 낳은 결과 중 하나인데 이 법은 이름이 잘 알려지지 않았지만 매우 단호한 성격의 오하이오 출신 변호사 웨인 휠러Wayne B. Wheeler의 노력이 없었다면 불가능했을 것이다. 그는 어렸을 때 농장에서 술 취한 인부의 쇠스랑에 다리를 찔리는 사고를 당했다. 이 사고를 계기로 평생 술을 혐오하였으며 음주 반대 운동에 일생을 바쳤다.

학생이 된 휠러는 1893년 금주에 관한 강연을 듣고 나서 반살롱동맹^{Anti-Saloon League}(줄여서 ASL)에 가입했다. 그는 이 단체를 미국 역사상 가장 강력한 압력단체로 만든다. 사실 '압력단체'[12]라는 용어도 그가 만든 단어이며, 압력단체를 통한 정치행위를 휠러리즘^{Wheelerism}이라고도 한다.

금주운동은 수십만 명의 지지자를 양산했지만 단체마다 메시지가 산만했으며 이들을 이끌 리더십이 부족했다. 예를 들어 기독여성금주연합^{Woman's Christian Temperance Union}은 채식주의 운동도 같이 펼쳤으며, 금주당^{Prohibition Party}은 자연보호운동과 체신부 정책에도 관여했다. 그러나 휠러는 ASL을 오직 한 가지 목표, 즉 미국인의 삶에서 알코올의 완전한 제거를 추구하는 단체로 만들었다. 젊었을 때는 여러 마을을 돌아다니며 교회와 접촉하여 지지자들을 모으는 데 힘썼다. 나중에는 전보를 이용한 지지운동, 시위 그리고 소송까지 범위를 넓혔다. 다른 목표를 동시에 추구하더라도 일단 휠러의 주장에 동조하는 사람은 누구나 동지였고 그의 주장에 반대하면 적이었다. 단순한 원칙이었지만 휠러에게 절대 예외는 없었다.

이런 원칙으로 1900년대 초 ASL은 오하이오 주의원의 절반에 해당하는 70명에 반기를 들었다. 개중에는 공화당원, 민주당원, 그리고 인민당원도 있었지만 중요한 것은 오직 금주법에 대한 의원들의 태도였다. 금주법안은 주의회를 통과했고 주민들의 투표로 실시 여부만 결정하면 되었다. 그러나 공화당 출신 주지사인 마이런 헤릭^{Myron T. Herrick}은 보다 융통성 있게 법안을 수정했고 이에 타협할 줄 모르는 휠러는 크게 분노했다.

오하이오주는 공화당의 텃밭이어서 헤릭은 주 역사상 가장 많은 득표수로 주지사에 당선되었다. 그는 자금력이 풍부한 데다 인기도 좋았다. 경마 도박을 반대하면서 교회의 지지도 얻고 있었다. 그러나 다 소용없었다. 휠러의 반대로 그는 다음 선거에서 패배했다.

차기 주지사 선거가 다가오자 ASL은 300여 회의 헤릭 낙선 집회를 열었다. 그는 주류 회사의 앞잡이며 "살인 공장의 대변자"로 낙인찍혔다. 양조조합이 회원들에게 물밑으로 헤릭을 지원하라는 내용의 편지를 보냈는데 휠러는 이 편지를 사진 찍어 선거 직전에 교회 수천 곳에 뿌렸다.

오하이오주에서는 역사상 최고 투표율이 나왔고 모든 공화당원들이 당선되었지만 헤릭은 낙선했다. 휠러는 "어떤 정당도 교회와 도덕을 바로 세우려는 운동에 반대하면 살아남지 못할 것이다"라고 말했다. 이 승리로 그는 선거 캠페인의 힘을 깨달았다. 이제 할 일은 지역 단위에서 전국 단위로 규모만 키우면 되었다.

휠러는 적 아니면 동지 식의 사고방식으로, 도저히 섞일 수 없을 것 같은 단체도 '금주'라는 대의명분 아래 하나로 결합시켰다. 개신교 목사부터 알코올이 노동자의 정신을 혼미하게 만드는 자본주의 무기라 여기는 세계산업노동자연맹^{Industrial Workers of the World}까지, (여성들이 술 안 먹는 후보를 좋아한다고 믿기 때문에 휠러가 특히

공을 들인) 여성 참정권 운동가들부터 알코올이 도시 빈민에 미치는 영향을 우려하는 진보주의자까지, 또한 흑인, 유대인, 가톨릭 이민자 등의 음주를 혐오하는 KKK단부터 유대인, 가톨릭교회를 믿는 아일랜드 및 이탈리아계 조직까지 모두 포함했다.

금주법을 국민투표에 붙였다면 ASL은 졌을 것이다. 금주당은 대통령 선거에서 절대 이길 수 없다. 그러나 특히 박빙의 승부인 경우 수많은 쟁점 중 금주법 하나만으로도 판세를 뒤집기 충분했다. 휠러는 유권자들을 여기저기 몰고 다니면서 승패를 바꾸기도 했다. "나는 조직의 보스들이 소규모 인원을 데리고 다니듯 움직입니다."[13] 그는 이렇게 몇 안 되는 소수 인원으로 그 몇 배의 영향력을 행사했다.

휠러는 금주법 찬성자들을 앞장서 지원했고, 반대자들은 공격하고 중상모략해서 제거했다. 제1차 세계대전이 발생하자 반독일 정서를 이용해 금주법에 반대하는 독일계 기업들, 특히 팹스트, 슐리츠, 블라츠, 밀러 같은 맥주 회사들을 공격했다. 이제 그의 지원이 없으면 당선이 불가능한 지경에 이르렀다.

전 동료가 쓴 그의 전기에 의하면, 휠러는 여섯 회기 동안 의회를 주물렀고, 두 명의 대통령에게 지시했으며, (중략) 법 제정을 감독했고, (중략) 공화당과 민주당 사이에서 권력의 균형추 역할을 했으며, 누구보다 많은 후원금을 분배했고, 어떤 공식 직함도 없이 외부에서 연방기관을 관리 · 감독했다. 적과 동지 모두에게 가장 큰 권력을 가지고 미국을 주무르는 사람으로 인정받았다.[14]

이 모든 것이 소득세가 없었다면 생각할 수 없는 일이었다.

1905년 오하이오 주의회에서 휠러의 금주법이 최초로 통과되기는 했지만 이를 미국 전역으로 확대하는 것은 아직 요원했다. 많은 독일, 영국, 아일랜드 출신 이민자들에게 음주는 북유럽에서와 마찬가지로 생활의 일부였고 개인의 권리였다. 무엇보다 양조업은 미국에서 다섯 번째로 큰 산업이며 정부 세수입의 40퍼센트를 점유하는 산업이었다. 휠러가 목적을 달성하기 위해서는 금주법을 실시해도 재정적으로 문제가 없도록 조치하는 것이 급선무였다. 주류세 폐지로 인한 수입 감소를 보충할 다른 세원을 찾아야 했다. 대체할 세금 없이 금주법은 생각할 수조차 없었다. ASL의 정책보고서에는 "금주법 확대 실시의 가장 큰 방해 요소는 정부 세수 감소다"라고 적혀 있다. 수정헌법 16조는 그가 찾던 해결책을 제시했다.

민주당의 우드로 윌슨^{Woodrow Wilson}은 1912년 남북전쟁 이후 최초로 남부 출신 대통령에 선출되었다. 그가 선거전에 내걸었던 신자유^{New Freedom} 공약은 세금을 낮추는 정책이었으므로 당선된 후 이를 최우선으로 추진해야 했다. 그의 대안은 소득세(나중에는 상속세도 포함)였다. 하지만 대법원에서 소득세 위헌 판결이 나온 지 얼마 되지 않았는데 이를 다시 도입하는 것은 결코 쉬운 일이 아니었다.

윌슨 대통령은 워싱턴이 로비스트에 점령당했다고 여러 차례 여론의 불만을 부추겼다. 언론을 통해 자신의 주장을 대중에게 호소하자 분노한 국민들은 지역구 의원들을 접촉해 조세 감면을 요구했다. 상하원 모두 민주당이 다수당이었지만 대통령이 보기에 특히 지역의 산업기반을 보호하려는 남부와 서부의 민주당원은 자신의 편이 아니라고 느꼈기에 그들을 자기 편으로 끌어들여야 했다. 그는 폭넓게 당원들을 접촉한 뒤 지난 100년간 그 어떤 대통령도 하지 않은 시도를 했다. 의회에 나가 자신의 주장을 호소했던 것이다. 신문이 대서특필하면서 양원 합동회의는 특별한 관심을 끌었다. 엄청난 군중이 몰려 하원 회의장에는 빈자리가 없을 정도였다. 그는 짧은 연설로 조세개혁을 주장했다. 1894년 같은 실패는 용납되지 않을 것이라고 말하며 개혁안을 승인하든지 아니면 모든 비난의 책임을 지든지 양자택일하라고 민주당을 압박했다. 그의 주장은 먹혔다.

1913년 세법 개정으로 세율은 40퍼센트에서 26퍼센트로 줄었다. 수정헌법 16조가 통과되면서 줄어든 세율로 인한 세수 감소는 소득세로 대체되었다. 그러면서 정부가 더 이상 주류세에 의존할 필요가 없어졌다. 금주법 제정에 가장 큰 장애물이 사라진 것이다. 제1차 세계대전이 발생하자 소득세로 더 많은 세수를 올리는 것이 가능해졌다. 1913년 도입 시에는 고소득자에게만 1~7퍼센트의 세율로 과세했으나 1918년에는 최고세율이 무려 77퍼센트에 달해 부자들의 거센 반발을 불러일으켰다.[15]

소득세가 제정되자 ASL은 '다음 최종 단계'로 헌법 개정을 통한 전국적인 금주법 도입을 추진했다. 제1차 세계대전이 끝난 후

5년간 대대적인 캠페인을 벌인 끝에 휠러는 꿈을 이루었다. 실제로 휠러가 거의 모든 안을 만들었지만 법안을 발의한 상원의원의 이름을 따서 볼스테드법이라고 명명된 국가금주법이 1919년에 제정된 것이다.

금주법은 제정했지만 그렇다고 미국인의 음주까지 막을 수는 없었다. 법의 허점을 이용한 갖가지 방법이 동원되었고 마음만 먹으면 술 먹을 장소를 찾는 건 쉬웠다(한 경찰 간부는 뉴욕에만 3만 2,000개의 무허가 주점이 있다고 했다).[16] 한편 금주법으로 인해 생각지 않았던 여파가 계속 이어졌다. 전에는 없던 조직범죄가 생겨나기 시작했다. 경찰, 사법부, 의회 내에 뇌물과 부패가 넘쳤고 법은 무시되었다. 공권력으로 다 처리하기 어려울 정도였다. 수십만의 사람들이 직업을 잃고 경제적으로나 개인적으로 어려운 삶을 살았다. 폭음 문화가 생기면서 심각한 건강 문제가 만연했다. 특히 저질 술이 문제였는데 조직범죄로 인한 사망자 말고도 불법 밀주로 인해 5만 명이 사망할 정도였다.[17] 알코올 문제가 있는 사람들은 제대로 대접받지 못하고 범죄자 취급을 받았다. 합법적인 술집이 문을 닫는 대신 세금 한 푼 안 내는 불법 주점이 판을 쳤다. 이렇게 되자 정부는 더욱 소득세에 의존하게 되면서 국민의 세부담은 가중되었다.

1920년대 말이 되자 이런 문제로 금주법에 대한 국민의 반감은 더욱 커졌지만 그렇다고 폐지할 정도는 아니었다. 금주법 지지자들은 여전히 막강한 로비력을 갖고 있었다. 그런데 대공황으로 인한 세수 감소로 상황이 바뀌었다. 주류세에서 나오는 세수입이 정치인들을 움직였다. 루스벨트는 뉴딜정책 실시를 위해 자금이 필요했다. 그는 1932년 선거 캠페인에서 맥주에 부과하는 주세만으로도 수억 달러의 정부 수입이 증가할 것이라고 주장했다. 이를 반대할 휠러는 이미 없었다. 그는 1927년에 사망했다. 1933년에 금주법은 폐지되었다. 주류세로 거둔 세수는 1940년에 6억 1,300만 달러에 달했다.[18]

1932년에 루스벨트와 선거에서 경쟁한 허버트 후버^{Herbert Hoover} 측이 여론조사를 한 결과가 최근에 공개되었다.[19] 미국민은 대공황을 일으킨 정부에 불만이 없었다는 것이 밝혀졌다. 전반적으로 당시 가장 큰 불만 대상은 금주법이었다. 후버는 완강하게 금주법을 옹호했으나 미국민들은 압도적으로 폐지를 원했다. 이는 민주당의 제안이었다. 루스벨트가 대통령이 된 것은 아마도 뉴딜정책에 대한 기대보다 금주법 폐지 공약 덕택일지도 모른다.

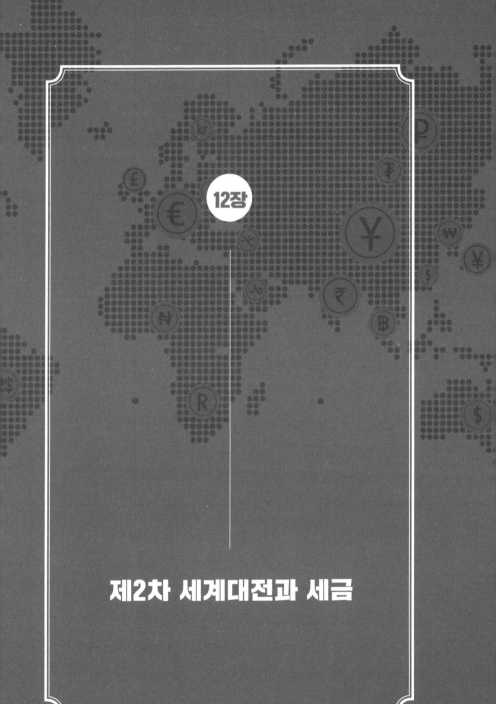

12장

제2차 세계대전과 세금

전쟁이 클수록 세금 부담도 커진다. 제2차 세계대전으로 전 세계는 더 많은 세금에 시달렸다. 미국 대통령 프랭클린 루스벨트가 말했듯이 "전쟁에는 돈이 필요하다."[2]

미국은 제1차 세계대전 비용 중 22퍼센트를 세금으로 충당했다.[3] 나머지는 차입과 화폐발행으로 채웠다. 종전 후 대부분의 미국인들은 여전히 소득세 과세 대상에서 벗어나 있었다. 그러던 것이 1942년 소득세법으로 바뀌었다. 대상자가 1,300만 명에서 5,000만 명 이상으로 늘어났다. 갑자기 국민의 75퍼센트가 소득세를 내야 하는 상황이 되었다. 이 세금이 "미국 역사상 가장 많은 사람들로부터 가장 많은 돈을 갈취할 것이다"라고 〈타임〉은 탄식했다.[4] 그 예언은 정확했다.

정부는 이 세금에 '승리세Victory Tax'라는 이름을 붙여 대대적인 홍보전으로 거부감을 없앴다. 국민들에게 세금 납부 방법을 교육시키고 반감을 줄이기 위해 당시 재무장관 헨리 모건소 주니어$^{Henry\ Morgenthau\ Jr.}$는 월트디즈니사에 홍보영화 제작을 의뢰했다. 제목은 〈새로운 정신$^{The\ New\ Spirit}$〉이었으며 도널드 덕이 주인공이었다. 또한 정부는 연예인들을 동원해 소득세를 애국시민의 의무감 이상의 즐거움으로 포장하는 홍보전략을 폈다. 어빙 벌린$^{Irving\ Berlin}$이 작곡하고 진 오트리$^{Gene\ Autry}$가 부른 〈오늘 소득세를 냈다네$^{I\ Paid\ My\ Income\ Tax\ Today}$〉 같은 노래가 나왔다. 이 노래는 보통시민이 낸 세금이 베를린을 폭격하는 데 도움이 된다는 내용을 자랑스럽게 찬양하고 있다. 세금과 전쟁을 이렇게 자연스럽게 연결시킨 노래가 있었나 싶다.

1944년에 소득세 최고세율은 94퍼센트를 기록했다.[5] 1944년 2월 자신이 납부하는 세액이 공정하다고 생각하느냐는 질문에 90퍼센트의 시민이 그렇다고 응답했다.[6] 최고세율에 해당하는 사람들은 물론 의견이 달랐을 것이다.

전쟁 기간 중 미국은 1,300만 정의 소총을 구입했고 400억 발의 실탄, 10만 대의 탱크, 30만 대의 비행기, 10척의 전함과 27척의 항공모함 및 200여 척의 잠수함을 구입했으니 이로 인한 경제적 부담은 실로 어마어마했다. 미국 연방정부가 이 전쟁에 지출한 금액은 제1차 세계대전 때의 10배에 해당하는 3,210억 달러였다.[7] 제2차 세계대전은 전쟁비용의 48퍼센트를 세금으로 보충했다.[8] 나머지는 차입과 인플레이션으로 충당했다. 미국의 국가 채무는 6배가 늘어 종전 무렵에는 GDP의 110퍼센트에 달했다.[9] 보통 인플레이션은 계산에서 제외되는 경우가 많은데 정확히는 포함하는 게 맞다. 그 비율은 전체 전쟁 비용의 21퍼센

트로 추정된다.[10]

미국의 참전으로 연합군이 승리했다고 하는데, 새로운 소득세가 있었기에 참전이 가능했다. 차입 이외에 미국 정부의 가장 큰 수입원은 이제 소득세가 차지하게 되었다. 진정한 의미의 큰 정부 시대가 시작된 것이다.

나치 독일의 재원 마련

나치 정부는 대공황이 한창이던 1933년에 정권을 잡았다. 당시 실업률은 30퍼센트에 육박했으며 실업보험은 제 역할을 못 하는 상황이었다.

나치가 집권한 경제적 원인은 대공황과 베르사유 조약의 후유증, 그리고 이로 인한 독일의 엄청난 재정부담이라는 것이 역사학계의 정설이다. 그러나 1930년부터 1933년 사이의 여론조사 데이터를 분석해 보면 다른 요인, 그중에서도 세금 증가와 긴축정책의 영향이 컸음을 알 수 있다. 만일 하인리히 브뤼닝Heinrich Brüning 총리가 확대재정정책을 보다 적극적으로 실시했다면 나치가 정권을 절대 잡지 못했을 것이라고 말하는 사람도 있다.[11] 히틀러도 당시 이를 알고 브뤼닝 총리의 긴축정책이 '나치당의 승리에 기여'할 것이라고 말했다. 다음 총리는 경기부양책을 펴는 바람에 나치의 입지가 다소 약해졌지만 이미 대세는 넘어간 뒤였다.

권력을 잡은 나치는 전 정권이 기획한 대규모 공공사업을 즉시 착수하여 경제를 활성화하였다. 불황의 골이 깊었으므로 회복은 당연한 것이었지만 그 속도는 놀랄 만했다. 1934년이 되자 실업자 수는 600만에서 240만 명으로 감소했다. 나치 정권은 빠른 속도로 국민의 신임을 얻었다. 도로와 운동장, 학교, 병원, 군수공장, 산업시설 등에 막대한 공공예산이 투입되었다. 1938년에는 사실상 완전고용을 이루었고[12] 인플레이션을 예방하기 위해 임금과 물가 상승을 억제했다. 1939년에는 100만 명의 노동자가 부족했다.[13] 합병 지역, 특히 폴란드의 주민을 이주시켜 강제노역으로 부족한 일손을 메웠다.

국가사회주의를 신봉하는 나치 정부는 복지를 매우 중요하게 생각했다. 선전장관 요제프 괴벨스Joseph Goebbels는 "독일이, 그리고 오직 독일만이 최고의 사회복지 대책을 갖고 있다"라며 자랑했다. 엄청나게 많은 종류의 복지정책이 도입되었다. 1933년에는 국가사회주의 인민복지 단체를 설립하여 "인민 공동체의 집단성을 고취했다." 수혜자는 1,700만 명에 달했으며 "세계 최대 규모의 사회제도"라고 칭송되었다. 실업 및 장애 수당, 주거지원금, 아이 돌봄 서비스, 건강보험, 요양보험 및 양로원 서비스 등 선진 복지국가가 제공하는 거의 모든 프로그램을 갖추고 있었다. 같은 의도로 독일 최대의 단일 노동조합인 독일노동전선은 유명한 구호인 "즐거움을 통한 강인함"이라는 기치 아래 노동자에게 각종 여가 프로그램을 제공했다. 교육 또한 무상으로 국가가 제공했다.

다른 모든 공공지출 프로그램과 마찬가지로 사람들을 돌보는 목적을 가진 이들 프로그램은 좋은 의도로 출발했겠지만 문제는 비용을 어떻게 조달하느냐였다.

1933년 선거공약 중 나치당이 실천하지 못한 가장 큰 공약은 감세였다. 높았던 전 정권의 세율은 나치 정권에서 그대로 유지되었다. 전체 세수액의 20퍼센트는 매출세였고 약 30퍼센트는 소득세였다.

기본 세금 외에 고용주와 노동자는 노동전선 회비도 내야 했으므로 전부 합쳐 소득의 약 30퍼센트를 납부해야만 했다.[14] 전쟁이 임박하자 소비를 억제하고 군비 증강에 보탠다는 명목으로 높은 세율이 유지되었다.

히틀러 자신은 세금을 내지 않았다. 1934년 뮌헨 지방국세청은 총통에게 소득세 체납으로 인한 가산세를 부과하고 독촉서를 발부했다. 8일간의 납부 시한이 주어졌다. 그런데 국세청 관계자가 재무부 관리로부터 몇 마디 듣더니 "총통에게 납세의무를 부과하는 세금고지서는 원천무효다. 그러므로 총통은 세금을 낼 필요가 없다"라고 선언했다.[15]

전반적으로 나치 정권하의 채무 대비 부채 비율은 적당했고 조세부담률도 미국이나 영국과 비슷한 수준이었다. 그렇지만 전쟁이 개시된 후에도 독일은 연합국처럼 급격히 세금을 올리지 않았다. 역사가 괴츠 알리(Götz Aly)에 따르면 "공무원들이 지속적으로 세금을 올리려 했으나 그 때마다 나치 지휘부가 막아 중하위 계층을 보호했다"[16]라고 한다. 제국 국방각료위원회가 구성되어 전시 세금계획을 입안했다. 모든 임금노동자에게 50퍼센트의 추가 세금을 부과한 후 신속하게 최고 부유층을 제외한 모든 노동자들을 대상에서 제외시켜 결국 국민의 4퍼센트만

이 추가 과세 대상자가 되었다.[17] 전쟁 기간 중 예산은 95퍼센트 이상 늘었지만[18] 세금이 차지하는 비율은 점점 줄었다. 1939년에 총지출 중 45퍼센트가 세금이었으나 1944년에는 16퍼센트에 불과했다.[19] 총 세수입은 채무액의 절반에 못 미쳤다.[20]

정권을 잡았을 때 채무가 비교적 적었다는 점은 나치에게 확실히 유리했다. 아직 초인플레이션의 힘들었던 경험이 가시지 않아 채무와 통화팽창에 조심스러운 태도를 취했다. 1932년 전 정권 때 베르사유 조약 배상금을 유예하기로 한 협약도 나치 정권의 재무상태에 도움을 주었다. 이로 인해 1933년에 히틀러는 흑자재정을 달성할 수 있었고 남은 잉여금을 적절히 활용했다. 그다음부터 히틀러는 돈을 빌리기 시작했다. 1936년에 제국은행Reichsbank 총재인 햘마르 샤흐트Hjalmar Schacht가 인플레이션이 우려된다고 경고했으나 그는 곧 경질되었고, 그 후로는 아무도 그의 경고를 기억하지 않았다.

1937년에 공식적인 독일의 채무는 GDP의 40퍼센트였다. 공식적으로 영국보다 낮았지만 실제 채무 중 많은 액수가 재무제표에서 빠졌다.[21] 종전 무렵에는 차입이 10배 증가한 것으로 추측되지만 독일 정부는 차입 사실을 극비에 부쳤고 회계처리 또한 불투명했다.[22] 대부분의 차입은 국내에서 발생했다. 전쟁 막바지에는 소위 비밀차입과 강제차입이 빈번했다.

차입, 세금, 인플레이션을 다 동원해도 전쟁 비용이 모자라자 나치 독일은 다른 곳으로 눈을 돌렸다.

홀로코스트와 세금

나치 정권은 독일 거주 유대인을 열등하고 이질적인 존재로 보았지만 유대인의 재산은 그렇게 보지 않았다. 그들로부터 압수한 재산이 전쟁 비용의 약 3분의 1을 책임졌기 때문이다.[23]

조세당국은 "유대인을 재정적으로 파산시키기 위해"[24] 적극적인 정책을 폈다. 1934년부터 유대인을 차별하는 세법이 도입되었다. 유대인들은 해외나 국내에 있는 모든 재산과 부동산을 등록해야 했다. 누락된 재산이 발견되면 10년의 징역형을 받고 모든 재산은 몰수되었다. 재산등록작업이 완성되자 제국의회Reichstag 의장인 헤르만 괴링Herman Göring은 유대인에게 20퍼센트의 부유세를 부과했다. 유대인은 독일 내 가장 부유한 집단 중 하나였기 때문에 부유세로 거금을 징수했다. 해외로 도피하는 유대인에게는 출국세 명목으로 재산을 압수했다.

유대인들은 공무원, 법조인, 의사 같은 특정 직업 종사가 금지되었고 유대인 세무사는 자격증이 취소되었다. 유대인 의사들은 건강보험공단으로부터 공단부담금을 받지 못했고 유대인 배우도 연극이나 영화 출연이 금지되었다.

유대인 과세를 전담하는 대규모 조직이 구성되었다. 뮌헨대학의 크리스틴 쿨러Christine Kuller는 이들이 "유대인 거주지의 주민들을 이주시키고 계좌는 몰수했다"라고 기록했다.[25] 강제수용소로 끌려간 유대인들은 흔적을 깨끗이 지워버렸다. 나치는 수용소에 감금된 인원뿐 아니라 해외 도피 유대인들의 재산까지 처분해서 엄청난 금액을 국고로 귀속시켰다. 유대인 가정에서 약탈한 물건은 경매에 부쳐졌다. 이익금은 비밀경찰 게슈타포 계좌를 거쳐 베를린 제국은행으로 송금되었다. 독일이 발트 3국과 폴란드를 약탈할 때는 세관원들이 압수물 대장을 작성하고 수송 열차 번호 및 목적지를 꼼꼼하게 기록했으나 유대인 재산에 대해서는 아무런 기록도 남기지 않았다.

1938년 전쟁 비용이 걷잡을 수 없이 커지자 독일 거주 유대인의 모든 재산을 국유화하는 법이 통과되었다. 괴링은 이들의 재산을 압수하고 대신 전시채권을 발행해주었는데 독일이 전쟁에서 이길 경우에만 유효한 채권이었다.

북쪽의 스칸디나비아부터 남쪽의 그리스와 이탈리아까지, 서쪽의 프랑스부터 동쪽의 러시아까지 나치는 점령한 국가들에 대해 전통적인 정복국의 행태를 그대로 따랐다. 선약탈, 후과세 정책이었다. 독일군은 개인 소지품부터 장비, 승용차, 심지어 버스와 기차까지 압수하여 독일로 보내는 등 곳곳에서 약탈을 자행했다. 세금을 부과하지 않았으므로 사실상 약탈을 부추긴 거나 마찬가지였다. 독일군이 가정, 농장, 상점 등에서 약탈한 물건은 우편가방에만 들어가면 무엇이든 세금 한 푼 안 내고 독일로 보낼 수 있었다. 1940년 러시아를 침공한 지 6개월 만에 독일군은 350만 개의 우편가방을 본국으로 실어 보냈다.

나치는 점령지에 진입한 독일군의 급여를 올려주고 피점령국의 화폐가치는 절하해서 독일군의 구매력을 상승시켰다. 독일군은 (사실상 시장가 이하 가격으로) 물건을 구매해서 독일로 보냈다. 피정복지의 주민들은 생필품 부족 및 가격 급등을 겪었고, 기아와 지역경제 붕괴가 나타났다. 그 결과로 그리스는 초인플레이션을 겪었다.

피정복지 주민들은 주둔한 독일군을 지원하기 위해 많은 분담금을 바쳐야 했다. 보유한 금은 독일 중앙은행으로 보냈다. 프랑스에서는 독일군이 주식시장을 장악해서 주식을 처분하고 채무를 갚기도 했다.

재산뿐 아니라 노동력, 심지어 생명까지 바쳐야 했다. 우선 유대인, 반체제인사, 동성애자, 기타 범죄자, 그다음엔 전쟁포로, 민간인이 차출되어 강제수용소에서 노동을 강요당했다. 500만 명의 폴란드인이 수용소를 거쳐갔고 그중 300만 명이 죽었다.[26] 1944년이 되자 독일 전체 노동력의 4분의 1이 이런 형태의 공장 및 농장의 강제노동자로 채워졌다고 역사학자 마이클 앨런$^{Michael Allen}$은 기록했다.[27]

전쟁에는 이겼지만 평화를 잃은 나라

제2차 세계대전 중 영국의 납세자들은 미국과 비슷한 경험을 한다. 소득세 납세자의 수가 역사상 최대로 늘어나면서 소득세 금액도 최고를 기록한 것이다. 1938년에 4,750만 명의 영국인 중 400만 명이 소득세를 냈지만 전쟁이 끝날 무렵에는 세 배로 늘어 1,200만 명이 대상이었다.[28] 미국의 최고세율 94퍼센트가 심하다고 할지 모르지만 영국의 97.5퍼센트에 비하면 약과였다.

국가 채무는 1939년 83억 파운드에서 1945년 230억 파운드(약 920억 달러)로 거의 세 배가 증가했고 GDP의 237퍼센트에 달했다.[29] 개전 초에는 국내 차입에 의존했지만 종전 무렵에는 주로 미국에서 차입해왔다. 전쟁 비용은 물론이고 전후 복구 비용도 영국 경제를 힘들게 했다. 예를 들어 영국 남동부 지역에서만 200만 호의 주택이 공습으로 멸실되었다(전 유럽의 사회기반시설이 이런 식으로 파괴되었는데 이는 진주만을 제외하고 미국과 캐나다에서는 볼 수 없는 형태였다. 특히 독일이 심했는데 뷔르츠부르크 시가지의 89퍼센트, 렘샤이트와 보홈은 83퍼센트, 함부르크와 부퍼탈에서는 75퍼센트의 시가지가 파괴되었다).

전쟁 중 미국은 무기대여법을 통해 영국에 생필품을 제공했다. 종전 후에는 5억 8,600만 달러를 빌려주었고 추가로 37억 달러의 한도대출을 제공했다. 그런데 달러화로 상환해야 하므로 파운드화가 절하될수록 영국의 부담은 커졌다. 미국은 영국이 금과 달러 보유분을 매각하고 갖가지 형태의 감사를 받을 것을 강요했고 이로 인해 영국은 사실상 금융주권을 잃었다. 영국은 해외자산, 그중에서도 미국에 있던 많은 자산을 처분해야 했다. 제2차 세계대전으로 영국은 대영제국의 식민지뿐 아니라 전 세계에서 차지하는 지위도 잃었다.

제1차 세계대전과 마찬가지로 인플레이션도 한몫했다. 1938년부터 1946년 사이에 생활비는 60퍼센트가 증가했고 1950년에는 두 배가 되었다.[30] 한마디로 파운드화의 가치가 절반으로 감소되었다는 뜻이다. 인플레이션의 또 다른 숨은 효과는 소득자들을 더 높은 세금 계층으로 분류하여 더 많은 세금을 내게 만든다는 점이다.

이전의 전쟁은 피지배국을 약탈하고 세금을 거둬 전쟁 비용을 충당했다면 제2차 세계대전은 승리국의 시민, 특히 영국인이 전쟁 비용을 부담했다는 점에서 특이하다. 영국이 승리한 쪽에 선 것은 맞지만 승전의 혜택은 전혀 누리지 못했다. 1946년과 1947년의 세금은 전쟁 시작 직전년도 세금의 세 배였다.[31] 얼마 전까지 세계에서 가장 부유한 국가였던 영국이 1954년까지도 식량배급에 의존해야 했다. 캐나다와 미국에 진 채무는 2006년에 가서야 전액 상환했다.[32]

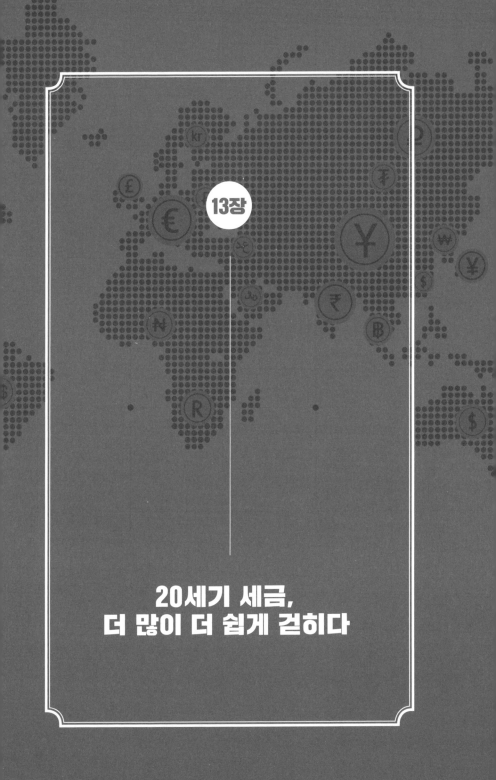

13장

20세기 세금,
더 많이 더 쉽게 걷히다

> 정부가 피터 것을 빼앗아 폴에게 주면 폴은 항상 정부를 지지한다.
>
> 조지 버나드 쇼(1944)[1]

제2차 세계대전이 끝나자 정부 지출은 감소했지만 세금은 전쟁 이전 수준으로 복귀하지 않았다. 아니 비슷한 수준에 가까이 가지도 못했다. 오히려 높은 수준에서 고착되었다.

소득세는 이제 모든 사람에게 20세기의 한 단면이 되었다. 전쟁으로 인해 세금의 요정이 병에서 나온 다음 아무도 원위치시키지 않았다. 영국의 재정정책연구소는 이를 톱니효과ratchet effect라고 부른다.[2] 평시에는 재선에 영향을 줄까 봐 정치인들이 쉽사리 세금을 못 올리지만 "전쟁이 나면 상황이 달라지고"[3] 새로운 항목의 세금과 높은 세율이 한번 도입되면 웬만해서는 없어지지 않는다.

오늘날에도 제2차 세계대전에 참전했던 국가의 소득세는 비참전 국가의 소득세보다 여전히 높다. 예를 들어 칠레는 OECD 국가 중 GDP 대비 소득세가 가장 낮은데 이 나라는 제2차 세계대전에 거의 참전하지 않았다.⁴ 이것이 모든 경우에 다 들어맞는 법칙은 아니지만 그래도 참고할 필요는 있다. OECD 국가 중 GDP 대비 정부 지출 수준이 낮은 칠레, 아일랜드, 코스타리카, 스위스 등은 정부 지출 비율이 가장 높은 핀란드, 프랑스, 덴마크, 벨기에, 그리스 대비 제2차 세계대전 참여 정도가 매우 낮다.⁵

높은 세율이 계속 유지된 것은 전쟁 중에 정부가 차관, 재건 및 보훈 등 많은 비용이 수반되는 업무를 벌였기 때문이다. 또한 정치인들이 인기를 얻고 지지도를 유지하기 위해 미래에 많은 지출을 동반하는 정책을 기획했기 때문이다. 도로를 놓고 학교를 세우고 더 나은 복지를 공약하는 정치인은 쉽게 취소하기 어려운 약속을 하는 것이다. 그 약속이 클수록 정부는 더 커져야 하는데 세계대전을 겪으면서 그 약속을 이행하기 좋은 조세 구조가 자리 잡았다. 100년 전에 정치인들이 한 약속을 이행하느라 현대의 납세자들이 세금을 내고 있다. 마찬가지로 현대 정치인의 약속을 이행하는 비용은 미래 세대가 부담할 것이다.

이처럼 안보, 질서유지, 사회기반시설 등 전통적 분야에 국한되었던 정부의 역할은 다른 경제활동, 특히 교육과 복지, 국민건강 분야로 확대되었다. 영국 경제문제연구소에서 작성한 다음 표에서는 1870년 이후 각국의 정부 지출이 얼마나 증가했는지 볼 수 있다.⁶ 오스트레일리아는 두 배로 늘었고 독일, 프랑스, 영국은 네 배 이상, 미국은 거의 다섯 배로 증가했다.

다른 형태가 보일 때도 있지만 세계적인 경향은 큰 정부로 가는 것이다. 20세기 초반 유럽 각국의 정부 지출은 GDP의 약 10퍼센트 수준이

GDP 대비 정부 지출 비율 추이(%)

	1870	1913	1920	1937	1960	1980	2000	2010	2015	2018
호주	18.3	16.5	19.3	14.8	21.2	34.1	34.6	36.6	35.6	35.4
프랑스	12.6	17.0	27.6	29.0	34.6	46.1	51.1	56.4	57.0	56.2
독일	10.0	14.8	25.0	34.1	32.4	47.9	44.7	47.4	44.0	43.9
영국	9.4	12.7	26.2	30.0	32.2	44.7	37.8	48.8	43.2	40.0
미국	7.3	7.5	12.1	19.4	30.0	35.3	33.9	43.2	37.8	37.8

었고 세금은 낮았다. 100년 후인 21세기 초에 많은 유럽 국가에서 이 숫자는 50퍼센트를 초과했고 세금은 높아졌다.[7] 단일 세목으로는 정부 세수 중 가장 큰 소득세가 있었기에 가능한 성장이었다.

제2차 세계대전 후 영국은 비교적 높은 세율로 과세했고 이는 1970 년대 말까지 유지되었다. GDP 대비 정부 지출의 비율은 1948년부터 1977년까지 증가했다. 특히 1960년대 후반기는 전시를 제외하고 20세 기 들어 세부담이 가장 크게 꾸준히 오른 시기다. 1970년대 말 영국에 서는 마거릿 대처가, 미국에서는 로널드 레이건이 당선되면서 재정정책 의 변화가 나타났다. 이 두 지도자는 낮은 세금과 작은 정부 정책이 효 과가 있다고 믿었다. 따라서 GDP 대비 안정적인 정부 지출을 유지했 다. 다른 선진국들이 1980년대 내내, 심지어 1990년대까지도 정부 지 출을 늘린 것과 대비된다.

레이건과 대처의 정책에 부응하여 소득세 최고세율 인하가 시행되 었다. 이는 전 세계적인 현상이었다. 1900년에 최고 소득자들은 초과 소득에 대해서 거의 세금을 내지 않았다. 초과소득에 대한 할증세율은

1910년 이후에 도입되어 꾸준히 상승했다. 1950~1960년대 영국에서 할증세율을 적용한 소득세율은 사실상 90퍼센트였다(전시에는 더 높았다). 1978년에는 98퍼센트까지 올라갔다. 이는 소득 전체에 적용되는 것은 아니고 과세표준 초과금액에 대해서만 적용되었다. 화폐가치는 떨어지는데 과세표준이 불변이므로 점점 더 많은 납세자들이 최고 소득군에 편입되어 많은 세금을 내게 되었다.

1980년대 이후 대부분의 국가는 최고세율을 인하하기 시작했다. 대처 정부는 60퍼센트로 내렸다가 1988년에는 다시 40퍼센트로 인하했다. 현재 세율은 45퍼센트다. 독일과 프랑스는 영국보다 조금 높고 미국은 39.6퍼센트다. 최고세율을 낮추었지만 정부 지출은 줄어들지 않았고 다만 증가율이 둔화되었을 뿐이다.

서서히 붕괴되는 지방정부

그렇다고 모든 종류의 세금이 오르고 정부의 모든 분야가 커진 것은 아니다. 20세기 조세정책의 특징은 지방정부 단위의 세금은 감소했다는 점이다. 20세기 초 전체 세수의 3분의 1은 지방세가 차지했다. 오늘날은 단지 3~4퍼센트에 불과하다.[8] 게다가 재정정책연구소도 지적했지만, 그나마 유일하게 남은 영국 지방세인 카운슬세^{Council Tax}(거주용 부동산에 부과하는 일종의 재산세 - 옮긴이)마저도 지방정부 예산의 7분의 1에 불과하다.[9]

미국에서도 마찬가지 현상이 보이는데 20세기 초에는 지방정부 세수입이 연방정부보다 많았다.[10] 심지어 대공황 직전에도 국가 전체 세수입의 절반을 지방정부에서 거둬들였다. 그중 지방정부가 징수하는 재산세 하나만으로도 전체의 40퍼센트를 차지할 정도였다.[11] 이 숫자는 대공황 중 계속 하락하더니 제2차 세계대전 말기에는 정부 세수입의 10퍼센트에 불과했다.[12] 그 원인은 다른 세금, 특히 소득세가 증가했기 때문인데 지방세 중에는 이렇게 많이 오른 세금이 없었다. 그러나 이것 말고 다른 요인도 있었다.

징세의 첫 번째 원칙은 징세하기 쉬운 세금부터 거두는 것이다. 책임을 묻기도 어려운 멀리 떨어진 중앙정부에서 원천징수하는 소득세는 이미 쉬운 세금으로 정부에 인식이 되어 있다. 그러나 지방세는 보통 원천징수하기 쉽지 않고 탈세 가능성이 높다. 연방정부가 세금을 떼어가고 받은 세후금액에서 세금을 또 내기란 쉽지 않다. 오죽하면 "국세를 낼 때는 우울하지만, 지방세를 낼 때는 화가 난다"라는 말이 있을 정도다. 지방에는 납세자가 세무공무원을 잘 아니 강요하기도 어렵고, 잘못하면 지방정부에 책임을 물어 교체하기도 쉽다.

영국에서는 대처 총리가 지방세로 더 많은 세수를 올리려고 인두세를 부과하려다가 거센 반발에 부딪혀 결국 총리에서 물러났다. 스칸디나비아는 예외적으로 지방세로 많은 세금을 거두는데, 제일 큰 비중을 차지하는 것은 역시 지방세로 거두는 소득세다.

대부분의 국가는 중앙정부에서 세금을 거둬 지방자치단체로 분배한다. 이러다 보니 권력이 중앙정부로 집중된다. 세금 수입을 갖는 주체가 권력을 갖게 된다. 정부는 갈수록 중앙집권화하면서 더 멀어졌으며 지방분권은 더욱 약해졌고 여러모로 책임도 약해졌다. 중앙정부가 지방정부보다 세금을 훨씬 더 잘 거두게 되면서 정부의 역할도 바뀌었다.

디지털 화폐와 부가세 = 더 많은 세금

세금으로 본 20세기 후반부의 또 다른 특징은 높은 세율에도 불구하고 정부의 징수체계가 놀랄 만큼 효율적이라는 점이다. 대부분의 국가에서 제2차 세계대전 중 또는 종전 직후에 세금을 발생 단계에서 징수하는 제도를 실시했다. 미국은 1943년 세금납부법을 통해 원천징수제도를 도입했다. 그다음 해에는 영국에 '종량제 세금'이 도입되었다. 이전까지는 매년 또는 연 2회 징수했다. 그런데 매주 또는 매월 징수하므로 정부는 더 빨리 수입을 올릴 수 있었다. 효율적이고 신속하게 세금을 거둘 수 있게 되자 정부의 지출 여력도 커졌다. 미국 재무부는 "원천징수로 인해 납세자와 국세청 모두 매우 편리해졌다"라고 강조하면서 "납세자가 과세금액을 알지 못하게 되므로 투명성이 줄어 향후 세금 인상이 쉬워진다"[13]라고 솔직하게 말한다. 한마디로 거위는 털 뽑히는 걸 잘 모른다는 뜻이다. 1950년이 되자 거의 모든 선진국과 많은 개발도상국이 원천징수 시스템을 도입했다.

정부는 징수관 대신 고용주를 제대로 써먹었다. 역할을 소홀히 하면 무거운 벌금 및 그 이상의 제재도 내렸다. 또한 은행을 심복으로 만들어 세금을 확실히 징수하고 수상한 금융활동은 보고하도록 만들었다. 정부가 화폐를 발행하고 중앙은행이 관리하니 은행은 꼼짝할 수 없었다. 1980~1990년대는 기술의 발달로 디지털 화폐가 등장하고 전자결제가 도입되었다. 이런 자동화로 인해 탈세는 더욱 어려워지고 세금 징수율은 올라간다.

여기서 더 나아가 부가가치세와 판매세가 도입된다. 1960년대 부가가치세는 이를 최초로 만든 프랑스에만 있었다. 물론 유사한 성격의 상품판매세^{goods and sales tax}는 이미 여러 나라에 도입되어 있었다. 1980년도에 부가세를 실시하는 나라는 27개국이었다. 오늘날에는 166개국에 부가가치세가 존재한다.[14] 애덤 스미스가 "한 국가가 다른 나라로부터 제일 빨리 배우는 기술은 사람들의 주머니에서 돈을 빼오는 기술이다"라고 했듯이 각국 정부는 이 효율적인 징세 기술을 재빨리 모방했다. 전 세계적으로 부가세율은 15~20퍼센트로 꽤 일정하게 유지된다(스칸디나비아 국가는 24~25퍼센트를 적용한다). EU 국가들은 최저 15퍼센트를 부과한다.

이번에도 기업이 징수관 역할을 한다. 일정 수준 이상의 매출을 올리는 기업은 부가세를 징수하여 정부에 납부하도록 법으로 규정되어 있다. 사실상 정부는 징세 업무를 외주 주고 이를 어기면 문제가 생기도록 만든 셈이다.

부가세는 누진세가 아니므로 불공평하다고 주장하는 사람들이 있다. 모두에게 같은 세율이 적용되므로 가난한 사람들이 소득 대비 많은 세금을 낸다는 것이다. 반대로 모두에게 같은 세율이 적용되므로 공평하다는 사람도 있다. 부가세의 부작용 중 하나는 물품세 수입이 감소한다는 것이다. 소비행위에 과세하는 세금이므로 부가세는 자발적인 성격이 있다고 할 수 있다. 원하지 않는다면 물건을 살 필요가 없고 따라서 부가세를 내지 않아도 된다. 하지만 이 경우 상품거래를 위축시킬 수 있다. 많은 국가에서 특정 산업을 지원하기 위해 부가세를 면제해주는 이유다.

사람들의 입장이 어떻든 간에 부가세는 정부 수입에서 매우 중요해졌다. 예를 들어 칠레, 러시아, 중국에서는 정부의 가장 큰 수입원이다.[15] 영국은 총 세수입 중 17퍼센트를 차지하며[16] 유럽 국가는 평균 28퍼센트를 차지한다.[17] 미국에는 부가세는 없지만 비슷한 성격의 상품용역세taxes on goods and services가 전체 세수의 17퍼센트를 차지한다.[18]

선진국의 징세율이 개발도상국보다 높은 이유

웹사이트 '데이터로 본 세상Our World In Data'에 따르면 선진국과 저개발 국가의 가장 큰 차이는 세율이 동일하더라도 "선진국이 국민 생산량 중 세금으로 징수하는 비율이 개발도상국보다 훨씬 높다"[19]는 데 있다. 여기에는 많은 이유가 있다.

그중 가장 큰 이유는 선진국이 핀테크 및 금융, 조세기반시설에서 앞서가기 때문이다. 또한 정부에 대한 신뢰도가 높으므로 착실히 세금을 낼 확률이 높다. 저개발국가일수록 거래세와 소비세에 의존하는 경향이 높다. 게다가 이 나라들은 대부분 양차 대전에 깊이 참전하지 않아 소득세율이 높지 않다.

이렇듯 선진국, 특히 유럽은 저소득국가들보다 국민 생산량 대비 더 많은 세금을 징수한다. 예를 들어 프랑스 중앙정부의 지출액은 국민 생산량의 50퍼센트이지만 나이지리아는 6퍼센트 남짓이다.[20]

국가가 발전할수록 징수율도 높아진다. 터키의 세수입은 1980년 대비 두 배 이상 증가했고 중국이 개인과 법인의 소득에 징수하는 세금의 대 GDP 비율은 2000년 대비 2012년에 두 배로 증가했다.[21] 그 결과 선진국은 저개발국보다 사회보장제도 예산을 훨씬 많이 확보했다. 반면에 개발도상국은 경제성장에 예산을 더 집중했다. 징세방법이 효과적이고 핀테크가 발달한 국가일수록 사회보장성 예산의 지출이 크다. 선진국이 그랬던 것처럼 시간이 지나면 개발도상국의 징세 기법도 발전할 것으로 예상된다. 사실 이미 그런 현상이 나타나고 있다.

정부 지출의 큰 변화

과거에는 세금을 걷는 주요 목적이 정부 조직을 운영하기 위한 자금 징수였다. 오늘날에는 그 역할이 더 다양해졌다. 소득재분배, 전략산업 육성, 유해행위 억제 등이 그것이다.

아서 래퍼(2011)[22]

제2차 세계대전이 끝난 후에도 미국의 국방비 지출은 계속되었다. 냉전, 한국전쟁, 베트남 전쟁이 이어졌다. 그다음엔 중동에서의 전쟁에 휘말렸다. 미국은 매년 8,000억 달러가 넘는 금액을 방위비로 지출하는데 이는 연방 예산의 20퍼센트가 넘는 수치다.[23] 미 국방부는 320만 명을 고용하는 세계 최대의 고용주가 되었다. 미국 방산업체는 놀랄 만큼 막강한 로비력을 보유하고 있다.

엄청난 금액을 집행하고 있지만 다른 비용에 비하면 국방비가 GDP에서 차지하는 비율은 감소 중이다. 1960년대에 GDP의 8퍼센트였으나 현재는 3퍼센트에 불과하다.[24] 다른 국가에서는 이런 추세가 좀 더 두드러진다. 1960년대 국방비의 대 GDP 평균 비율은 6퍼센트였다. 현재는 2퍼센트에 불과하다. 유럽은 1.5퍼센트 미만[25]으로 비율로는 미국의 절반이 채 안 된다. 영국은 GDP 대비 1.8퍼센트를 집행하고 있다. 1953년에 정부 지출의 25퍼센트였으나 현재는 5퍼센트 미만이다.[26]

사회기반시설이나 공공주택처럼 대규모 공공자본이 들어가는 프로젝트 역시 감소세를 보이고 있다. 영국의 경우 1960년대나 1970년대의 절반 수준밖에 안 된다.[27] GDP 대비 17퍼센트로 전 세계 순위 132위에 불과하다.[28] 그 대신 민간자본 또는 공공과 민간의 합작자본에 의존한다. 미국은 1960년대 세계 15위에서 109위까지 하락했다.[29]

사회기반시설이나 국방비에 대한 지출은 감소했지만 정부 지출은 여전히 증가 추세. 이는 돈이 다른 곳에 쓰인다는 뜻이다. 제1차 세계대전 후 영국 정부는 귀향 군인에게 '영웅에게 적합한 땅 a land fit for heroes'(동명의 소설 제목에서 따온 말 – 옮긴이)을 마련해줄 걸로 기대되었고 제2차 세계대전 후에도 비슷한 기대가 일었다. 그러나 노동당 정부는 전쟁 비용의 빈자리를 대규모 복지 프로그램, 특히 국민보건서비스 예산으로 채웠다. 다른 유럽 국가도 마찬가지였다. 공공지출은 복지, 의료, 교육 부문에 특히 많이 증가했다. 1948년 영국의 사회보장 분야 공공지출은 예산의 15퍼센트였으나 오늘날에는 30퍼센트 이상이다.[30] 의료 분야 지출은 1956년 8퍼센트에서 20퍼센트로 늘었다. 앞으로 영국 NHS 예산은 점점 증가해 GDP의 40퍼센트 가까이에 이를 것이다.[31] 교육 분야 지출은 1940년대부터 1960년대를 거치면서 증가한 후 정부 예산의 11퍼센트, GDP의 4~6퍼센트 수준을 일정하게 유지하고 있다.[32] 국가마다 숫자가 다르기는 하나 미국의 경우 놀랍게도 (의료보험제도를 통한) 의료비 지출 비율이 유럽 국가보다 높다. 어쨌든 세계적으로 국방이나 대규모 기반시설 투자보다는 의료, 복지, 교육에 많은 비용을 집행하는 추세다. 세금을 통해 부를 재분배하고 '자본주의의 불평등을 감소시킨다'는 정책은 냉전 시대의 이념적 무기였고 현재도 마찬가지다.

매일매일 보면 이 변화는 거의 알아차리기 어렵다. 여기저기서 예산을 조금 가져오는 것은 사소해 보일 수 있다. 그러나 100년의 시간을 두고 보면 정부의 역할과 크기가 놀랄 만큼 엄청난 규모로 변화하고 있음을 알 수 있다. 1900년 유럽 대륙 대부분의 국가에서 사회보장 예산은 GDP의 1퍼센트가 안 되었지만 오늘날은 30퍼센트 이상이다. 덴마크나 핀란드는 정부 지출의 40퍼센트 이상이 사회보장 분야에 집중된다. 한국과 미국은 20퍼센트에 육박한다. 그런데 1인당 GDP 금액 자체가 크게 늘었기 때문에 비율이 아닌 절대금액으로 보면 증가율은 더 크다.

세금해방일

1948년 플로리다의 한 기업인은 평균적인 미국인이 세금을 얼마나 내는지 아무도 정확히 모른다고 생각했다.

댈러스 호스테틀러$^{Dallas\ Hostetler}$는 기발한 생각을 해냈다. 1년 중 세금을 완납해서 정부에 부채를 모두 갚는 날을 발표하자는 것이었다. 그날 이후의 수입은 모두 자신의 것이므로 마음대로 소유하거나 지출할 수 있다.

그는 이날을 미국 세금해방일$^{Tax\ Freedom\ Day}$이라고 명명했다.

그로부터 20년간 그는 매년 미국의 세금해방일을 발표했다. 심지어 이름에 대한 상표권까지 등록했다. 1971년 은퇴하면서 워싱턴 소재 싱크탱크 조세재단$^{Tax\ Foundation}$에 상표권을 넘겼다. 세계 각국의 여러 기관에서 자국의 세금해방일을 계산해서 발표하고 있다. 영국에서는 애덤스미스재단$^{Adam\ Smith\ Institute}$에서 발표한다.

아무래도 갖가지 평균 수치가 들어가니 계산이 정확하지는 않다. 그러나 각국의 날짜를 비교해보면 조세 부담액, 큰 정부 여부, 국민의 경제적 자유에 대한 윤곽을 잡을 수 있을 것이다. 국민이 얼마나 세금을 내는지 이해하기 쉬운 방법으로 간단히 보여준다.

미국과 호주에서는 4월 마지막 주, 영국은 6월, 프랑스와 벨기

에는 7월 마지막 주에야 국가를 위한 노동이 끝난다.[33]

20세기 초에 세금해방일은 1월 초중반이었다. 날짜가 늘어난 만큼 정부가 커졌다고 보면 된다. 사람의 일생으로 계산해보면 최소 20년에서 많은 경우에 25년을 대가 없이 일하는 셈이다.

중세의 농노는 영주로부터 보호를 받고 자신의 텃밭을 경작하는 대가로 일주일에 3일은 영주의 농지에서 일해야 했다. 21세기에는 국가의 보호를 받고 세금을 낸 나머지를 갖는 대가로 국가가 개인 노동력의 40~60퍼센트를 가져간다. 오늘날의 생활 여건은 중세와 비교할 수 없을 정도로 안락해졌다. 표현과 이동의 자유는 훨씬 더 커졌다. 복지혜택도 중세 시대와 비교하면 엄청나게 좋아졌다. 그러나 국가에 의무를 다하기 위해 투입하는 시간을 비교해보면 중세나 현재나 본질적으로 바뀐 게 없다.

채무와 인플레이션은
숨은 세금이다

> 나라의 빚을 떠안을 젊은 세대에게는 복이 있나니.
>
> 허버트 후버Herbert Hoover(1936)[1]

세금을 아무리 많이 거두어도 정부 지출액보다 항상 모자란다. 재정 수지가 흑자를 기록하는 경우는 거의 없다. 정부의 공약을 지키기 위해 필요한 자금을 조달하려면 여러 다른 방안을 모색해야 하는데 그중 제일 많이 사용하는 방법이 채무다.

물론 채무는 말 그대로 세금은 아니다. 그러나 정부가 이를 이용하는 방식을 보면 세금으로 볼 수 있다. 한마디로 '미래로 이월되는 세금'이다.

제1차 세계대전 중 영국은 미국으로부터 차관을 도입했고 이를 완전히 상환한 것은 100년이 지난 2015년이었다.[2] 사실상 우리 세대는 열심히 일해서 고조부 세대가 진 빚의 이자를 갚은 셈이다. 현재 정부가 발생시킨 훨씬 무책임한 채무는 우리의 미래 세대가 갚아야 할 것이다.

현재 미국의 국가 채무는 22조 달러에 이른다. 조지 부시 행정부 시절에 두 배로 늘었고 버락 오바마 정부하에서 다시 두 배로 늘었다. 그리고 트럼프 정부를 거치면서 이제 미국은 GDP 대비 국가 채무 비율이 100퍼센트를 웃도는 빚쟁이 국가가 될 지경에 있다. 1998년부터 2001년 사이에 인터넷 버블로 생긴 약간의 흑자를 제외하고는 1969년부터 내리 적자재정을 기록하고 있다.

영국의 국가 채무는 2조 파운드이며 독일은 2조 1,000억 유로, 프랑스는 2조 3,000억 유로, 이탈리아는 2조 4,000억 유로에 이른다. 1조가 얼마나 큰 금액인지 다시 생각해볼 필요가 있다. 100만의 100만 배다.

이 엄청난 금액은 갈수록 더 커질 것이다. 거의 모든 선진국이 과도한 채무 문제를 안고 있지만 국가재정은 계속 적자를 기록하고 있다. 일본은 1966년, 프랑스는 1993년, 이탈리아는 1950년 이래 계속 재정적자에 시달리고 있다.[3] 그 결과 이들 국가의 채무는 지속적으로 증가했다. 영국의 채무는 GDP의 80퍼센트 이상이며 프랑스와 스페인은 90퍼센트, 미국은 100퍼센트, 아일랜드는 110퍼센트, 포르투갈과 이탈리아는 130퍼센트 이상을 보이고 있다. 최고는 무려 230퍼센트를 기록하고 있는 일본이다.[4] 일본은 아무리 노력해도 정부 지출을 통제하지 못하고 있다(때론 시도조차 안 하는 것처럼 보인다). 공약을 지키기 위해 전 정권의 정치인들이 발생시킨 채무액이 너무 크기 때문이다.

"국가는 도대체 누구로부터 빌려오는 것인가?"라고 묻는 사람이 있다. 미국의 경우 30퍼센트는 해외, 그중에서도 중국과 해외 투자사에서 차입하고 30퍼센트는 사회보장펀드나 연금펀드의 형태로 연방정부로부터 빌려온다. 연방준비은행^{Federal Reserve Bank}으로부터 디지털 화폐 발행의 한 형태인 양적 완화를 통해 12퍼센트를 빌려오고 나머지는 뮤추얼 펀드, 은행, 연기금, 보험사 및 기타 투자금융사로부터 꿔온다. 인류학자인 데이비드 그레이버^{David Graeber}는 미국이 해외로부터 조달한 채무는 사실상 미군의 해외 주둔 비용을 지불하기 위한 현대판 조공의 성격이 있다고 언급한 적이 있다.⁵

영국은 (미국 연방준비은행처럼 사실상 빚을 내기 위해 화폐를 발행하는) 중앙은행으로부터 25퍼센트, 해외 국가 및 투자회사로부터 25퍼센트, 나머지는 은행, 주택금융조합, 연기금, 보험사 및 투자회사로부터 조달한다.

사람들이 가입한 연기금 포트폴리오에 국채가 편입되었을 수 있다. 이런 식으로 사람들은 알게 모르게 정부에 돈을 빌려준다. 채권시장의 규모는 100조 달러 이상으로 전 세계 주식시장의 두 배 규모라고 한다. 채권시장보다 더 큰 시장은 외환시장이 유일하다.

현재 미국은 연방예산의 7퍼센트를 이자비용으로 내고 있다. 영국은 6퍼센트 내외의 금액으로 환산하면 교육예산의 반 정도다. 채무가 증가하면 아무리 이자가 낮아도 원금상환은 물론이고 이자비용이 국가재정에 큰 부담이 된다. 이자율이 과거와 같이 4~6퍼센트로 상승한다면 심각한 타격을 줄 것이다.

그러나 대부분의 부채는 화폐가치가 상당히 절하되지 않는 한 상환 가능성이 거의 없다. 거의 해결할 가능성이 없다고 보면 된다. 지금 당장 발등에 떨어진 문제가 아니므로 (우리도 마찬가지지만) 정치인들은 이를 무시한다. 적자재정이 계속되면 채무는 눈덩이처럼 불어나고 이는 국가 재정 건전성을 현저하게 악화할 것이다.

왜 아직도 위기가 오지 않는지 의아해하는 사람도 있다. 진짜로 2008년 금융위기 같은 고비가 닥치면 사람들은 머리를 긁적이며 어떻게 국가가 이렇게 많은 빚을 지도록 방치되었는지 의아해할 것이다. 여왕은 일단의 경제학자들에게 어떻게 이런 일이 발생할 때까지 아무도 몰랐냐고 물을 것이다. 그러면 비주류 학자들이 손을 들고 "우린 알고 있었죠"라고 하겠지만 아무도 이들을 주목하지 않을 것이다. 도이치뱅크Deutsche Bank의 수석연구원인 짐 리드Jim Reid는 "국가의 채무가 많고 재정적자가 심할 때 충격적 위기가 올 가능성이 높다"[6]라고 경고한다. 우리는 지금 전시를 제외하고는 한 번도 경험해보지 못한 시대에 살고 있는 것이다.

어떤 일이 발생하든 정부는 결국 이를 해결하기 위해 세금을 동원할 것이 확실하다.

현재 발생한 채무의 상환은 아직 태어나지도 않은 후세대의 몫이 될 것이다. 빚이 쌓여가도 이들은 투표를 통한 발언권이 없다. 자신들의 세금으로 오늘날 발생한 채무를 상환해야 한다. 만일 빚을 못 갚으면 그 대가도 이들이 짊어져야 한다.

채무는 미래로 이월되는 세금이자, 미국 독립운동가들이 쓴 표현을 빌리면 대표 없는 과세다.

인플레이션세

> 있는 사람에게는 더 주어 넘치게 하고, 없는 사람은 가진 것까지도 빼앗길
> 것이다.
>
> <마태복음> 13장 12절

르네상스 시대에 다재다능했던 니콜라우스 코페르니쿠스^{Nicolaus Copernicus}는 그것이 "서서히 퍼진다"[7]라고 했다. "안 보이기"[8] 때문이다. 케인스는 그것이 생기면 "100만 명 중의 한 명도 알아차리기 어렵다"[9]라고 했다. 그것은 발표도 없고 보이지도 않고, 얼핏 다른 걸로 오해된다.

하지만 이것은 화폐 그 자체만큼이나 오래되었다. 역사를 통해 보면 고의든 아니든 통치자들은 재정 상태가 어려우면 이것에 의지했다. 이것을 제대로 이해하는 사람은 별로 없지만 고대 로마제국, 오스만제국, 로버트 무가베^{Robert Mugabe} 대통령의 짐바브웨, 그리고 오늘날 전 세계에서 이것을 이용한다.

바로 인플레이션이다.

부채와 마찬가지로 인플레이션은 공식적인 세금은 아니다. 그렇지만 분명히 존재한다. 고의로 전파되곤 하는데 효과 면에서 사실상 세금과 같다. 한 집단의 부를 몰수해서 다른 집단으로, 즉 봉급생활자나 예금가입자의 부를 국가로, 채권자의 부를 채무자에게로, 피고용인의 부를 고용인에게로 옮기는 역할을 한다. 경제학자 헨리 해즐릿^{Henry Hazlitt}

은 "인플레이션은 특별나게 나쁜 세금이다"[10]라고 했다. 밀턴 프리드 먼도 같은 취지로 말했다. "처음에는 해가 없고 심지어 유익하게 느껴지는 숨은 세금이다. 법 제정 없이도 부과할 수 있는, 정말로 대표 없는 세금이다."[11]

현시대는 엄청난 수준의 세금과 채무 외에 인플레이션 측면에서도 이례적이다. 글로벌 파이낸셜 데이터베이스Global Financial Database에서 일하는 통계학자 브라이언 테일러Bryan Taylor 박사는 "20세기에는 그 어느 때보다 더 많이, 더 나쁜 인플레이션이 발생했다. 거의 모든 나라가 고통받았고"[12] 그 여파가 21세기까지 지속되었다.[13] 채무상환 능력이 안 되거나, 프리드먼이 말했듯 "전쟁을 치를 자금이 필요할 때"[14] 정부는 인플레이션 정책을 실시한다.

사람들은 인플레이션이라는 단어를 잘못 이해하고 있다. TV 방송에서 출연자들이 지금 겪고 있는 게 인플레이션인지 디플레이션인지를 놓고 토론하는 걸 가끔 볼 수 있다. 그런 토론이 결론을 못 내는 이유는 인플레이션을 각자 다르게 이해하기 때문이다. 보통 인플레이션은 '가격 상승', 디플레이션은 '가격 하락'으로 정의하지만 무엇의 가격이 상승하고 하락한다는 것인가? 중앙은행은 인플레이션 측정 시 주택과 금융자산의 가격 상승은 제외하면서 생산성 향상으로 가격 하락이 발생하기 쉬운 특정 소비재는 포함시킨다.

명확히 하기 위해 이 책에서는 인플레이션을 전통적 의미, 즉 통화 공급 및 대출 확대로 인한 물가상승의 의미로 사용하고 있음을 밝혀둔다. 경제학자는 '통화공급의 팽창' 또는 '인위적인 경기부양책'이라는 용어를 사용할 수도 있고, 역사학자는 '화폐가치 하락'이라고 할 수도 있다. 어떤 용어를 사용하든 그 과정은 동일하다.

금융기법이 발달함에 따라 통치자들이 화폐가치를 하락시켜 '인플레이션세'를 부과하는 기법도 발달했다. 로마 황제들은 소위 '동전 깎기'로 동전에 함유된 금과 은의 함량을 줄였다. 중세의 왕들도 같은 방법을 썼다. 서유럽 국가들은 1914년 한 단계 더 나아가 전쟁 비용을 충당하기 위해 화폐에서 금과 은의 보장을 완전히 없애버렸다. 독일 바이마르공화국, 제2차 세계대전 후의 헝가리와 짐바브웨는 어떤 지급보장도 없이 말 그대로 화폐를 찍어냈다. 오늘날의 중앙은행들은 이자율을 억누르고, 모호한 인플레이션 정책을 펴면서, 양적 완화 정책을 실시한다. 방법은 다르지만 의도는 변함없다. 즉, 돈의 가치를 떨어트려 부채의 가치가 줄어들면 정부의 상환 부담이 가벼워진다는 것이다. 하지만 동시에 화폐 보유자의 재산 가치도 줄어든다.

19세기 안정적인 금본위제하에서는 인플레이션이 거의 발생하지 않았다. 유럽과 미국에서 제1차 세계대전 발생 이전 100년 동안 물가는 사실상 하락했다. 미국의 경우는 40퍼센트까지 하락하기도 했다.[15] 이 기간 중 소비자물가 데이터가 완벽하게 존재하는 국가는 영국이 유일한데 19세기 말의 소비자물가는 19세기 초보다 30퍼센트 하락했다.[16] 두 나라 모두 온건한 수준의 인플레이션과 디플레이션을 겪기도 했지만 오래가지는 않았다. 미국의 경우 남북전쟁 중 인플레이션이 발생했다가 디플레이션을 겪고 난 후 다시 금본위제로 돌아갔다. 남부연합이 전쟁 비용을 마련하기 위해 화폐를 찍어내자 패전국에 흔히 볼 수 있는 심각한 인플레이션이 발생했고 결국 화폐제도가 붕괴되었다.

채무를 제외하고 한 국가가 발행할 수 있는 화폐의 양은 느슨하게나마 금고에 보관된 금이나 은의 가치와 연동되어 있었다(물론 꼭 이렇게 안 해도 방법은 있었다). 따라서 화폐의 양을 늘리는 방법은 금을 더 채굴하거나 다른 나라의 금을 빼앗는 방법밖에 없었다. 결국 화폐공급량에 한도가 있어서 물가는 시간을 두고 매우 완만하게 올랐으며(채무 발생 가능성에 따라 변하기는 하지만) 장기간으로 보면 변화가 없거나 오히려 하락했다. 화폐의 구매력이 상승하면 소비자와 노동자가 권력을 갖게 된다.

그러나 1914년 이후 100년간 너무 많은 돈이 발행되어 대부분의 통화는 구매력이 95퍼센트, 심한 경우에는 99퍼센트까지 감소되었다. 1914년의 1페니는 오늘날의 1파운드 이상의 가치가 있었다.[17] 카르멘 라인하트Carmen Reihhart와 케네스 로고프Kenneth Rogoff 교수는 세계 평균 물가가 100년 전보다 30배 이상 올랐다고 분석했다.[18]

이런 변화는 제1차 세계대전이 원인이 되어 1910년 이후부터 발생했다. 1914년에 영국, 프랑스, 독일은 금본위제를 포기하고 전쟁 준비를 위한 돈을 찍어내기 시작했다. 이 국가들이 금본위제를 포기하지만 않았어도 제1차 세계대전은 그렇게 오래가지 못했을 것이다. 금은 한정되어 있으니 말이다. 신선한 생각 아닌가? 화폐가치의 하락, 즉 인플레이션 때문에 제1차 세계대전이 가능했다. 화폐가치 하락으로 그렇게 끔찍한 일이 발생했고 장기간에 걸쳐 영향을 미쳤다고 연결시켜 생각하는 사람은 거의 없다. 영국은 제1차 세계대전 비용으로 진 빚을 최근에야 다 갚았다. 그러나 전쟁으로 희생된 생명에 비하면 돈은 아무것도 아니다.

영국은 1925년에 금본위제로 회귀했으나 1931년에 다시 포기한다. 대공황은 2년 후인 1933년에 절정을 맞이한다. 영국의 물가는 그 후로 2009년 한 해만 빼고 계속 상승해서 2010년에는 1934년보다 60배가 올랐다.[19]

미국 달러화는 금본위제를 유지했고 타국의 통화는 1944년 브레턴 우즈 협정Bretton Woods Agreement에 의거, 달러화에 연동되었다. 이 체제로 한동안 통화량 증가가 억제되었지만 1971년에 미국도 결국 금본위제를 포기한다.

20세기 초반 전 세계의 통화량은 70억 달러였으나 1971년에 미국 통화량만 4,800억 달러에 달했다. 현재는 15조 5,000억 달러로 1971년 대비 30배, 1900년과 비교하면 2,200배가 늘었다.[20] 미국 GDP는 1971년 대비 16배가 늘었고 인구는 2억 700만 명에서 3억 2,500만 명으로 60퍼센트가 늘었지만 통화량은 그보다 훨씬 많이 늘었다.

영국의 경우 1971년에 전체 통화량은 310억 파운드였으나 현재는 2조 8,000억 파운드다.[21] 90배가 증가했다. 같은 기간 영국의 GDP는 17배 증가했고 인구는 5,500만 명에서 6,600만 명으로 증가했다. 통화량의 증가가 경제성장 및 인구증가를 훨씬 앞섰다.

영국에서 인플레이션이 눈에 안 띄게 가장 많이 발생한 분야는 주택 가격이다. 1290년부터 1939년 사이의 649년간 영국의 주택 가격은 887퍼센트 상승했다. 얼핏 많아 보이지만 649년이라는 기간으로 계산해보면 연 0.4퍼센트 상승이며 이는 동일 기간에 추가로 채굴된 금의 양과 대략 비슷하다. 물가상승률을 감안하면 사실상 49퍼센트 하락했다. 그런데 1939년부터 현재까지 주택가격은 4만 1,363퍼센트(연평균 8퍼센트) 증가했다.[22] 이렇게 주택 가격이 상승한 원인은 다른 나라와 마찬가지로 통화량이 늘어났기 때문이다.

　주택 가격의 상승 원인이 인구 증가에 비해 새로운 주택 공급이 부족하기 때문이라는 사람들도 있다. 그러나 1997년부터 2007년 사이에 인구는 5퍼센트 늘었지만 주택 공급은 10퍼센트 증가했다.[23] 단순히 수요와 공급의 법칙으로 주택 가격이 책정된다면 그 기간 동안 주택 가격은 하락해야 했다. 그런데 세 배로 뛰었다.[24] 같은 기간 중 주택담보대출이 370퍼센트 증가했는데 대략 주택 가격 상승폭과 비슷하다.[25] 대출 증가로 인한 통화량 증가가 주택 가격 상승의 원인이었다. 주택 가격 상승은 체제가 뒤집어질 정도로 막대한 부의 이전을 낳는다.

　요즘 젊은 세대는 주택 구입이 불가능하다고 생각하여 스스로를 렌트 세대라고 부른다. 사실 집 짓는 데 큰 비용이 들지 않고 영국에는 아직도 95퍼센트의 토지가 미개발지인 점을 생각하면[26] 전혀 납득되지 않는 상황이다.

　숫자만 놓고 본다면 화폐 구매력은 엄청나게 감소했다. 그러나 이는 오랜 기간에 걸쳐 인플레이션이 누적된 결과다. 인플레이션 진행 과정이 점진적이라 거의 알아차리지 못할 뿐이다. 1914년 이후 화폐가치는 이자를 포함해도 매년 3~5퍼센트 떨어졌다. 이자를 제외하면 첫해의 1만 달러는 둘째 해에는 9,600달러의 가치밖에 갖지 못하며 셋째 해에는 9,216달러로 감소한다. 5년이 지나면 8,500달러가 되고 7년 후에는 7,800달러 정도 된다. 매년 화폐의 구매력이 감소한 것이다. 20세기에 구매력을 가장 잘 유지한 화폐는 스위스프랑이다. 가장 늦게 1999년까지 금본위제를 고수했다.

"느끼지 못할 수도 있지만, 긴 역사에서 보면 우리는 인플레이션 시대를 지나고 있다"라고 도이치뱅크의 짐 리드는 말한다.

평균 임금도 상승했지만 화폐 구매력이 더 크게 감소했다. 그러므로 사실상 해마다 임금이 줄어든 셈이다. 깎인 임금은 대출을 더 받거나, 더 많은 시간을 일해 채운다. 전에는 외벌이로도 중산층 생활이 가능했지만 소득 감소를 보충하기 위해서 맞벌이를 하지 않으면 안 된다. 아이도 많이 낳을 수 없다. 그래서 우리 세대의 많은 사람들, 특히 중하층 서민들이 세금과 인플레이션 사이에 끼어 고통받으면서 갈수록 어려워지고 아버지 세대보다 가난해지는 특이한 상황을 맞고 있다.

인플레이션을 억제할 책임이 있는 중앙은행은 주로 이자율을 올리는 방법으로 통제한다. 그러나 인플레이션을 측정하는 지표인 소매가격지수Retail Price Index와 소비자물가지수Consumer Price Index는 일부 생필품의 가격만 측정한다. 경제의 다른 분야는 전혀 고려하지 않는다. 예를 들어 부동산이나 금융자산의 가격은 제외된다. 중앙은행이 아직 인플레이션을 우려할 수준이 아니라고 발표하고 이자율을 낮춰 대출을 장려하면 또다시 인플레이션이 반복된다.

통화량 팽창분을 제대로 반영했다면 2000년대의 이자율은 두 배로 높아야 정상이었고 그러면 집값 거품은 발생하지 않았을 것이다. 2008

년 경제위기 후에는 한발 더 나아가서 이자율을 0퍼센트에 가깝게 삭감하고 양적 완화를 도입했다. 이런 사례는 위기가 닥치면 인플레이션을 발생시키려는 집권 정부의 본능을 잘 보여준다.

이런 수단들을 동원해서 화폐가치를 하락시키고 인플레이션세를 강제로 부과한다. 궁극적 목적은 언제나 채무액, 특히 국가 채무액의 가치를 감소시켜 예산집행을 용이하게 하기 위함이다. 인플레이션은 국민의 부를 정부로 이전시키는 효과가 있다. 블라디미르 레닌^{Vladimir Lenin}은 "지속적인 인플레이션을 통해 정부는 눈에 띄지 않고 은밀하게 시민의 재산 대부분을 몰수할 수 있다"라고 말했다.[27]

인플레이션으로 덕을 보는 분야도 있다. 당신이 자산을 보유하고 있거나, 새롭게 창출된 통화를 굴려 이익을 얻는 금융업 같은 업종에 종사하고 있거나, 뉴욕 또는 런던의 부동산을 보유하고 있다면 엄청난 부를 얻을 것이다. 그러나 대부분의 젊은이들처럼 당신에게 이런 자산이 없다면 뒤처지게 되고 빈부 격차는 점점 커진다. 정부 지출이 크게 늘어날 때 인플레이션이 가장 심하게 나타나므로 정부가 빈민구호 지원액을 늘리면 가난한 사람이 더욱 가난해지는 슬픈 모순이 발생한다. 케인스는 "기존 사회기반을 뒤집는 가장 절묘하고 확실한 수단은 화폐가치를 하락시키는 것이다"라고 주장했다.[28]

1장에서 콜베르가 "최고의 징세 기술은 가장 적은 고통으로 가장 많은 거위털을 뽑는 것과 같다"라고 한 말을 다시 한번 생각해보자. 국민들에게 아무런 발표도 하지 않고, 잘 드러나지도 않으며 이해도 잘 안 되는 인플레이션세는 거위가 소리 없이 털을 뽑히는 것과 같다. 코페르니쿠스가 말했듯 인플레이션세는 서서히 빠져나가기 때문에 스텔스 세금(레이더에 포착되지 않고 침투하는 스텔스 전투기처럼 납세자가 징세 사실을 인지하지 못하는 세금을 의미함 – 옮긴이) 중에서도 가장 교묘한 세금이다.

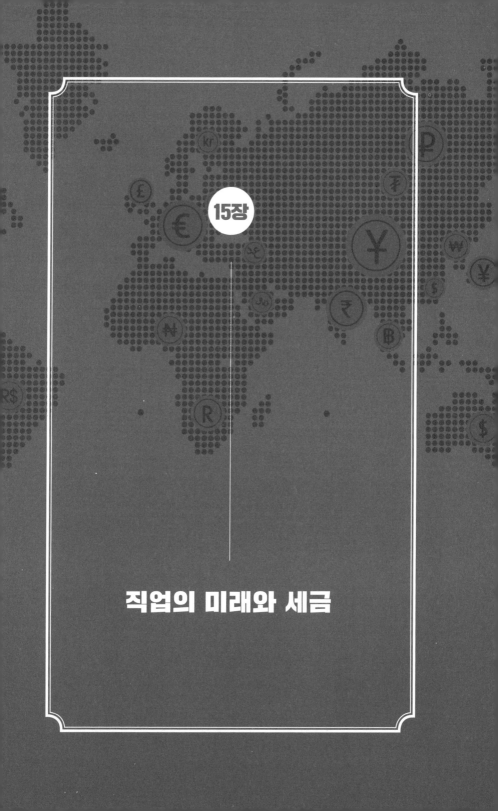

15장

직업의 미래와 세금

> 사람들의 일자리를 빼앗는 로봇도 세금을 내야 한다.
>
> 빌 게이츠(2017)[1]

우리는 경제적으로 대변혁의 시대에 살고 있으며 이에 맞춰 조세제도도 변혁을 겪을 것이다. 이는 우리가 지배받는 방식이 바뀐다는 뜻이다. 어떤 미래가 펼쳐질지 우선 직업부터 살펴보자.

우리가 보았듯이 소득세는 정부의 가장 큰 수입원이다. 그런데 예산집행이 목적이든 부채상환이 목적이든 정부는 더 많은 세수입이 필요하나 현 상태로는 소득세 징수가 점점 더 힘들어질 것이다. 고용인과 피고용인의 관계가 변화하고 있기 때문이다. 전통적인 형태의 고용은 사라지고 긱 경제^{gig economy}(임시직 경제)가 부상하고 있다.

임시직, 즉 단기 계약직이나 프리랜서로 일하는 사람들의 숫자는 발표하는 기관에 따라 차이가 크다. 미국의 노동통계국^{Bureau of Labor Statistics}은 전체 고용인구의 10퍼센트가 임시직이라고 한다.[2] 다른 기관은 훨씬 더 수치가 높은데 긱 경제 데이터 허브^{Gig Economy Data Hub}는 27퍼센트라고 주장한다.[3] 매킨지[McKinsey] 컨설팅도 비슷한 숫자를 제시하고 있으며 연방준비위원회[Federal Reserve]는 31퍼센트, 프리랜서 조합[Freelancers Union]은 36퍼센트로 추정한다.[4] 그런가 하면 링크드인[LinkedIn]은 40퍼센트가 넘을 것이라고 추측한다.[5] 이렇게 수치가 다른 것은 긱 경제에 대한 정의가 각각 다르기 때문이다. 정확한 숫자를 산출하기 훨씬 어려운 불법체류 노동자까지 여기에 포함한다면 더욱 복잡해질 것이다. 언스트앤영[Ernst & Young]에서 작성한 미국 임시직 노동력에 대한 연구보고서가 그나마 현상을 가장 잘 설명한 것으로 보인다. 이 보고서는 최근 미국 노동자 다섯 중 한 명이 임시직이며 시간제 노동자까지 포함하면 40~50퍼센트까지 늘어날 걸로 예측한다.[6] 어떤 숫자를 믿건 이것만은 확실하다. 긱 경제는 성장 중이며 그것도 매우 빠르게 성장하고 있다. 2015년 이전 10년간 66퍼센트가 증가했으며[7] 그 이후는 더 빨리 증가했다.

이것은 전 세계적인 현상이다. 영국에서는 2000년 이후 자영업자 비중이 50퍼센트 늘었지만[8] 피고용인은 6퍼센트 남짓 증가했다.[9] 런던은 영국에서 가장 선구적인 도시로, 여기서 나타나는 현상이 시차를 두고 다른 지역에서 그대로 나타난다. 런던의 긱 경제는 2010년 이후 73퍼센트 증가했다.[10] 2017년에 영국 노동자 중 15퍼센트 이상이 자영업자로 나타났으나[11] 시간제 노동자까지 계산하면 그 비율은 훨씬 높아진다. 유럽과 호주, 그리고 아시아 대부분 국가에도 비슷한 수준의 성장을 보이고 있다.

노동자를 착취하고 정당한 고용 보호를 제공하지 못한다는 이유로 긱 경제를 비판하는 사람들도 있고 반대로 선호하는 사람들도 있다.

설문조사를 해보면 일반적으로 고용된 사람들보다 자기 사업을 하는 사람들의 만족도가 높게 나온다. 링크드인의 조사에 따르면 프리랜서의 67퍼센트는 지금 하는 일에 만족하거나 매우 만족하며[12] 대다수는 임시직으로 일하면서 경력개발을 하겠다고 답했다.[13] 이들은 유연하게 몇 개의 일을 동시에 할 수 있는 임시직이 좋다고 응답했다. 여기서 긱 경제가 옳다 그르다를 따지지는 않을 것이다. 중요한 것은 긱 경제가 성장 추세에 있다는 점이다. 다른 대안이 없어서든 임시직 생활이 좋아서든 아니면 둘 다든 점점 더 많은 노동자가 임시직을 택하고 있다. 링크드인 조사에 따르면 프리랜서의 81퍼센트는 계속 임시직으로 일할 것이라고 대답했다. 언스트앤영에 따르면 2030년이 되면 정규직 노동자의 50퍼센트는 임시직으로 채워질 것이라고 한다.[14] 이는 세계적인 현상이 될 것이다.

고용주들 역시 긱 경제를 선호한다. 장기근로계약에 얽매이지 않아 유연성이 높다. 임시직은 획기적으로 비용(대부분 세금이다)과 정직원 고용에 따른 부담을 줄여준다. 이렇게 절감된 원가는 소비자에게 혜택으로 돌아간다. 가격이 저렴해지니 소비자들 역시 좋아한다. 우버는 긱 경제를 채택해서(보는 사람에 따라 착취라고 할 수도 있다) 소비자가 좋은 품질에 저렴한 택시를 이용할 수 있다. 마찬가지로 아마존 고객도 값싼 제품을 집에서 받아볼 수 있다. 긱 경제를 장려하고 이용하는 기업은 저렴한 가격에 우수한 서비스를 제공할 수 있기 때문에 기존 사업 형태를 고수하는 기업보다 훨씬 더 크게 성공한다.

1990년도 실리콘밸리의 가장 큰 세 개 회사의 시가총액은 360억 달러였고 종업원 수는 100만 명이 넘었다. 오늘날 가장 큰 기업인 페이스북(정규직 2만 5,105명),[15] 구글(정규직 8만 8,000명),[16] 애플(정규직 12만 3,000명)[17]의 종업원 수는 1990년 대비 25퍼센트에 불과하지만 시가총액은 오늘 기준가로 60배가 많은 2조 2,000억 달러다. 세계에서 가장 큰 택시회사인 우버는 직원이 1만 6,000명에 불과하며[18] 세계 최대 숙박업체인 에어비앤비는 9,053명이다.[19] 이를 전통 산업의 종업원 수와 비교해보자. 월마트는 230만 명, 미 국방부는 300만 명, 폭스바겐은 60만 명 이상이다.

기존의 과세하기 쉬웠던 고용자-피고용자 관계는 점점 사라지고 있다. 이는 고용세employment tax와 급여세payroll tax의 감소를 의미하며 세금징수가 더욱 어려워진다는 뜻이다. 현재로서는 임시직의 세금을 원천징수할 방법이 없다. 고의든 아니든 탈세 가능성이 많아졌다. 미 국세청은 연간 4,500억 달러의 미납 세금 중 44퍼센트는 불성실한 소득신고 때문이라고 한다.[20] 미국 프리랜서의 69퍼센트는 자신이 속한 '공유경제 플랫폼'에서 세금 관련 어떤 도움도 받지 못했으며, 36퍼센트는 어떤 서류를 보관해야 하는지 모르며, 34퍼센트는 분기별로 소득신고를 해야 한다는 것조차 모르고 있었다.[21]

영국 노동조합총연맹Trades Union Congress: TUC 사무총장인 프랜시스 오그래디Frances O'Grady는 주장했다. "임시직의 엄청난 상승은 노동자에게 좋지 않다. 정부 재정에도 커다란 구멍이 뚫린다. 0시간계약zero-hours contract(고용주가 직원에게 최소 근무 시간을 제공할 의무가 없는 고용 계약 – 옮긴이)과 자영업자의 낮은 소득으로 인해 매년 수십억 파운드의 세수 차질이 발생한다. 이 세금은 무너지는 교육과 의료 체계를 다시 일으켜 세우고 노인들이 제대로 된 의료 서비스를 받는 데 썼어야 할 돈이다."[22]

이 말은 일부만 맞다. 정부가 세수입의 감소를 겪는 것이지 경제가 손실을 입는 게 아니다. 긱 경제로 기업은 좋은 품질의 상품을 저렴한 가격에 공급할 수 있기 때문에 경제 전체로 수십억 파운드가 절약된다. 정부에 내는 비용이 생략되기 때문에 경제가 성장한다.

테리사 메이[Theresa May]는 총리 재임 기간에 정치 전략가 매슈 테일러[Mathew Taylor]에게 현재의 고용 관행을 검토하는 임무를 맡겼다. 테일러는 자영업 종사자가 같은 일을 하는 봉급생활자보다 연 2,000파운드의 세금을 덜 낸다고 발표했다.[23] 평균적인 노동자가 2만 7,500파운드를 벌어 소득세와 건강보험료로 5,300파운드를 내는 것을 감안하면 이는 결코 적은 손실액이 아니다.[24] 게다가 고용주의 분담금도 감소되니 추가적인 손실이 발생한다. 재택근무 자영업자가 늘어날수록 점포가 필요 없어지므로 사업세[business rate](사업용 부동산에 부과되는 재산세의 일종 – 옮긴이) 수입도 당연히 감소한다.

한마디로 긱 경제가 성장할수록 정부의 세수입은 줄어든다. 이에 대한 해결책은 프리랜서의 세금을 늘리고 이들을 고용하는 사업주에 대한 규제를 강화하는 것이다. 영국은 이미 기업에 고용되어 일하는 프리랜서의 세율을 인상했다. 또한 자영업자의 부가세 납부 세율도 조정되었다. 한편 우버나 택배업체인 헤르메스는 정규직과 임시직의 개념을 다시 정립하라는 법원의 압력을 받고 있다.

내 예상으로는 영국 세무당국이 플랫폼 기업에서 프리랜서의 추정

소득을 우선 원천징수하고 노동자는 나중에 비용 증빙을 제출해서 차액을 환급받는 미국식 정산제도를 결국에는 만들어낼 것 같다. 이렇게 되면 세금징수 의무가 공유경제 플랫폼 업체로 넘어가고 이들 업체는 어떻게든 이를 피하려 노력할 것이다. 한 국가에서 잘 시행되면 다른 국가도 따라 할 것이다. 그러나 이것은 결코 쉬운 일이 아니다. 플랫폼을 통하지 않는 임시직 고용도 많다. 노동에 대한 대가를 지급하는 시점에 추정 세금을 징수하는 자동화 시스템이 도입될지도 모르지만 이역시 쉬운 일이 아니며 잘못하면 수많은 개인의 자유를 침해하는 문제를 야기할 수 있다. 설사 이런 법안이 통과된다고 해도 전통적 기업에서 정기적으로 원천징수하는 것보다 훨씬 골치 아플 것이다. 정부는 세금을 쉽게 거둘 방법을 다른 쪽에서 찾아야 할 것이다.

디지털 노마드족은 새로운 형태의 비거주자

> 모험을 찾아 떠난 기사가 세금, 조공, 관세, 통행세 내는 거 봤소?
>
> 미겔 데 세르반테스Miguel de Cervantes, 《돈키호테Don Quixote》(1833)[25]

그들의 직업은 웹 디자이너, 웹 개발자, 그래픽 디자이너, 프로그래머, 무역업자, 블로거, 콘텐츠 크리에이터, 교사, 번역가, 컨설턴트 등이다. BBC는 디지털 노마드족을 '정해진 거주지가 없는 신흥 엘리트층'이며 독립적인 개인들로 이루어진 계층이라고 정의한다.[26]

2035년이 되면 디지털 노마드족이 10억 명은 될 거라고 사업가이자 그 자신도 디지털 노마드족인 피터 레벨스^{Pieter Levels}는 주장한다.[27] 10억이 터무니없는 숫자라고 생각할 수 있지만 그의 논리를 들어보면 오히려 적게 느껴질 것이다. 그는 다음과 같이 설명한다.

우선 젊은이들, 특히 대졸자가 자기 나라에서 전망 좋은 직업을 구하기가 어렵다. 반면에 선진국의 주택 가격은 너무 급등해서 많은 사람들, 그중에서도 1985년 이후 태어난 젊은이들이 집을 살 가능성이 희박해졌다. 자신이 버는 세후수입과 주택 가격이 너무 차이가 나서 집을 살 수도 없고 아예 사려 하지도 않는다. 대신 월세를 택한다. 선진국은 전반적으로 주택보유율이 하락하고 있다. 그러나 유럽 출신의 디지털 노마드족이 남미나 남아시아에 산다면 그 절반의 급여로도 두 배 이상 쾌적한 주거환경을 누릴 수 있다. 별로 안 좋은 주거환경에서 평생 빚의 노예로 사는 생활과 전 세계를 돌아다니면서 역동적인 삶을 사는 생활 중 택일하라면 후자를 택하는 사람들이 많다.

가치관이 바뀌었다. 지금은 물질보다 경험을 중시하는 자산 경량화 세대^{asset-light generation}의 시대다. 렌트 세대는 롤스로이스를 렌트할 망정 사지는 않는다. "집 가진 사람은 부자 아니면 노인입니다"라고 레벨스가 비웃듯 말한다. "우리는 집이 필요 없어요. 귀찮게 왜 사요?"[28] 물질은 자산이 아닌 짐이다. 그들도 부는 원하지만 소유하려고 애쓰지 않는다. 그들은 실물경제에서 일하지 않는다. 기회가 훨씬 더 많은 디지털경제에서 일한다. 디지털경제에서 장소는 중요하지 않다. 디지털 노마드족은 배낭에 딱 필요한 것만 넣고 전 세계를 돌아다닌다.

주택보급률뿐 아니라 혼인율도 감소하고 있다. 1960년대는 70퍼센트, 1990년대는 60퍼센트 후반을 보이다 현재는 50퍼센트 전후 수준이다. 직업, 집, 가정처럼 젊은 세대를 한 장소에 묶어두었던 속박이 사라지고 있다.

주택 가격은 엄청나게 상승했지만 여행 비용은 큰 폭으로 감소했고 계속 감소 중이다. 국제선 가격은 1940년대에 비하면 20분의 1 수준이며 1980년대의 4분의 1에 불과하다.[29] 항공 연료 가격은 1998년보다 10배 올랐지만[30] 여행 비용은 아직도 50퍼센트 저렴하다.[31] 계속해서 하락할 뿐 아니라 점점 좋아지고 있다. 조만간 우리는 유럽에서 극동까지 네다섯 시간이면 갈 걸로 예상한다.

인터넷 속도는 빨라지고 가격은 더 싸진다. 곧 5G 또는 6G 시대가 올 것이다. 더 먼 거리에서 원격으로 근무하는 사람들이 점점 늘어나고 있다. 전 세계적으로 70퍼센트의 노동자가 최소 주 1회 원격근무 또는 재택근무를 하고 있다고 스위스의 사무실 공유 업체인 IWG가 최근 조사에서 밝혔다(임시직이 아닌 정규직을 대상으로 한 조사였다).[32] 원격근무자의 70퍼센트는 지난 4년 사이에 원격근무를 시작했다고 한다.[33] 80퍼센트 이상의 응답자가 원격근무를 선호했고[34](어떤 조사에 따르면 90퍼센트라고 한다)[35] 가능한 한 계속 이렇게 근무하고 싶다고 대답했다. 흥미로운 점은 94퍼센트의 응답자가 다른 사람에게도 원격근무를 추천했다는 점이다.[36] 원격근무는 긱 경제의 성장에 직접적으로 영향을 미쳤다. "처음에는 집에서 일하다 따분하고 외로워지면 커피숍에 가고 그다음에는 여기저기 돌아다니기 시작하는 거죠"라고 레벨스는 말한다.[37]

브루킹스연구소Brookings Institution에 따르면 전 세계 인구의 절반 이상은 중산층 이상이다.[38] 유럽이나 북미의 20~30대 젊은이들이 아시아, 아프리카, 남미 구석구석 다니며 여행하듯, 거꾸로 아시아, 아프리카, 남미의 젊은이들도 여행의 매력에 빠져 유럽과 북미 등을 여행한다. 디지털 노마드 현상은 전 세계적 추세다. 팀 페리스Tim Ferriss의 자기계발서 《나는 4시간만 일한다The 4-Hour Workweek》는 뉴욕타임스 베스트셀러 목록에 4년 이상 머물렀고 세계 35개 언어로 번역되어 150만 부 이상 팔린 책이다.[39] 이 숫자를 보면 이런 삶을 원하는 사람들이 얼마나 많은지 짐작이 갈 것이다. 이미 디지털 노마드족 전용 SNS가 생겨 수백만 명이 가입했으며 크라우드소싱Crowd Sourcing으로 데이터를 축적하고 각지의 가볼 만한 장소를 소개하는 비교 사이트까지 만들어져 있다. 이런 현상은 갈수록 더 넓게 확산될 수밖에 없다.

2035년 세계 인구는 90억 명으로 예상된다. 이 중에서 노동인구는 60억 명으로 추산되는데 그중 절반이 프리랜서일 거라고 레벨스는 말한다.[40] 프리랜서의 3분의 1을 노마드족으로 잡으면 2035년에 디지털 노마드족은 10억 명에 이를 것이다. 이 숫자가 늘지 않을 이유가 있을까? 노마드의 생활은 꽤 괜찮다. 임금, 세금, 모기지 대출의 노예가 되지 않는다. 자녀들이 성장하면 나 자신도 노마드족에 합류할 생각이다. 온 세상을 보고 싶지 않은 사람이 어디 있을까?

디지털경제는 실물경제보다 훨씬 빠른 속도로 성장하고 있다. 그러므로 다른 어디에서도 찾을 수 없는 기회가 노마드족에게 열리고 있다. 사람들은 기회가 생기면 쫓아간다. 항상 그래왔다. 디지털경제는

1980~1990년대에 생겨났지만 인터넷이 도입되면서 본격적으로 궤도에 올랐다. 디지털 회사의 가치는 아날로그 시대의 라이벌과는 비교할 수 없을 정도로 크다. 매출액은 월마트가 더 많을지 모르지만 시가총액은 아마존이 훨씬 크다. 주요 선진국 경제는 기계나 건물 같은 유형자산보다 디자인, 브랜드, 소프트웨어 같은 무형자산에 더 많이 투자하고 있다. 볼 수도 없고 만질 수도 없는 자산에 미래의 부가 있다. 변화가 있는 곳에 디지털경제가 존재한다. 디지털 노마드족은 거기서 일자리를 찾는다.

긱 경제하에서 유연성과 저비용 혜택을 누리듯 노마드족의 생활도 마찬가지다. 주택담보대출도 없고 점포도 없다. 생활비도 선진국보다 적게 든다. 게다가 가장 큰 비용, 즉 국가에 내는 돈을 안 낸다. 카운슬세, 급여세, 건강보험료가 없다. 부가세도 머무르는 국가에 따라 훨씬 적을 수 있다. 소득세는 얼마나 내야 할까? 낸다면 누구에게 낼까?

세법은 이 새로운 경제가 생기기 전에 만들어졌다. 엄밀히 따지면 사람들이 거주하는 국가에 세금을 내야 한다. 그런데 거주민이 되기 위해서는 연간 183일 이상 한 국가에 머물러야 한다. 노마드족은 훨씬 전에 다른 곳으로 이동한다.

국적에 따라 세금을 내는 경우도 있다. 해외 거주 미국인은 본국에 세금 신고를 해야 한다(세금수입을 지키기 위한 링컨 대통령의 확고한 의지 덕택이다). 그렇지만 대부분의 국가는 그런 법 조항이 없다. 영국인이 영국을 떠나 태국에 머무는 동안 이스라엘에 있는 회사로부터 일감을 수주해서 브라질에 가서 작업을 하고 멕시코에 가서 임금을 받는다면 세금을 누구한테 내야 하는지 명확하지 않다. 비용처리도 마찬가지다.

디지털 노마드족에게 가장 골치 아픈 건 소득세 처리다. 누구한테 얼마나, 어떻게 내야 할까? 자신의 모국에 내기도 하고 그 과정이 너무 복잡해서 아예 안 내는 사람도 있다. 할 수 있다면 고의로 탈세를 하거나 합법적으로 세금을 안 내는 방법을 찾기도 한다. 이들은 집값이 비싸고 기회가 없는 조국에 의무감을 거의 못 느낀다. 거기 살지도 않고 돌아가더라도 오래 머물 생각이 없다. 사회보장제도도 이용하지 않는다. 아이도 없고 결혼도 안 했으며 투자한 것도, 속박할 자산도, 그 어떤 소유권도 없다. 그런데 왜 세금을 내야 할까?

세금이 점점 많아짐에 따라 의도치 않게 더 많은 사람들이 디지털 노마드족으로 내몰릴 수 있다. 지난번 총선 직전에 나는 '@paulypilot'라는 트위터 계정에서 다음과 같은 글을 우연히 보았다. "나는 집에서 인터넷으로 일한다. 영국 세금이 공정하기 때문에 기꺼이 낸다. 만약 세금이 오르면 난 떠날 거다. 그럼 국가는 한 푼도 못 벌겠지."[41]

"폭풍 공감!" 같은 댓글이 엄청 많이 달렸다. '@paulypilot'는 떠날 수 있는 여러 가지 방법을 제시했다. "실제로 출국하지 않고 소득만 영국에서 발생하지 않도록 해도 된다. 또는 영국, 덴마크, 노르웨이, 프랑스에서 몇 달 보내고 겨울에는 극동에서 보내면 된다." 이들이 세금을 안 내는 방법은 매우 많다. 국내에 없는 사람이나 계속 전 세계를 돌아다니는 사람에게 세금 신고 및 납부를 강요하는 건 매우 힘들다.

세금을 피해서 파나마, 모나코, 스위스 등을 돌아다니는 생활은 한때 엄청난 부자들의 전유물이었다. 하지만 기술의 발전, 특히 핀테크의 발전으로 이제는 누구나 할 수 있다.

일부 도시는 이들을 유치하려고 노력하고 있다. 중국의 티안푸는 이런 목적으로 1,580제곱킬로미터 내에 디지털 노마드족을 끌어들이기 위한 시설을 만들었다. 레벨스는 런던과 버밍엄 또는 뉴욕과 필라델피아는 차이가 많이 나지만 뉴욕과 런던은 공통점이 많다고 한다. 그는 노마드세와 세금우대조치를 법제화해서 이들을 유치하려는 도시가 많이 생길 것이라고 예상한다. 이렇게 되면 국가로부터 독립적인 국제도시가 생길 것이다.

이들도 나이를 먹고 가정을 꾸리면 정착할 것이다. 하지만 그 생활이 끝나는 건 아니다. 디지털 노마드족은 자녀를 적게, 그리고 늦게 가질 것이다. 레벨스에 따르면 가정을 꾸려도 기존 노마드 생활양식을 고수할 것이다. 그들은 여전히 독립적이다. 교육은 인터넷과 홈스쿨링 위주로 이루어질 것이다. 그렇게 되면 세금의 대가로 국가가 제공하는 서비스의 향후 역할에 의구심이 일어난다. 그리고 그들이 정착한다면 어디가 될까? 세금이 높고 생활비가 비싼 곳? 아니면 세금이 낮은 곳? 답은 뻔하다.

로봇이 우리의 일을 가로챌까?

세계경제포럼World Economic Forum의 창립자이자 회장인 클라우스 슈밥Klaus Schwab은 이를 4차 산업혁명이라고 부른다.[42] 아무도 그 영향이 어디까지 미칠지 모르지만, 로봇과 인공지능이 블루칼라와 화이트칼라 노동자들이(이 구분법도 시대에 뒤떨어졌지만) 맡았던 일들을 점점 대신하게 되면서 한 가지는 확실하다. 즉 과세하기 쉬운 전통적 형태의 고용은 더욱 붕괴될 것이라는 점이다.

인공지능, 머신러닝, 더 빠르고 강력한 컴퓨터, 로봇, 알고리즘, 3D 프린팅, 생명공학기술, 블록체인 등 어느 분야건 기술은 점점 발전하고 통합된다. 어떤 사람들은 수백만 명이 직장을 잃고 실직자가 되어 고통스럽게 살아갈 거라고 예측한다. 다른 사람들은 기계가 생산성을 높이고 부를 창조하여 더 많은 일자리를 창출할 것이라고 한다. 산업혁명으로 미숙련 공장노동자, 농장 일꾼, 하인, 노예들의 고된 일을 기계가 대신했듯 신기술이 경제 발전에 기여한다는 것이다. 일자리가 많아질까? 줄어들까? 아니면 단지 다른 종류의 일로 대체될까?

2013년에 옥스퍼드대학에서 실시한 연구는 "미국 일자리의 47퍼센트가 사라질 것"[43]이라고 결론지었다. 2015년에 영국 중앙은행은 영국 내 일자리의 절반이 '스마트머신'으로 대체될 것이며 미국에서는 8,000만 개의 일자리가 사라진다고 예측했다.[44] 2017년 매킨지는 좀 더 균형 잡힌 어조로 미국 내 51퍼센트의 직업이 "자동화에 영향받을 가능성이 있다"고 추정하며 여기에 해당하는 임금이 2조 7,000억 달러라고 밝혔다.[45] 세계 일자리의 30퍼센트인 8억 개의 일자리가 사라질 것이며 14퍼센트의 노동자는 직종을 바꿔야 할지 모른다고 한다.[46]

아무리 데이터를 근거로 했다고 하더라도, 이런 종류의 연구가 갖는 문제점은 아직 나타나지도 않은 현상에 대해 예측한다는 것이다. 가장 최근의 압도적인 기술혁명인 인터넷이 일자리에 미친 영향을 보면, 많은 일자리가 사라졌으나 더 많지는 않더라도 그만큼 새로운 일자리가 생겼다. 그리고 많은 직업의 성격이 변했다. 직장에서 20년 전에는 하지 않던 일을 지금은 해야 하고, 더 이상 하지 않아도 되는 일도 있다.

제프리 초서Geoffrey Chaucer가 1390년경에 지은 《캔터베리 이야기Canterbury Tales》는 24명의 순례자들이 런던에서 성 토머스 베켓St. Thomas Becket의 성지인 캔터베리 대성당으로 순례여행을 가는 도중에 한 이야기를 모은 책이다. 순례자들은 기사, 상인, 서기, 다섯 명의 무역상, 변호사, 방앗간 주인, 요리사, 선원, 의사, 지방행정관 그리고 그 외에도 많은 직업을 갖고 있었다. 600년이 지나 그동안 많은 발전이 있었지만 이 직업들은 형태만 바꾸어 아직 존재한다. 물론 일의 속성은 바뀌었지만 역할은 아직 그대로다. 하지만 앞으로는 엄청난 변화가 있을 것이다. 마치 산업혁명으로 결국 더 많은 일자리가 생겼지만 그사이에 농촌의 일자리가 대규모로 줄어들었던 것처럼.

자율주행차가 대중화되면 택시기사, 버스운전사, 트럭운전사, 심지어 항공기 파일럿에 대한 수요가 줄어들 것은 뻔히 예상할 수 있다. 수송업계가 변화하고 있다. 현재까지는 변화가 서서히 진행되어왔지만 규제 조항만 제거되면 순식간에 자율주행차가 보급되고 그 충격은 엄청날 것이다. 미국 노동자의 3퍼센트에 해당하는 440만 명 이상이 갖가지 교통기관의 운전사로 일하고 있다.

다른 분야도 비슷한 상황이다. 레스토랑 업계에서는 웨이터 대신 태블릿 PC가 메뉴 추천과 설명을 하고 있다. 최근에 도쿄에 갔다가 로봇

바텐더의 서빙을 받은 적이 있다. 점원을 없애고 셀프 계산을 택한 상점도 많이 생겼다. 진열대에서 상품을 집어 그냥 나가면 자기 계좌에서 물건 값이 빠져나가는 점포도 이미 존재한다. 미 국방부는 전 세계에서 가장 큰 고용주지만 병사에서 파일럿까지, 관측장교부터 폭발물 해체 전문가까지 로봇이 군인을 대체하고 있다. 물류업과 제조업도 엄청나게 변화하는 중이다. 이미 차량 생산 공정의 80퍼센트는 로봇이 맡고 있다. 건강관리, 데이터 입력, 법률 서류 작성, 세금 신고, 회계, 은행업무, 펀드 관리, 금융거래 등의 업무는 로봇이 더 잘하며 번역, 안면인식, 목소리 흉내, 운전, 기사 작성, 금융상품 거래, 암 진단 등의 분야에서 인공지능이 인간보다 앞서는 것으로 나타난다.

로봇은 실수를 거의 하지 않는다. 인공지능은 매우 뛰어나서 다른 사람의 실수뿐 아니라 자신의 실수에서도 배운다. 사람보다 더 오래 일하며 연금, 휴가, 건강보험 같은 것도 요구하지 않는다. 병가를 내지 않고 무단결근도 없다. 가정 문제, 정신적인 문제도 없고 부주의로 인한 실수도 없다. 로봇 사용이 증가하지 않을 수 없다.

새로운 직업은 또 생길 것이다. 다만 그게 무엇일지 아직 모르니 열거할 수 없을 뿐이다. 어디에 새로운 직업이 생길지도 모른다. 오클라호마에만 새로운 일자리가 생긴다면 뉴캐슬 시민은 별로 좋을 게 없다.

한편 직업의 성격과 임무도 바뀔 것이다. 여전히 군인은 필요하나 전선에 나가 직접 싸우지는 않을 것이다. 회계사는 필요하지만 데이터를 입력하고 가공하는 고된 작업은 기계가 할 것이다. 사람과 제품의 왕래는 더 활발해지겠지만 운전사는 줄어들 것이다. 긱 경제가 부상하면서 사람들은 정규직으로 하나의 일만 하는 것이 아니고 여러 개의 단기직업을 갖게 될 것이다.

2016년에 컨설팅 업체인 프라이스워터하우스쿠퍼스^{PricewaterhouseCoopers}는 영국 중앙은행과 마찬가지로 미래의 일자리에 대해 비관적이었다. AI로 영국 일자리의 30퍼센트가 사라진다고 예상했다. 2018년에는 전망이 다소 누그러져 20퍼센트의 일자리가 없어지지만 그만큼의 새로운 일자리가 생길 것으로 전망했다. 영국 고용시장에 미치는 전망은 '전반적으로 중립적'일 것으로 예상했다.[47]

자동화로부터 일자리를 보호하는 조치는 해결방안이 못 된다. 최근에는 오히려 역효과만 발생했다. 노동자 권리에 대한 요구가 늘자 사실상 기계로의 대체가 더 빨라졌다.

빌 게이츠를 비롯한 몇몇 사람은 로봇에게 세금을 부과해서 소득세 부족분을 만회해야 한다고 주장한다. 일견 그럴듯하지만 실제 적용에는 문제가 많다. 우선 로봇의 정의가 명확하지 않다. 눈에 보이는 일하는 기계인가? 데이터를 분석하는 알고리즘인가? 기계의 위치는 어디인가? IP는 어디에 있는가? 무생물에게 세금을 매길 수 있나? 무엇을 기준으로 과세금액을 정하나? 작업시간? 생산성? 일의 성격이 변하기 때문에 과거에 노동자 급여에 부과하는 방식의 과세는 할 수 없다. 어떻게 마부의 소득을 기준으로 자동차에 세금을 부과할 수 있을까?

추측하건대 기계에 지불할 가상월급을 계산하고(이것도 여러 문제가 많지만) 그에 상응하는 세금을 기업이 납부해야 할 것이다. 그런데 세계적으로 동일한 기준으로 과세하지 않으면 기업은 세율이 낮은 곳으로 로봇을 이전할 것이다. 이를 가능하게 하려면 정치적 의지만으로는 어림도 없을 것이다. 그런데 정치적 의지마저 제대로 있는지 모르겠다. 노동보다는 자본에 부과하는 세금이므로 기업들의 엄청난 반대 로비에 부딪힐 것이다.

그렇지만 국내에 있는 로봇에 대해서는 확실히 과세가 될 것 같다. 예를 들어 자율주행 자동차(이것들도 로봇으로 보아야 하나?)에 대한 세금은 피할 수 없을 것이다. IP 주소는 가능할지 몰라도 차량은 해외로 옮길 수 없으니 말이다. 과세하기가 너무 쉬워서 안 하면 이상할 정도다. 일종의 (특히 도심에서는 높은 세금이 부과되는) 주행세 형식으로 부과되지 않을까 생각한다. 실시간으로 주행거리를 확인하고 자동으로 공제하면 된다. 심지어 지방정부도 할 수 있다.

이렇게 엄청난 경제적 변혁의 와중에서 정부의 가장 큰 세수원인 소득세가 타격을 입을 것은 확실하다.

16장

암호화폐는 국세청의 악몽

몇 년 전 겨울, 나는 초기 비트코인의 옹호자 중 가장 유명한 로저 버^{Roger Ver}와 저녁을 먹고 있었다. 새로운 화폐에 대한 열정적인 홍보로 인해 그는 '비트코인 예수'라는 별명을 얻었고 비트코인에 대한 발 빠른 투자로 억만장자가 되었다. 그리고 그는 비트코인닷컴^{bitcoin.com}의 창립자이기도 하다. 디지털 노마드족의 규모가 향후 매우 커질 것이며 그로 인해 정부의 세수입이 줄어들 것이라는 이야기로 그를 놀래주려 했으나 이미 다 알고 있었다.

"이야기할 필요 없어요. 매일 보는데요, 뭘. 회사 직원들이 다 그런 사람들이에요."

"직원이 몇 명인가요?" 내가 물었다.

"130~140명 정도? 이 사람들 여하튼 방랑족 맞아요. 대부분 소재 파악이 잘 안 돼요. 리스본에 있다가 치앙마이에도 있다가 그다음 주엔 메데인(콜롬비아 서부의 도시 – 옮긴이)에 가 있죠."

"어디 출신들인가요?"

"말도 마요. 전 세계 모든 나라에서 와요. 미국인, 유럽인, 중국·한국·일본·인도·인도네시아 같은 아시아 사람, 남미 사람도 있어요. 20개국이 넘을걸요."

"급여는 어떻게 지불하나요?"

곧바로 "비트코인 캐시"라고 답한다(비트코인 캐시는 거래를 쉽게 만든 비트코인의 파생상품이다). "각국 화폐로 지불하려면 복잡하고 비용이 많이 들어요. 직원들이 국경을 초월한 디지털 서비스를 제공하니 우리도 국가와 상관없는 디지털 화폐로 지불하는 게 맞아요. 그 방법밖에 없어요. 어찌 됐건 직원들이 그 방식을 원하고 그거 때문에 우리랑 일하는 거니까요."

그런데 암호화폐는 변동 폭이 심하다. "시세 변동 리스크에는 어떻게 대응하시나요?"

"직원들은 기꺼이 받아들입니다. 받자마자 자국 화폐로 환전할 수도 있지만, 내가 알기로 대부분은 그렇게 안 하죠. 비트코인 캐시 가격이 올라갈 거라고 믿으니까요. 최대한 많은 익스포저^{exposure}(투자 또는 편입의 의미 – 옮긴이)를 원합니다."

"세금 문제는 어떻게 처리하나요?"

"각각 다른 나라의 세금 처리를 위해 전문가를 고용하고, 직원을 파트타임과 풀타임으로 나누고, 게다가 그 처리 비용까지…… 골치 아파서 생각하고 싶지도 않아요. 이 사람들은 세계를 돌아다니는 사람들이에요. 9시부터 5시까지 정해놓고 일하지 않아요. 자신의 일정은 스스로 짜는 사람들이죠. 세금도 알아서 합니다."

"직원들이 제대로 세금을 내는 것 같나요?"

"그건 그 사람들한테 물어보셔야 할 것 같은데요. 정부와 직원 간의 관계는 알아서 하는 거죠. 내는 사람들도 있는 거 같은데, 사실 어떤 직원들은 고국을 떠난 지 오래됐고 돌아가려는 생각도 없는 것 같아요. 이들은 조국에 생긴 변화를 안 좋아합니다. 정부를 지지하지 않아요. 정부가 잘못하고 있다고 생각하니 세금으로 그 정부를 지원할 이유가 없죠. 물론 세금을 내고 법적 지위를 유지하려는 사람도 있죠. 그런데 세법이 이런 사람들을 일일이 챙기지 못하는 것 같아요. 신분이 불확실하고 납세 절차는 복잡하고 그러니 나중으로 미루는 거죠."

점점 많아지는 노마드족은 국경을 초월해서 일할 뿐 아니라, 그들이 사용하는 화폐도 국경과 무관하게 제도권 금융 밖에서 움직이는 비정부 화폐다. 그러므로 암호화폐 거래를 모니터하고 관리하고 세금을 부과하기는 더욱 어려워진다.

2035년에는 전 세계에 10억 명의 디지털 노마드족이 존재할 거라고 피터 레벨스가 한 말을 기억할 것이다. 그는 "내가 알고 있는 노마드족의 최소 절반 이상은 암호화폐 경제권 안에서 일한다"라고 말했다. 현재와 같은 추세가 지속된다면, 2035년에는 5억 명이 정부의 화폐제도권 밖에서 일할 것이다. 이런 예측이 말도 안 된다고 생각할지 모르지만, 현 상황을 잘 아는 암호화폐 신봉자들은 실제 숫자는 그 예측보다 훨씬 많을 것이라고 한다.

암호화폐 행동주의

　정부의 세수입을 위협하는 신기술 중 암호화폐 기술의 영향력이 가장 크다.

　20세기에 큰 정부가 구현될 수 있었던 건 명목화폐(금이나 은 등으로 지급이 보장되지 않고 중앙은행에 대한 믿음으로 유통되는 화폐 – 옮긴이)의 덕이 컸다. 마음대로 화폐의 양을 조절할 수 있게 되면서 정부는 막강한 권력을 보유하게 된다. 정부에 돈이 필요하면(예를 들어 전쟁 비용이나 최근 금융사에 대한 구제금융처럼) 그저 돈을 찍어내면 된다. 그런데 비정부 통화는 이렇게 할 수 없다. 통제권이 없으니 화폐가치를 하락시켜 인플레이션세를 부과할 수도 없다. 암호화폐는 세금 신고도 어렵지만 원천징수, 부가세, 판매세, 거래세의 부과 및 모니터링이 점점 더 힘들어질 것이다. 특히 온라인과 해외에서 대체화폐가 많이 보급되면 세금징수는 더욱 힘들어질 것이다.

　유명 경제학자 폴 크루그먼^{Paul Krugman}이나 누리엘 루비니^{Nouriel Roubini}, 제이미 다이먼^{Jamie Dimon} 같은 은행가들을 포함해서 비트코인이나 암호화폐를 잘 알지 못하고 알려고 하지도 않는 사람들은 이 화폐를 간단히 무시해버린다. 그렇게 이들은 인터넷 이후 가장 막강한 영향력을 가진 혁신적인 기술을 묵살해버렸고 이들의 말을 믿은 사람들은 일생에 한 번 올까 말까 한 일확천금의 기회를 날려버렸다. 2009년 10월 비트코인 최초 가치는 0.001309달러였지만 2017년 12월에는 2만 달러를 기록해 1,500만 배가 상승했다(2022년 2월 기준 비트코인 가치는 약 7만 달러이며, 최초 가치와 비교해 5,000만 배 이상 상승했다 - 옮긴이).[1] 그 사이에 80퍼센트 이상의 가격조정을 보인 것은 최소 다섯 번 이상이었다. 비트코인이 사라질 거였으면 오래전에 그랬을 것이다. 오히려 1990년대 인터넷 이후 보지 못한 또 다른 기술의 광풍을 몰고 오며 1조 달러가 넘는 규모의 산업으로 성장했다.

화폐와 기술은 주거니 받거니 하면서 항상 같이 진화해왔다. 고대 메소포타미아에서는 갖가지 형태로 진흙을 구워 채무를 기록하다가 나중에는 진흙 위에 그림을 그리면서 인류 최초의 문자가 탄생했다. 틀을 이용해 무게가 보장되는 금속 주화를 만들자 조개껍데기, 고래 이빨 등 원시적 형태의 화폐가 사라졌다. 인쇄술이 발달하면서 귀금속 주화가 사라지고 지폐를 사용하게 되었다. 전자금융이 도입되면서 수표가 사라졌다. 빠른 나라도 있었지만 미국은 이 분야에서 가장 늦었다. 비대면 결제가 점점 사용이 불편해지는 현금을 대체하고 있다. 시장에서는 대체로 편리한 것이 이기게 되어 있다. 화폐는 기술이다. 비트코인 및 그 파생상품은 인터넷상의 결제를 목적으로 가장 최근에 진화한 기술이다. 마트에서 비트코인으로 결제하는 일은 발생하지 않겠지만 온라인 거래에서는 더 많이 사용하게 될 것이다.

이런 이유로 구체적인 목적을 가진 암호화폐가 탄생하게 된다. 완전한 익명성이 요구될 때는 모네로^{monero}나 그린^{grin}, 빠른 거래 속도가 필요하면 라이트코인^{litecoin}과 대시^{dash}, 팁 같은 소액결제에는 스텔라^{stellar}, 도지코인^{dogecoin}이, 앱을 구축하기 위해서는 이더리움^{etherium}, 카르다노^{cardano}, EOS 등이 있다. 이미 9,000개 이상의 서로 다른 알트코인^{altcoins}이 존재한다. 이제 명목화폐는 시대에 뒤떨어진 것이 되었다.

　컴퓨터나 휴대전화에 여러 가지 앱을 설치하는 것처럼 여러 종류의 전자지갑을 설치해 용도에 따라 암호화폐를 사용할 날이 머지않았다. 블로그나 영상 후원용으로, 주식, 귀금속, 채권 거래의 지불수단으로, 또는 암시장 물품 거래에도 사용할 수 있다. 개인의 사생활을 심하게 침범하지 않고 어떻게 정부가 이 모든 거래를 모니터링해서 효과적이고 능률적으로 적절한 세금을 부과할 수 있을까?

　비정부 성격의 암호화폐가 지닌 체제 전복 가능성은 꽤 의도적이다. 이 기술은 1990년대에 탄생한 반체제적 프로그래머들의 집단인 사이퍼펑크^{Cypherpunk}로부터 시작되었다. 이들이 뭉친 것은 새로운 기술인 인터넷에 대한 우려 때문이었다. 인터넷의 여러 가능성을 보았지만 동시에 기업과 국가가 개인의 사생활을 침범할 수 있다는 걸 알았다. 그간 발생한 일을 돌아보면 그들의 걱정이 기우가 아님을 알 수 있다. 해결책으로 그들은 암호화를 기반으로 한 오픈소스 기술을 개발하여 사생활을 보호했다.

　사이퍼펑크들의 정치 성향은 무정부주의까지는 아니지만 매우 자유주의적이다. 그들은 국가를 전혀 믿지 않는다. 창시자는 팀 메이^{Tim May}라는 캘리포니아 출신의 컴퓨터 공학도였다. 1988년에 발표된 〈암호화 무정부주의자 선언^{Crypto Anarchist Manifesto}〉에서 그는 "암호화 기술의 발전이 정부 규제의 성격, 세금을 부과하고 경제적 거래를 통제하는 능력, 정보를 보호하는 기술을 완전히 바꿈으로써 궁극적으로 신뢰와 명성의 본질조차 뿌리째 흔들 것이다"라고 선언했다.[2]

그는 선언문에서 "인쇄술이 중세 길드를 변형시키고 약화했듯, 암호화 기술이 경제적 거래에 대한 기업과 정부의 간섭을 근본적으로 바꿀 것이다. 점점 커지는 정보기술 시장과 아울러 암호화 무정부주의 사상은 단어와 그림으로 표현할 수 있는 모든 것을 사고팔 수 있는 유동성자산 시장을 창조할 것이다"라고 밝혔다.

사이퍼펑크의 이상을 실현하는 방법은 익명으로 인터넷상의 현금 시스템을 만드는 것이었다. 즉 금액이 많건 적건 중간 매개자(주로 은행)의 거래 처리 과정 없이 A의 현금을 직접 B에게 송금하는 시스템을 만들려 했다. 그러나 팀 메이와 사이퍼펑크 지지자들의 장담에도 불구하고 해결하지 못한 기술적 문제가 있었다. 그것은 이중 지불로 알려진 문제로 디지털 화폐를 문서나 이미지, 동영상의 복사 및 붙여넣기처럼 쉽게 하지 못하도록 예방하는 기술이다. 20년 이상 이 문제를 해결하지 못하자 컴퓨터 공학자들은 거래를 처리할 중간 주체 없이는 해결할 수 없는 문제라고 결론지었다. 결국 사이퍼펑크들은 무정부주의적 이상향의 꿈을 접었다. 바로 그때 사토시 나카모토^{Satoshi Nakamoto}가 비트코인을 들고 나왔고 그 뒤는 다 알려진 이야기다.

암호화 덕분에 대기업이나 정부의 감시를 피해 인터넷상에서 소통하고 웹브라우징 및 금융거래를 할 수 있게 되었다. 그 결과 정보와 사람을 통제하고 이들에게 세금을 부과하는 일은 점점 더 힘들어질 것이다. 암호화는 너무나 쉽지만 해독은 극히 어렵다. "달걀과 같아요. 깨기는 쉽지만 껍질 속으로 다시 집어넣기는 매우 어렵죠"[3]라고 IT 분야 작가인 제이미 바트렛^{Jamie Bartlett}은 말한다. 또 다른 사이퍼펑크인 줄리언 어산지^{Julian Assange}는 "세상은 암호화의 가치를 알고 있다"라고 했다. 그것은 국가 권력에 대한 직접적인 도전이며 향후에 공정하면서도 비열한 수단으로 사용할 수 있다. 무엇보다도 화폐에 대한 국가의 독점권 및 세금을 부과할 수 있는 권리에 대한 도전이다.

기술이 퍼지면서 사이퍼펑크의 세계관도 점차 널리 퍼졌다. 암호화 세계의 커뮤니티에는 정부에 대한 깊은 불신이 깔려 있다. 정부의 규칙이 잘못되었다고 생각하므로 지킬 생각이 없다. 좌파독재적 세계관이 득세하면서(미국 밀레니얼 세대의 반 이상은 사회주의를 선호한다) 자유주의 사상이 급격하게 부상하고 있다. 그 사상의 중심에 암호화가 있다. 《사피엔스^{Sapiens}》의 저자인 인류학자 유발 하라리^{Yuval Harari}는 인류 진화사에서 내러티브^{narrative}가 미치는 영향을 결코 가볍게 생각하지 말라고 주장했다. 이 책의 주제와 조금 벗어난 이야기지만 종교의 교리가 수세기 동안 지도적 내러티브 역할을 했고 그다음은 변형된 여러 종류의 세속적 사회주의와 사회민주주의적 사고가 20세기를 지배했다. 어쩌면 21세기는 자유지상주의가 지배할지 모른다.

2009년 에세이 〈자유주의자 교육^{The Education of a Libertarian}〉⁴에서 페이팔^{PayPal} 창립자인 피터 틸^{Peter Thiel}은 자본주의와 민주주의는 공존할 수 없다고 주장했다. 그에 따르면 "자본주의는 대중에게 인기가 없다." 대중은 재분배와 규제의 형태로 더 많은 것을 자본주의로부터 양보받기를 원한다. 정치활동으로는 의미 있는 체제 변화를 달성하기 어렵다면서 "나는 이런 목적을 달성하는 방법에 대해 생각을 완전히 바꿨다"라고 말했다. 대신 기술의 진보가 정치체제를 바꿀 수 있다고 주장한다.

"탈출 모드에서는 한 번도 시도해보지 않은 새로운 방법이 우리를 미지의 세계로 이끌어야 한다. 이런 이유로 나는 자유를 추구하는 새로운 공간을 창조하는 기술에 전력했다." 틸이 말하는 미지의 세계는 사이버 공간일 수도, 우주나 대양일 수도 있다.

그의 에세이는 2008년 금융위기 때 정부가 은행권에 구제금융을 지원하거나 이자율 삭감 등의 조치로 대응하는 것을 본 후의 좌절감에서 나온 것이다. 이에 분노하고 개선책을 찾아야겠다고 생각한 사람은 그만이 아니었다. 비트코인의 창시자인 사토시 나카모토도 같은 동기로 틸이 에세이를 쓰기 몇 달 전 비트코인을 발표했고, 일간지 〈타임스 Times〉의 헤드라인에 은행에 대한 2차 구제금융이 발표되는 것을 보고 비트코인을 발전시켰다. 사토시는 나중에 비트코인 사용자들에게 "중앙정부가 조정하는 화폐가 독단적 인플레이션에 빠질 위험이 있으니 벗어나라!"라고 촉구했다.[5] 비트코인은 틸이 말한 정치적 변화를 달성할 수 있는 바로 그런 '기술의 진보'였다.

피터 틸과 사토시 나카모토처럼 작은 정부, 적은 세금 그리고 개인의 높은 책임이 구현되는 세상이 가능하다고 믿는 자유주의자들은 개척 시대의 서부처럼 거친 신기술의 세계에서 일하는 많은 사람들의 지지를 얻고 있다. 그들의 목적은 질서를 파괴하고 세상을 개선하는 것이며 정부가 시대에 뒤처져 있다고 생각한다. 이들은 자신들을 앤캡스 ancaps 또는 무정부자본주의자anachro-capitalists라고 부른다. 컴퓨터 프로그래밍 분야에서 일하는 아주 유능하고 뜻이 맞는 사람들이 펼치는 이 운동의 목적은 세계 질서의 파괴 및 개선이다. 그 수단은 정치활동이 아

니라 기술의 발전이다. 이 기술이 세금과 다른 분야에 미치는 영향은
엄청나다.

코인베이스와 미국 국세청의 충돌

비트코인 커뮤니티에서는 암호화폐의 엄청난 가능성을 부정하는 사
람을 일컫는 노코이너nocoiner라는 신조어를 만들었다. 노코이너들은 비트
코인이 너무 커지면 정부가 나서 불법화할 것이라고 주장한다. 돈세탁
이나 블랙마켓 등에 악용될 가능성이 있으니 정부가 암호화폐에 그런
결정을 내릴 이유는 충분해 보인다. 정부는 주요 가상화폐 거래소를 폐
지시키고 은행의 비트코인 회사 계좌를 금지하고 비트코인 사용을 불법
화할 수 있다. 하지만 그런다고 비트코인이 끝나는 게 아니다. 이 모든
것은 비트코인을 설계할 때 감안되었다. 비트코인은 중심장애점(장애가
발생하면 시스템 전체가 멈춰버리는 치명적인 부분 – 옮긴이)이 없는 분산형
네트워크(정보처리, 기억 및 제어 기능 등이 한 대의 메인 컴퓨터가 아니라 상호
접속된 여러 개의 장치에 의해 작동하는 네트워크 – 옮긴이)다. 어떤 국가나 조
직에도 연결되어 있지 않다. 게다가 무언가를 불법화한다고 해서 사람
들이 그것을 더 이상 이용하지 않는 것도 아니다. 이는 마약과의 전쟁이
계속되는 것을 보면 알 수 있다. 과거에도 토렌트torrent 같은 P2P 사이트
를 막으려는 시도는 실패로 끝났다. 정부가 비트코인 사용을 막는다면
사람들은 가상사설망Vertical Personal Network: VPN이나 토르Tor(온라인상에서 익명을

보장하고 검열을 피하게 해주는 소프트웨어 - 옮긴이)를 이용해서 비트코인을 거래하고 이동할 것이다.

암호화폐 시장은 이제 수십억 달러 규모로 성장했다. 이를 금지하면 수많은 소송에 휘말릴 것이다. 블록체인 기술은 인터넷상의 화폐 대용 역할 외에도 수많은 응용프로그램을 보유하고 있는데 이것들을 금지할 정당한 근거가 없다. 그럼에도 많은 권위주의적 국가가 암호화폐를 금지할 것이다. 그러면 이 새로운 경제는 다른 지역으로 이동해서 그 지역은 성장하고 금지한 국가는 뒤처질 것이다. (이게 가능할 것 같지는 않지만) 전 세계 모든 국가들이 똘똘 뭉쳐 암호화폐를 불법화해도 사용을 막을 수 없을 것이다. 지하경제로 몰아낼 수도 있겠지만 한번 발명된 것을 없던 것으로 돌릴 수는 없다. 이미 물은 엎질러졌다.

정부는 주요 암호화폐 거래소에 거래 내용 보고를 강요할 것이다. 2016년에 미 국세청은 가장 큰 거래소인 코인베이스에 세금징수를 목적으로 고객 50만 명의 거래기록을 제출하라고 요구했다. 코인베이스는 시시비비를 가리기 위해 이 문제를 법정으로 가져갔다. 그러자 국세청은 자세를 낮추어 2만 달러 이상의 세부 거래 내역으로 폭을 좁혔다. 코인베이스는 규모를 줄여도 여전히 불법이라고 주장했으나 법원은 국세청의 손을 들어주었다. 재클린 콜리^{Jacqueline Corley} 판사는 "가상화폐 거래에서 얻은 이익에 대해 세금을 미납부했을지도 모르는 계좌 보유자를 조사하겠다는 국세청의 요구는 합법적이다"라고 판결했다. 결국 원래 요구보다 훨씬 적은 1만 4,355명의 세부 거래 내역과 900만 건의 거래 기록이 제출되었다.

애초에 국세청의 요구는 사람들이 세금을 제대로 내지 않았기 때문에 시작된 것이다. 2013년부터 2015년 사이에 비트코인 가격은 13달러에서 1,100달러로 급등했지만 세금 신고를 제대로 한 사람은 802명에 불과했다.[6] 이는 상당한 양도소득을 얻은 전체 인원에 비하면 매우 적은 숫자다.

여기에는 몇 가지 윤리적 문제가 연관되어 있다. 첫째로 암호화폐의 양도소득세 탈세는 매우 흔한 일이라는 점이다. 둘째, 정부는 가능한 한 미납 양도소득세를 추징하려 한다. 금액이 크면 클수록 국세청은 더욱 집요하고 적극적으로 미납 세금을 추적할 것이다. 코인베이스처럼 한 지역에 집중해 있는 암호화폐 거래소는 법원의 힘을 빌려 방어한다고 해도 정부의 타깃이 될 가능성이 높다. 국세청의 요구 사항이 결국 받아들여질 것이기 때문이다. 그러나 좀 더 안전한 지역이나 탈중앙화된 거래소를 이용하는 사람에게는 이런 요구를 하기 어렵다. 특히나 노마드족에게는 더욱 어렵다.

현실이 된 1990년대 두 펀드매니저의 예언

제임스 데이비드슨James Davidson과 윌리엄 리스 모그William Rees-Mogg는 1997년 그들의 저서 《자주적 개인Sovereign Individual》에서 민족 국가가 사라질 날이 얼마 남지 않았다고 주장했다. 500년 전에는 교회가 조정기관이었다. 교회는 오늘날 정부가 담당하는 교육과 복지 등의 공공서비스를 책임졌다. '정치'라는 말은 존재하지도 않았다. 그러나 인쇄술의 발전으로 지식이 전파되면서 교회의 힘은 서서히 약해졌다. 그 공백을 민족국가가 채웠다. 오늘날 인터넷의 발명으로 민족국가와 그 정치체계는 교회와 같은 길을 걷고 있다.

세금이라는 관점으로 보면 이해하기 쉽다. 징세 시스템은 점점 까다로워지고 국가를 움직이는 세금은 고갈되고 있다.

저자에 따르면 국민이 일정 부분 자유를 포기하고 세금을 내는 이유는 이로 인해 다른 권리를 보장받을 수 있다고 여기기 때문이다. 국가는 국민들이 이런 믿음을 계속해서 갖도록 통제해야 하는데 만일 화폐, 국경, 정보, 비즈니스, 범죄 그리고 무엇보다 신뢰에 대한 통제를 잃어버리면 신화는 무너진다. 그러면 국가와 국민 간의 거래는 사라진다. 산업사회에서 정보화사회로 변화를 겪으면서 개인은 더 자유로워졌고 정부의 권력은 감소했다. 민족국가는 현 상태를 유지할 수 없다. 똑똑하고 모험심에 가득 차 여기저기 돌아다니는 사람들이 결국 승리할 것이다. 당신이 어디에 있건 사이버 공간에는 기회가 있다. 국경은 무의미하다. 기존 정부의 통제가 닿지 않는 곳에 자산을 축적하는 것이 더 쉬워질 것이며, 한 번도 경험 못한 재정적 독립이 가능해질 것이다. 어느 곳에서나 돈을 벌 수 있다면 징벌적인 수준의 세금을 내고 자유를 제한받으면서 한곳에 머물러 살 이유가 없다. 자주적 개인은 한 장소의 상황이 어려워지면 재빨리 짐 싸서 이동하면 된다. 소프트웨어 회사도 이런 식으로 쉽게 옮길 수 있지만 제조 공장은 움직이기 어렵다.

너무 많은 세금을 부과하는 국가는 사실상 최고의 고객을 쫓아내는 셈이다. 자주권은 상업화할 것이다. 사람들은 보험회사 고르듯 주거지를 고를 수 있다. 합당한 가격에 적절한 서비스를 제공하지 못하면 부실기업처럼 파산 압력에 시달릴 것이다.

온라인상에서 점점 더 많은 기업과 부가 국경이 무의미한 무형자산으로 유입됨에 따라 정부는 급격한 세수 감소를 겪을 것이다. 많은 세금 수입을 예상하고 차입을 남발한 정부는 곤란을 겪을 것이다. 경제위기에 이어 정치적 위기까지 초래할 수도 있다. 이로 인해 민족국가의 미래가 위태로워질 것이다.

디지털 노마드족이야말로 데이비드슨과 리스 모그가 말한 자주적 개인이며 그들의 화폐는 암호화폐다. 그들이 생각한 미래가 현실이 되고 있다.

스마트폰과 기술의 확장

테러 공격이나 무시무시한 상황에서도 누군가는 스마트폰으로 이를 촬영한다. 동영상은 몇 분 내에 게시되어 전 세계로 퍼져나간다. 스마트폰을 가진 행인이 움직이기 힘든 방송국 뉴스팀보다 낫다. 이 의미는 전 세계 모든 사람들, 정확히는 인터넷에 접속 가능한 모든 사람들이 항상 상황을 잘 파악할 수 있다는 뜻이다.

만일 제1차 세계대전의 참호 속 병사들이 스마트폰을 가졌다면 어땠을까? 오늘날 우리와 마찬가지로 모든 걸 동영상으로 찍었을 것이다. 수만, 수십만 개의 말할 수 없이 잔혹한 동영상이 전 세계로 공유되고, 이를 본 유럽 시민들은 즉시 전쟁을 끝내라고 요구했을 것이다.

기술이 사람들에게 권력을 주어 통치자를 물러나게 할 수도 있다. 기술 덕분에 아주 세세한 것까지 철저히 따질 수 있고 어떤 거짓말도 들통난다. 사소한 위반도 대중의 눈을 피해갈 수 없는 세상이다.

우리는 이전에 상상도 하지 못했던 수백만 가지의 일을 할 수 있다. 무한한 양의 정보에 어느 때나 공짜로 접근할 수 있다. 지구상의 누구와도 거의 무료로 소통할 수 있다. 20년 전이라면 수백만 달러가 소요되었을 영화도 만들 수 있다. 스마트폰 하나만 있으면 된다.

어느 날 아침 나는 트라팔가 광장 옆 세인트마틴인더필즈교회의 노숙인 구호소 옆을 지나다 20명 정도 되는 사람들이 침낭과 잡동사니를 옆에 끼고 바닥에 앉아 벽에 기댄 채 아침밥을 기다리는 걸 보았다. 그들 중 80퍼센트가 스마트폰을 보고 있었다. 이제는 노숙인도 스마트폰을 갖는 세상이다. 지식, 소통 그리고 미디어가 건강보험과 공공교육보다 훨씬 더 널리 보급되었다. 게다가 거의(100퍼센트는 아니지만) 무료로 그리고 정부 간섭 없이 누구나 접근할 수 있게 되었다.

2013년 유엔 보고서에 의하면 전 세계에는 휴대폰 수가 화장실 수

보다 많다.[7] 이제 거의 모든 휴대폰이 스마트폰으로 바뀌고[8] 지구상에는 80억 인구에 70억 개 이상의 스마트폰이 존재할 것으로 소니 에릭슨Sony Ericsson은 예측했다 (가입자 한 명이 번호 하나만 쓰는 것은 아니지만 대략 70퍼센트의 가입자는 한 개만 쓴다고 가정하자).[9] 한편 2023년 이동통신 가입 건수는 90억 건으로 전 세계 인구를 앞설 것이다. 인류의 대다수가 스마트폰으로 연결될 것이다. 세계의 가난한 사람들 중 많은 수가 스마트폰으로 처음 인터넷을 접하게 될 것이다.

개발도상국 사람들이 그동안 인터넷이 없어 접하지 못했던 방대한 양의 (선진국 국민들은 당연하게 여겼던) 정보에 갑자기 접근할 수 있게 되었다. 이들은 새로운 지식을 어떻게 사용할까? 수많은 앱 덕분에 그전에는 상상도 못 했던 일들이 가능해졌다. 인터넷이 새로운 기회를 열어주고 있다. 인터넷으로 사람들과 접촉하고 네트워크에 접속하면 이들은 무엇을 할까? 가장 중요한 것은 이들에게 금융 포용financial inclusion (개인과 기업이 금융상품과 서비스에 유용하고 편리하게 접근하는 상태 – 옮긴이)의 기회가 온다는 것이다.

개발도상국에 가보면 당신에게 말을 걸고, 물건을 팔고, 당신과 거래하려는 사람들이 줄 서 있다는 걸 알게 될 것이다. 세상에는 새로운 것을 배우고 소통하고 사업을 벌이고 전반적으로 자신의 처지를 개선하려는 사람들로 넘쳐난다. 그러나 은행 계좌가 없어 금융거래가 불가능한 금융 배제financial exclusion 계층은 인접 지역에서가 아니면 어떤 형태의 거래도 불가능하다.

일반전화가 더 이상 늘어나지 못한 이유는 금융 배제 때문이다(2006

년 10억 2,600만 회선을 정점으로 계속 감소 중이다).[10] 반면에 휴대폰 수는 늘어났다. 일반전화에 가입하려면 은행 계좌가 있어야 한다. 개발도상국 사람들은 대부분 일반전화가 없다. 투자금 회수에 자신이 없던 통신사들이 인프라에 투자하지 않았기 때문이다. 그러나 휴대폰 개통에는 계좌가 필요 없고 오로지 현금만 있으면 되었다. 따라서 점점 더 많은 사람들이 휴대폰을 갖게 되었고 수요에 맞추어 공급이 이루어졌다. 그 결과 이 사람들이 처음으로 정보를 경험하게 되었을 뿐 아니라 금융 포용 계층에 포함되었다. 아직도 세계 인구의 30퍼센트인 20억 명이 금융서비스를 받지 못하지만[11] 불과 5년 전만 해도 그 비율은 50퍼센트에 가까웠다. 핀테크와 인터넷 덕분에 그 숫자는 급속히 줄어들고 있다.

이렇듯 공부하고, 새로운 사람들과 접촉하고, 새로운 것을 만들고, 상품을 사고파는 것 등을 통해 그전에는 상상할 수 없던 가능성이 가난한 사람들에게 열리고 있다. 한편 선진국으로서는 외주로 고용하거나, 상품을 팔거나, 원재료를 수입할 수 있는 수십억 명의 새로운 인구가 품 안에 들어오는 셈이다. 이것은 전에 경험하지 못한 새로운 거래다. 우리는 거래와 교환을 통해 발전한다.

그런데 생애 첫 스마트폰으로 인터넷을 경험하는 사람이 가장 빨리 금융거래를 시작하는 데는 암호화폐가 적격이다. 불과 몇 초면 전자지갑을 만들어 상품이나 서비스의 대가로 암호화폐를 수취할 수 있다. 처음 인터넷을 접하는 개발도상국 시민들이 곧바로 암호화폐로 직행하는 것은 엄청난 파급효과가 있다. 중앙아프리카에서는 주민들이 암호화폐로 거래할 수 있도록 대대적인 마케팅 캠페인이 벌어지고 있다. 암호화폐가 국제적으로 확대될 가능성은 국경으로 제약받는 각국의 법정화폐와는 비교가 되지 않는다.

앞으로 무슨 일이 생길지 매우 흥미진진하다. 스마트폰이 그 입구 역할을 한다. 스마트폰과 관련 기술을 통해 가난한 사람들도 거래와 교환이 가능해져 수입이 생기고 궁극적으로 전에는 불가능했던 공중위생개선 및 기타 기초적인 서비스의 개선을 이룰 수 있을 것이다. 스마트폰과 그 기술은 그 어떤 정부 지원보다 세계의 빈곤 퇴치에 기여할 것이다.

단순히 숫자가 주는 무게감만 생각해도 가능성은 어마어마하다. 우리는 지금 역사적으로 매우 중요한 경제혁명의 초입에 와 있다고 생각한다. 산업혁명으로 농촌의 빈민들이 한 세대 만에 중산층으로 성장했듯이, 훨씬 큰 규모로 그와 비슷한 일이 발생하려 한다. 이 경제 호황은 주로 국경이 의미가 없는 사이버 공간에서 암호화폐를 이용하여 무형자산과 과세하기 어려운 디지털 상품 및 서비스 거래에서 발생할 것이다.

물론 모두 다 좋은 결과를 낳지는 않을 것이다. 새로운 권력을 범죄 목적으로 사용하려는 사람도 많을 것이다. 하지만 그보다는 긍정적이고 발전적인 영향이 더 클 것이다. 발전 속도가 다 같지도 않을 것이다. 독재정권이나 검열이 심한 정부 때문에 늦어지거나 불리한 지리적 환경이 방해 요소가 될 수도 있다. 국민을 속박하는 정권은 지구상 다른 지역의 번영과 발전에 눌려 결국 망할 것이다. 이 번영은 즉각적으로 일어나지는 않을 것이다. 세대를 두고 일어나는 변화다. 하지만 인류사의 피할 수 없는 흐름이다.

세계적인 경제 붐이 발생하면 세수가 증가하는 게 맞지만 만일 무형의, 국경 없는 디지털 세계라면 세수에 큰 차이가 없다. 또한 더 많은 사람들이 기술로 인한 권력과 정보를 갖게 되며, 국가 간 무역이 증가하고 정부 역할에 대한 기대감이 높아져서 잘못할 경우 정권의 책임까지 물을 수 있다.

17장

디지털의 탈출

> 탈세는 여전히 보상이 따르는 유일한 지적 활동이다.[1]
>
> 존 메이너드 케인스

아마존은 점포 하나 없이 서반구에서 가장 큰 소매업자가 되었다. 매장보다 더 싼 가격에 원하는 상품을 집 앞까지 배달해줌으로써 기존의 소매업을 뒤집어 놓았다. 점포 구입 비용과 이에 수반되는 재산세 및 업무용 부동산세를 절약했다. 또한 앞에서 본 대로 임시직 노동자를 고용하여 직접 고용에 따른 세금을 절감했다. 사업장을 여러 곳으로 분산하여 법인세도 최소화했다. 입점 업체가 한 국가에서 다른 국가로 배송하도록 해 부가세를 절약하기도 한다.

아마존만 이런 게 아니다. 거대 IT 기업들은 경쟁사보다 낮은 가격에 질 좋은 상품과 서비스를 제공했기 때문에 성공할 수 있었다. 저가정책이 가능한 이유는 비즈니스 모델에서 전통적인 비용을 모두 없앴기 때문이다. 규제나 세금처럼 정부에 들어가는 비용은 기업의 가장 큰 지출 항목이다. 회사 이미지를 실추하지 않고 합법적으로 이 비용을 피할 수 있다면 어떤 회사건 그렇게 할 것이다. 이런 추가 비용을 제대로 관리하지 못하면 회사가 망할 수도 있다.

중국의 알리바바는 세계에서 가장 큰 소매업자지만 단 한 개의 재고도 없다. 우버는 가장 큰 택시 회사지만 차량은 한 대도 없다. 페이스북은 가장 큰 미디어 회사지만 자체 제작하는 콘텐츠는 거의 없다. 트립어드바이저는 단 한 개의 호텔도 없다. 이들은 모두 '플랫폼' 기업이다. 국경 없는 온라인 디지털 세상에서 이들 플랫폼 기업의 위치는 어디일까? 지적 재산권은 어디에 있을까? 그들이 제공하는 서비스는 어디에 있을까? 어느 자회사가 실질적으로 돈을 벌고 있을까? 세금은 누구한테 얼마나 그리고 왜 내야 할까? 아이폰의 부품은 세계 각지에서 생산되어 중국에서 조립되고 전 세계로 팔려나간다. 애플은 납부할 세금액과 납부할 국가를 상당 부분 선택할 수 있다. 유럽연합의 발표에 따르면 애플은 1조 달러 이상의 이익을 보면서도 세금은 0.01퍼센트도 안 냈다.[2] 조세제도가 기술혁신을 못 따라간 것이다.

알려졌다시피 아마존은 주 내에 사업장이나 다른 유형자산이 없을 경우 기업이 주세state tax를 내지 않아도 된다는 미국 대법원의 1992년 판결을 악용해왔다. 예를 들어 아칸소주에 사는 구매자가 아마존으로부터 물품을 사더라도 아마존이 그곳에 점포가 없으면 세금을 내지 않았다.[3] 한 기업은 세금을 내고 다른 기업은 세금을 내지 않는다면 누가 살아남을지 명백하다.

이 플랫폼 기업들은 세금을 피해가는 데 그치지 않고, 세금을 제대로 내는 기업들을 망하게 한다. 우버 때문에 지역사회의 택시 회사들은 모두 폐업했다. 아마존 같은 회사 때문에 얼마나 많은 오프라인 상점들이 문을 닫았는지 모른다. 이렇게 상점이 문을 닫으면 정부에 내던 세금도 없어진다. 그동안에 위치도 불명확한 플랫폼 기업 본사는 이익을 쓸어 담고 있다.

기업이 수익을 내지 않는 이유

그전에는 기업이 고객이 원하는 상품이나 서비스를 전달해주고 이익을 창출했다. 오늘날은 높은 법인세율 때문에 이익이 오히려 골칫거리가 되어버렸다. 1970~1980년대에 생긴 거대 케이블 TV 회사는 가입자를 모집하고 점유율 확대를 추진하면서 자신도 모르는 사이에 오늘날 거대 IT 기업의 비즈니스 모델을 수립했다. TLC^{Tele-Communications Inc.}의 억만장자 사장 존 멀론^{John C. Malone}은 "이익은 세금을 의미하며, 세금은 '누수'와 같으므로 가능하면 피해야 한다"라고 말했다.[4] 세금을 회피하기 위해 그는 확장 목적의 기업합병으로 부채비율을 늘리고 이를 이익과 상계시켜 세금을 내느니 차라리 이자를 내겠다고 선언했다. 이렇게 하면 TLC는 이익을 못 내겠지만 현금흐름은 계속해서 발생한다. 이제는 기업 가치평가의 표준 모델이 된 EBITDA(법인세·이자·감가상각비 차감 전 영업이익) 가치평가법은 그가 자신의 회사에 투자한 사람들을 교육시키기 위해 고안한 방식이다.

우버, 페이스북, 넷플릭스 등 세금을 적게 내는 기업들은 TLC와 똑

같은 방식으로 사업을 영위한다. 다만 규모가 더 크고 국제적일 뿐이다. 이익을 내지 못하더라도 사업을 확장하여 가입자 수를 늘리고 매출액을 폭풍성장시킨다. 주식시장의 주가나 CEO가 투자자들에게 발표하는 내용을 보면 사업은 잘 되지만 문제되지 않을 정도로 최소한의 세금만 내는 기업들이 많다. 이 글을 쓰는 순간에도 페이스북 영국 법인의 세금은 매출액 대비 1퍼센트가 채 안 된다는 보도가 나왔다. 합법적인 대손 처리가 있었을지 모르지만 모두들 페이스북이 세금고지서에 찍힌 금액보다 훨씬 더 많이 번다는 걸 잘 안다.

엄청난 매출을 자랑하는 다국적기업임에도 세금을 안 내려고 고의적으로 이익을 발생시키지 않는 기업들이 많다. 세금을 탕감받으려고 인수합병, 연구개발 투자, 다른 형태의 사업 확장 등이 이루어진다. 엄청난 이익은 세율이 낮은 곳에 설립한 역외 법인에 브랜드 사용료, 상표권, 특허권, 지적 재산권 등으로 넘긴다. 예를 들어 스타벅스는 이익의 대부분이 브랜드에서 창출된다고 한다. 역내에서는 막대한 매출액에도 불구하고 이익이 거의 나지 않는다. 브랜드 사용권을 소유한 역외 자회사에 사용료를 내면 남는 게 없기 때문이다. 루퍼트 머독Rupert Murdoch의 미디어 제국도 유사한 방식을 이용한다. 심지어 도덕적 우월의 수호자라고 자처하는 가디언조차 2008년에 오토 트레이더Auto Trader(온라인 자동차 판매 사이트 – 옮긴이)를 매각하면서 발생한 3억 200만 파운드의 양도 차익에 대한 세금을 줄이기 위해 케이맨제도(카리브해에 있는 영국령 제도 – 옮긴이)의 역외 법인을 이용했다.

이 세금 전략이 매우 야비하다고 느껴질지 모르지만 완전히 합법적이다. 택스셰이밍^tax shaming (세금을 제대로 내지 않거나 윤리적이지 못한 방법으로 절세하는 기업을 거명하여 공개 망신을 주는 행위 – 옮긴이)에도 불구하고 현재와 같은 글로벌 세상에서는 각국의 세법이 상이한 이상 이런 전략이 계속될 것이다. 문제는 세법에 있다. 이런 관례를 근절하려면 법이 개정되어야 하지만 정부는 여태까지 손 놓고 있었다. 반면에 이런 절세 전략을 구사하기 어려운 기업은 불평등하게 세금을 많이 내게 되고, 다른 기업이 대놓고 저지르는 부당함에 불만이 점점 커질 것이다.

수익성만큼이나 시장점유율도 기업의 가치를 결정짓는 요소다. 현재의 이익보다 미래의 잠재이익이 더 중요하게 여겨진다. 매출액으로 보면 디즈니가 넷플릭스보다 30배 많지만 시가총액은 비슷하다. 시장은 이익을 기다릴 줄 안다. 심지어 영업이익도 상관없다. 그러기 위해서 지금 필요한 건 시장점유율 확보다.

이익을 내지 못하면 정부에 세금을 내지 않아도 된다.

점유율의 중요성을 알고 있는 거대 IT 기업들은 서비스를 무료로 제공한다. 여기서 우리는 일종의 디지털 물물교환을 보게 된다. "인터넷이 무료면 당신이 상품이다"라는 말이 있듯이 IT 기업들은 데이터, 특히 개인 데이터라는 귀중품 시장을 창조했다. 이 시장에서 데이터는 현금과 마찬가지다. 지메일, 구글맵, 구글 검색을 무료로 이용하는 대신 사람들은 데이터를 내놓는다. 구글의 지배력이 더욱 강화되고 시장점유율이 늘어나면서 구글의 시장가치도 높아지지만 세금은 단 한 푼도 내지 않는다.

구글이 이런 데이터를 팔거나 데이터를 이용해 광고면을 판다면 과세 대상 거래가 발생한다. 그러나 이를 다른 국가에 팔면 세금이 발생하지 않는다.

머지않아 거대 IT 기업들은 비트코인 같은 암호화폐 모델을 기반으로 (기존 암호화폐보다 더 중앙화된) 사적 화폐체계private money system를 보유하게 될 것이다. 플랫폼이 자급자족 가능한 경제적 커뮤니티화하면서 자기들 끼리 우버 달러나 에어비앤비 코인으로 거래하듯, IT 기업이 만드는 코인은 상품과 서비스 심지어 데이터를 거래하는 수단으로 사용될 것이다. 이런 거래에는 어떻게 세금을 물려야 할까? 페이스북 코인이나 유튜브 코인으로만 보수를 받는 미래의 콘텐츠 크리에이터에게 세금을 부과하는 게 생각보다 간단한 문제가 아니다. 화폐 자체가 변하고 있기 때문에 기존의 과세체계를 무시하는 완전히 새로운 경제체계가 탄생할 것이다. 과연 정부가 페이스북 코인으로 세금을 받고 그 코인을 다른 사람에게 지불하는 용도로 사용할까?

기업을 잘 운영하려면 정부 비용을 줄이는 방법을 찾아야 한다. 예전 같으면 과세당국이 거두어 보냈을 세금이 더 이상 국고로 들어오지 않는다. 그러므로 정부는 징세 방법을 다시 생각해보아야 한다.

이런 혁신이 지속될 것이라는 데는 의심의 여지가 없다. 2000년대에 인터넷이 미디어와 출판 분야에 엄청난 변화를 야기했듯, 많은 분야에서 새로운 기술이 20세기의 큰 정부 모델에 지각변동을 일으키고 있다. 음악계나 신문업계가 아무 준비 없이 당했지만, 지금의 정부는 이들보다 더 준비가 안 된 상태로 당할 것 같다.

3D 프린팅과 사물인터넷에 대한 과세

기술에 대한 과세는 점점 더 복잡해지기만 할 것이다. 세법이 밸류체인value chains의 변화를 따라가지 못했기 때문에 세금을 제대로 내고 싶어도(대부분은 세금을 제대로 내고 위법을 저지르려 하지 않는다) 내지 못하는 경우가 많다. 여러 곳에 서버를 두고 멀리 떨어진 다른 지역으로 전송한다면 이익은 어디에서 발생하는 것으로 보아야 할까? 비용은 어디에서 처리해야 할까? IP는 어디에 있을까? 부가가치는 어디에서 창조된 것으로 보아야 할까? 부가가치세는 어느 국가에 납부해야 할까? 이중과세 가능성은 없을까? 이런 질문 외에 많은 문제가 아직 해결되지 않고 있다.

3D 프린팅에도 유사한 문제가 발생할 것이다. (3D 프린터 산업이 잘 된다고 가정하고) 가정이나 가까운 곳에 3D 프린터가 있다고 하자. 프린트하고 싶은 물건을 구입하면 다른 지역(아마도 임대 및 에너지 비용이 저렴한, 멀리 떨어진 안전한 지역일 것이다)에 있는 서버에서, 다른 지역에 있는 IP 주소를 통해, 또 다른 지역에서 받은 코드로 3D 프린터에 작업 지시가 갈 것이다. 이제 같은 문제가 다시 발생한다. 부가가치는 어디에서 생겼을까? 이익은 어디에서 발생할까? 돈은 누가 벌까? 세금은 누가 어떻게 매겨야 할까? 지역의 차이로 인한 온갖 종류의 문제가 발생한다. 반면에 기존의 공장, 창고, 물류, 그리고 관세 체계가 모두 생략되면서 제조업은 뿌리부터 흔들린다. 상품의 이동과 서비스 공급에 과세하던 오랜 관행이 더 이상 통하지 않을 것이다. 그러면 정부 수입은 감소한다.

갈수록 집과 사무실에 사물인터넷과 연결된 기기들이 많아질 것이다. 여기저기 온갖 종류의 센서가 설치되어 자기들끼리 데이터를 주고받을 것이다. 예를 들어 집 안의 난방장치는 당신의 스마트워치에 장착된 위치측정기에 연결되어 당신이 집에 오는 것을 미리 알고 도착 시간에 맞춰 적정한 온도가 되도록 작동한다. 또한 도착하면 조명도 알아서 켜진다. 같은 원리로 도시의 에너지를 관리할 수 있다. 길거리에 아무도 없는데 가로등을 켜봐야 에너지만 낭비될 뿐이다. 사물인터넷은 수송, 제조, 농업, 의학, 요양, 교육, 자산관리, 환경 감시 등의 분야에 매우 유용하다. 사실 유용하지 않은 분야를 찾기 힘들다.

데이터의 교환에는 과세 가능한 상품이나 서비스의 판매가 포함되어 있다. 우유나 치즈가 떨어진 것을 냉장고가 알아차리고 주문을 한다. 30분 후에 드론이 물건을 배달해준다. 이것은 명백한 판매라고 보기 어렵고 단순한 정보나 데이터의 교환에 불과하다. 이로 인해 누군가 어떤 형태의 이익을 취할 수도 있지만 데이터의 교환이 꼭 과세 가능한 금융거래라고 볼 수는 없다. 종종 상품과 서비스의 정의가 모호할 때가 있다. 법정화폐로는 거래가 발생하지 않았다. 여태까지 다루었듯 지리적으로 국경을 무시하는 문제가 발생한다. 정확히 정부가 어떻게 과세할지가 아직 명확하지 않다. 판매세나 거래세, 일종의 소통세, 전기통신세 또는 인터넷세를 부과할 수도 있다. 단, 미국에서는 '인터넷 접속세와 전자상거래에 대한 중복 및 차별 과세가 영구 금지'되어 있으므로 인터넷세는 부과할 수 없다.

미국의 저술가이자 정치 활동가인 존 페리 발로^{John Perry Barlow}는 〈사이버스페이스 독립선언문Declaration of the Independence of Cyberspace〉에서 "산업사회의
정부들아, 지겨운 살덩이와 쇳덩이 거인들아, 나는 마음의 새 고향 사
이버스페이스에서 왔노라. 미래를 대신해서 네 과거의 망령에게 명령
하나니 우리를 건드리지 마라. 너희는 환영받지 못한다. 우리가 사는
곳을 다스릴 권한이 없도다. (중략) 사이버스페이스는 너의 관할권 바
깥에 있다"라고 말했다.[5] 1996년에 발표되어 널리 알려진 이 선언문은
물론 법적 효력은 없지만, 인터넷의 본질적인 면을 제대로 표현하고
있다. 인터넷으로 인해 정부는 여러 국가에 걸쳐 있는 디지털 무형자
산에 어떻게 과세할지 고민하지 않을 수 없는 상황이다.

　징세 모델의 붕괴는 계속될 것이다. 탈중앙화된 자율조직들decentralized
autonomous organizations (줄여서 DAO)이 출현하고 있다. DAO는 본사나 공식조
직이 없고 어느 곳에도 기지가 없으며 중심 장애점이 존재하지 않는다.
비트코인처럼 DAO는 분배된 네트워크로 폐쇄하거나 과세할 주체가
없다. 화폐는 자체적으로 발행한 코인으로, 기존의 명목화폐와 별개로
존재한다. 플랫폼과 비즈니스는 코드로 자동화되며 오픈소스 기반 위에
만들어진다. DAO 개발자들은 암호화폐를 지지하며 자유주의적 세계관
을 가진 사람들이며 그들의 의도는 국가를 완전히 없애는 것이라고 말
한다. 2000년대와 2010년대에 IT 거대 기업에 정부가 제대로 대응하지
못해 국가의 수입 모델이 붕괴되었음에도 DAO에 대해서는 더욱 준비
가 안 되어 있다.

　새로운 기술로 인해 정부는 지금 위험에 직면해 있다. 세법이 제정
될 때만 해도 디지털 세상이 도래하기 전에 국경이 명확한 시대였다.

정부가 디지털 세상의 무형자산에 (교역을 그대로 유지하면서) 공정하게 과세할 방법을 찾지 못한다면 큰 정부가 운영하는 사회민주주의 모델은 실패할 것이다. 국가가 생존할 수입이 없어지기 때문이다. 한 집단은 무겁게 과세되고 다른 집단은 면제되는 불공평한 경제체제는 지속될 수 없다. 시민들의 분노가 폭발할 것이다.

정복왕 윌리엄은 잉글랜드의 가치를 평가하기 위해 측량사들을 잉글랜드 전역에 보내 조사시켰다. 그 조사 결과는 둠스데이북^{Domesday Book}에 담겨 있는데 한마디로 징세를 위한 기초자료였다. 가치를 평가하는 일은 유형자산을 측량하고 개수를 세고 가격을 매기는 일을 포함한다. 영국의 발명가 마이클 패러데이^{Michael Faraday}가 전기와 관련 발명품을 설명하는 자리에서 당시 영국의 성질 급한 재무장관 윌리엄 글래드스턴은 "그런데 도대체 어디에 쓰는 건가?"라고 짜증 섞인 말투로 물어보았다. 패러데이는 망설임 없이 "장관님, 곧 세금을 매길 수 있을 겁니다"[6]라고 대답했다는 이야기가 있다.

정부의 당면과제는 국경 없는 디지털경제에 과세할 방법을 찾아내는 것이다. 심지어 주식시장도 IT 기업의 무형자산 가치를 어떻게든 기존 방식으로 평가해보려고 애쓰고 있고, 전통기업은 IT 기업의 가치에 거품이 잔뜩 끼었다고 늘 비판한다. 경제가 바뀌었다. 세금체계 역시 바뀌어야 한다.

"정부는 움직이지 못하는 것에는 가장 확실하게 세금을 매길 수 있다." 밀턴 프리드먼은 정확히 미래를 내다보며 말했다. "사이버 공간에서는 세금 거두기가 매우 힘들어진다. 그렇기 때문에 정부 역할이 축소될 수밖에 없다."[7]

　계속 읽다 보면 알게 되겠지만, 정부가 가진 무기는 엄청난 양의 데이터다. 기술이 문제가 되기도 하지만 동시에 해결방안도 제시한다.

18장

조세 당국의 새로운 친구,
데이터

"디지털 기술은 원인이자 해결책입니다." KPMG 회계법인의 국제조세 책임자인 멜리사 가이거[Melissa Geiger]는 말한다. 나는 지금 멜리사와 그녀의 동료이자 IT 기업 세금 전문가인 크리스 다우닝[Chris Downing]과 대담하고 있다. 크리스도 동의한다. "세무행정 업무는 디지털을 매우 좋아하면서도 싫어합니다."

우리는 런던 카나리워프[Canary Wharf](런던 동부에 있는 대규모 금융 단지 - 옮긴이)에 있는 근사한 KPMG 사무실에서 세금의 미래, 특히 점점 더 골치 아파지는 무형자산 과세에 대해 답을 찾고 있다. 현재로서는 어떠한 묘책도 없는 듯하다. 있다면 축적된 IT 기술 속에, 구체적으로는 데이터 분석 어디엔가 있을 것이다.

우선 디지털 기술은 징세 방식을 더 효율적으로 개선할 것이다.

"이 기술은 거둬야 할 세금과 실제 거둔 세금의 차이를 뜻하는 소위 택스갭[tax gap]을 메우는 혁신적인 해결방안이죠." 크리스의 설명이다. "비공식경제[grey economy](정부의 통제나 간섭 없이 세금도 없고 통계에도 안 잡히는 부문으로, 노점상이나 계 등을 포함한다 - 옮긴이)나 블랙경제[black economy](정부 규제를 회피해서 보고되지 않는 경제로, 흔히 지하경제라고도 한다. 사채, 마약, 매춘, 도박 등을 포함한다 – 옮긴이) 또는 단순한 현금거래를 말하는 게 아닙니다. 택스갭은 가방 한가득 영수증을 넣고 회계사를 찾아가던 수작업 시대에 발생하던 계산 금액 차이 같은 거죠. 하지만 오늘날은 전산으로 모든 데이터를 수집합니다. 전자송장, 블록체인, 실시간 신고 등의 기술은 유례없는 방식으로 정부의 세수입을 극대화하는 데 도움을 주고 있어요. 거두어야 할 세금을 제대로 거둘 수 있다면 납세자들을 혼란스럽게 하지도 않고 새로운 세금정책을 세우지 않아도 됩니다. 이런 기술을 이용해 2퍼센트, 3퍼센트 또는 4퍼센트의 추가적인 세수입을 얻을 수 있다면 나머지 문제는 크게 중요하지 않지요."

디지털 기술은 또한 징세 효율을 높인다. 무인자동차에 내장된 컴퓨터가 주행거리에 따라 자동적으로 세금을 낼 것이라는 건 쉽게 예측할 수 있다. 블록체인인 디지털 데이터는 누구나 접근 가능하며, 정보를 기록하고 화폐와 데이터, 자산 등을 전송하는 데 쓰였지만, 세금징수에도 사용할 수 있다. 예를 들어 대형 컨테이너선과 화물이 항구에 들어오면 화물의 종류에 따라 보험료, 관세, 이용료, 세금을 사람의 개입 없이 자동으로 책정하고 납부한다. 이 시스템이 훨씬 저렴하면서도 정확하다.

각국의 중앙은행은 궁극적으로 블록체인 기반의 화폐를 제정하려는 움직임을 보이고 있는데 현재로선 에스토니아가 가장 앞선 상황이다. 블록체인 기술은 이미 건강보험, 사법, 입법, 보안 및 상거래 등 여러 분야의 데이터에 활용 중이다. 만일 중앙은행이 블록체인 기술을 채택하게 되면 이는 엄청난 사건이 될 것이다. 왜냐하면 송금인과 수취인을 포함한 모든 거래가 기록되어 감사 대상이 되기 때문이다. 실수든 고의든 세금을 안 내기는 더욱 힘들어지고 택스갭도 현저히 줄어들 것이다.

세금징수도 알아서 한다. 세금이나 벌금이 나오면 계좌에서 자동으로 그 액수가 빠져나간다. 모든 것이 코드화된다.

전자송장도 점점 대세가 된다. "브라질은 세금징수와 관련된 모든 업무를 디지털화했습니다." 크리스가 말한다. "실시간으로 전자송장을 발행해야 합니다. 그러니 실시간 데이터가 축적되지요. 회계연도 말에는 전자원장을 제출해야 하고요. 그러니 정부는 원하는 시점에 모든 거래의 '입체도'를 볼 수 있는 겁니다. 세무당국은 조세채무를 당사자보다 먼저 파악할 수 있어요. 제대로 안 내면 100퍼센트 벌금이 부과됩니다. 제때 내지 않으면 세금 부담이 더 심각해지죠."

이 모든 게 너무 권위주의적이고 전체주의적인 것 같다고 내 느낌을 말했더니 크리스가 답했다.

"웃긴 게, 기술적으로 앞서가는 세무행정을 펴는 국가는 대개 개발도상국입니다. 그런 기술을 도입해도 반대하는 여론이 없어요. 그러니 국민 눈치를 볼 필요 없이 그냥 실시하면 되는 거죠. 브라질, 멕시코에 이어 중국도 참여 중입니다. 멕시코도 전자송장제도를 도입했어요. 고객에게 송장을 발행하면 정부 포털사이트를 통해서 등록이 됩니다."

"모든 송장을요?"

크리스와 멜리사 둘 다 고개를 끄덕인다.

"모든 송장이죠, 영세 사업자까지. 부가세 환급을 신청하려면 포털 사이트에서 인증을 받아야 합니다. 안 그러면 환급을 못 받아요. 모든 정보가 포털로 모여 인증을 받습니다. 대기업부터 영세 상인까지, 고의든 아니든 다 걸러지죠."

"다른 나라는 어떤가요?" 내가 물어보자 멜리사가 대답한다. "이미 따라 하고 있어요."

이탈리아도 전자송장을 도입 중이다. 기업에서 정부로 발행하는 송장에 대한 EU의 방침이 발표되었다. 신고방식과 징수방법은 늘 법보다 앞서간다. 세무당국은 기업에 점점 더 많은 자료를 요구한다. 거래사와 고객, 전자송장, 거래시간, 회계기록 같은 것들이다. 당국은 받은 자료를 AI와 로봇 기술을 이용하여 다른 세무 기록과 대조 검토한다. 더 많은 정보를 가지고 있으므로 공격적인 징세가 가능하다.

"제 수준에서도 배관공 15명의 세금과 수입을 한번 보면 그중에 눈에 띄는 사람을 금방 골라낼 수 있지만, 새로운 기술은 수준이 다르죠. 어느 나라라고 밝히지는 않겠지만 그곳에서는 신문 기사에 난 연구개발비 지출 금액만 봐도 그 회사가 내야 할 세금을 추정할 수 있다고 합니다." 멜리사의 말이다.

우리는 이제 막 데이터, 데이터 분석 그리고 머신러닝의 위력을 깨닫기 시작했다. 아마존은 이전부터 나의 구매 습관과 인터넷 접속 이력을 통해 내가 뭘 사고 싶어 하는지 제품을 검색하기 전에 다 알고 있는 것 같다. 2012년에 벌써 유통 체인점 타깃^{Target}은 10대 소녀의 임신 사실을 미리 알고 유아용품 쿠폰을 보낼 정도였다. 2015년에는 페이스북의 '좋아요' 300개만 보면 알고리즘이 어떤 주제에 대한 당신의 답을 배우자보다 더 잘 예측할 수 있다는 연구 결과가 나왔다.[1] 페이스북의 '좋아요'로 당신의 성별, 인종 그리고 지지 정당을 파악할 수 있다. 도널드 트럼프의 선거 전략이 잘 먹혔던 것은 펜실베이니아, 플로리다, 오하이오, 미시건, 위스콘신 같은 경합 주의 여러 데이터를 분석해 '설득 가능한 유권자'에게 맞춤형 광고를 한 것이 주효했기 때문이다.[2] 예를 들어 중년 여성에게는 부드러운 목소리로 미래를 염려하는 온건한 광고가 나갔고 젊은 사람들에게는 보다 자신만만하고 공격적인 광고를 집중했다. 이 광고를 대행한 케임브리지 애널리티카Cambridge Analytica에 따르면 미국산 자동차를 선호하는 유권자는 트럼프를 지지할 가능성이 매우 높았다고 한다. 근래 포드나 쉐보레 자동차를 구입했지만 아직 투표하지 않는 유권자는 '설득 가능한 유권자'로 분류되어 특별 관리 대상이 되었다. 나머지 자질구레한 일은 컴퓨터 프로그램과 알고리즘이 알아서 했다.

세금 분야에도 비슷한 일이 발생하고 있다. 일례로 영국 국세청은 대영도서관의 모든 자료보다 더 많은 정보를 보유한 커넥트Connect라는 강력한 컴퓨터 프로그램을 가지고 있다. 엄청난 데이터 수집 능력으로 아마존, 애플, 에어비앤비, 페이팔 같은 플랫폼 기업에 판매자와 광고업자의 이름, 주소 등을 포함한 데이터를 요구할 수 있다.[3] 납세자 대부분의 자세한 현황을 통합하고 필요하면 더 많은 데이터를 수집할 수 있다. 우리가 뭘 사고 싶은지 아마존이 미리 아는 것처럼, 국세청도 우리가 내야 할 세금을 정확히 알게 될 것이다.

커넥트가 초기에 이룬 성공 사례 중 하나는 런던의 한 개인주택 주소지에서 연이어 신용카드 매출이 발생하는 것을 찾아낸 경우다. 그 주택의 가격은 수백만 파운드에 달했으나 아무런 세금 납부 이력이 없는 사람의 단독 명의로 되어 있었다. 파악되는 소득이라고는 연금이 유일했다. 인터넷으로 검색해보니 그 주소에 기반을 둔 에스코트 서비스 대행사의 광고가 나왔다. 영국 국세청의 조사가 들어갔고 소유주는 6년 넘게 장사를 했다고 인정했다.

세무당국은 일정한 행동 패턴이 탈세를 암시한다는 걸 알고 있으므로 컴퓨터가 그 패턴을 찾아 데이터를 샅샅이 훑는다. 예를 들어 '조세 피난처tax haven'를 검색하고 비싼 샴페인을 구입하며 리히텐슈타인의 비트코인 거래소에 계좌를 개설하는 사람은 모형 기차에 관심 있는 공무원보다 훨씬 더 조사할 가치가 있다. 그다음엔 인터넷 로봇 프로그램이 SNS를 샅샅이 뒤져 증거를 찾는다. 어느 사업자가 적은 소득을 신고했는데 페이스북에는 최고급 휴가를 보내는 사진이 올라온다면 그건 뭔가 있다는 이야기다. 리얼리티 TV 프로그램인 〈마이 빅 팻 집시 웨딩My Big Fat Gypsy Wedding〉에는 호화 결혼식에 많은 돈을 쓰는 사람들이 나온다. 영국 국세청은 이 사람들이 소득을 제대로 신고하지 않았다는 걸 알고 곧바로 조사에 착수했다.[4] 유형별로 위험해 보이는 신고 유형을 찾아내어 조사 건수를 늘리지 않고도 25배나 많은 탈세를 적발할 수 있었다. 갑자기 잠수를 타거나 부업의 기미가 보여도 역시 조사 대상에 오른다. 전 세계의 지방정부는 지주들에게 보유 토지를 등록하도록 점점 압박을 넣고 있다. 그렇게 해서 인허가제로 바뀌면 세금을 납부해야 할 것이다. 탈세

이력이 있는 회사는 좀 더 꼼꼼한 감사를 받을 것이다. 이 또한 컴퓨터가 할 일이다.

머신러닝이 진보할수록 사람들은 더욱 철저히 사찰될 뿐 아니라 수량화·서열화된다. 이러한 서열화는 사람들의 직업과 대출 조건, 보험료, 공공서비스 혜택에 영향을 미친다. 모든 것에 점수가 매겨진다. 기술은 정보에 근거하여 사람들에 대한 예측을 돕는다. 언제 죽을지, 언제 병에 걸릴지, 얼마나 열심히 일할지, 직장에서 어디까지 승진할지, 외도나 범죄 가능성이 있는지, 얼마나 많은 돈을 벌지, 파산할지 또는 조세 포탈을 할지 등을 예측할 수 있다. 사이코그래픽스psychographics 같은 정성적 기법을 활용하여 사람들의 정확한 프로필 데이터를 구축할 수 있다. 플랫폼 기업은 모든 사람을 평등하게 대접하지 않는다. 올바른 자질을 갖춘 사람은 그렇지 못한 사람보다 잘 대우받는다. 머신러닝이 얼굴 사진 한 장으로 범죄자 여부를 90퍼센트 정확하게 파악할 수 있다고 한다.[5] 정황상 증거만 가지고도 범죄를 예측할 수 있다. 징세 업무에 확률 예측 기법이 도입되면 세무당국은 상당한 윤리적 정당성을 갖게 된다.

권위주의자들은 숨길 게 없으면 두려워할 일도 없다고 주장한다. 자유주의자들은 이런 행동이 개인의 사생활과 자유를 침해한다고 말한다. 이에 대한 각자의 입장이 어떻든 지구상 모든 곳에서 이런 일이 발생할 것이다. 기술의 발전과 부족한 정부 세수가 맞물려, 이는 피할 수 없는 현상이 되어버렸다.

제이미 서스킨드Jamie Susskind는 저서 《미래 정치학Future Politics》에서 "디지털 생활세계는 사람들이 서로를 정밀조사하는 능력에 커다란 변화를 가져올 것"이라고 말한다.[6] "첫째, 기록할 수 없거나 너무 복잡해서 한 번에 전체를 파악하기 불가능한 인간 생활의 모든 부분들을, 정밀조사 수단을 보유한 사람들이 파악하고 이해하게 될 것이다. 둘째, 정밀조사는 점점 턱밑으로 다가와서 전에는 사적 공간으로 인식했던 곳까지 침범한다. 셋째로, 정밀조사를 통해 얻은 자료는 점점 없애기 힘들어져 우리의 기억, 심지어 우리 자신보다 더 오래 보관될 것이다. 넷째로, 미래를 읽도록 설계된 기계들은 점점 더 우리의 행동을 정확히 예측할 것이다. 마지막으로, 우리의 인생은 점점 평가 대상이 되어 점수, 등급, 순위가 매겨질 것이다. 그것이 누적된 결과가 우리가 한 번도 경험해보지 못한 수준의 정밀조사이며, 우리를 평가하는 기관의 힘은 점점 더 막강해질 것이다."

과세당국은 세무사찰부터 원천징수까지 가용한 모든 수단을 동원할 것이다. 방향의 옳고 그름을 떠나 어쨌든 우리는 지금 이런 방향으로 나아가고 있다.

국세청은 얼마나 많은 자료를 확보했는지를 일부러 공개하여 납세자에게 공포심과 죄책감을 불러일으켜 조세 포탈을 예방한다. 탈세자들을 기소하겠다고 협박하기도 하고 감형을 내걸어 자수를 유도하기도 한다.

크리스는 "브라질 같은 나라는 가장 선진화된 디지털 세무 관리체계를 보유하고 있어요. 기업의 세무팀 조직이 막강하고 많은 인원을 고용해서 규제 조치에 대응하고 있지요. 앞에서는 두 사람이 돈 벌고 뒤에서는 열 사람이 규제와 관련된 온갖 지저분한 뒤처리를 하는 미래의 회사가 상상되세요? 규제가 어떻게 작용하는지 일관성도 없고 원칙도 없다면 충분히 가능합니다"라며 혀를 찬다.

춤은 계속된다. 징세당국과 납세자, 경제적 자유와 과세, 혹독한 세금과 원활한 기업활동 간의 밀고 당기는 춤은 계속된다. 수단은 바뀔지 모르지만 춤은 영원하다.

국제적 협력

데이터 공유 및 분석은 국제적인 협력사업이 되고 있다. 각국의 세무당국은 전부터 데이터를 공유해왔고 그 이상의 협력도 이루어지고 있다. 공통보고기준Common Reporting Standard이 마련된 덕분에 정부는 개인의 세부적인 은행 잔고, 이율, 배당금, 양도소득 및 소득을 전 세계 47개국과 공유할 수 있다. 최근에는 영국, 프랑스, 네덜란드가 협력해서 스위스 은행인 크레디트스위스Credit Suisse를 합동조사하기도 했다.

그러나 각국의 조세체계 자체는 여전히 상이하다. "세법 규정이 너무나 앞뒤가 안 맞고 제각각이에요. 한마디로 엉망진창이죠." 멜리사가 한심하다는 듯 내뱉는다. "모든 고객사가 가장 고심하는 부분은 어떻게 상이한 규정을 준수하면서 사업을 지속하느냐는 것이에요."

"모든 사람들이 원하는 것은 확실성입니다." 크리스가 말을 잇는다. "예를 들어 OECD 회원국이 국가별 현황과 관련해 어떤 발표를 하면 각자 다른 식으로 해석을 합니다. 그래서 57개의 완전히 다른 해석판이 나오는 거죠."

크리스와 멜리사는 앞으로 국가별로 더욱 차이가 많이 날 것으로 예측했다. 원인은 경쟁이다. 그들은 경쟁 때문에 기업의 법인세가 감소할 것으로 보았다.

이 모든 예측에서 소위 조세 피난처의 역할에 대해 고려할 것이 있다. 조세 피난처의 정의는 정치적 성향에 따라 달라질 수 있다. 어떤 사람에게 경쟁적인 세율이 다른 사람에게는 엄청나게 낮은 세율이 될 수도 있다. 그러나 다국적기업의 투자를 유치하기 위해서 다양한 세율을 제공할 가능성이 남아 있는 한, 각국의 경쟁은 지속될 것이고 세율을 낮추려는 경쟁도 계속될 것이다. 정의로운 세금을 지지하는 사람들은 모든 국가가 협력하여 조세 피난처를 압박해서 수출입 금지 같은 징벌적 조치를 도입해야 한다고 주장한다. 그러나 강대국이 주관하여 이런 공격적인 정책을 펼 것 같지는 않다. 프랑스가 스위스와의 교역을 중단할 수 있을까? 영국과 아일랜드가 무역관계를 끊을 수 있을까? 미국 연방정부가 델라웨어주와 교역 관계를 단절하는 게 가능할까? 니컬러스 색슨Nicholas Shaxson 은 그의 저서 《보물섬Treasure Islands》에서 세계 교역의 50퍼센트 이상이 조세 피난처를 거쳐 발생한다고 주장한다.[7] 가브리엘 쥐크만Gabriel Zucman 은 《국가의 잃어버린 부La richesse cachee des nations》에서 전 세계 가계 자산의 8퍼센트에 해당하는 무려 7조 6,000억 달러의 개인 재산이 역외 조세 피난처에 보관되어 있다고 주장한다.[8] 금수조치를 내리면 정말 볼만할 것이다.

징벌적 수준의 세율을 부과하려는 정부의 의지를 억제하고 사유재산권을 인정하지 않는 독재정부로부터 재산을 빼놓을 장소를 제공한다는 측면에서 조세 피난처가 국제사회에서 나름대로 역할을 한다는 주장도 있다. 정치체제가 어떻게 바뀌더라도 누군가의 사유재산은 당연히 그 사람 것이기 때문이다.

"아마도 두 가지 종류의 세금만 남을 것 같아요." 멜리사가 덧붙인다. "하나는 유형자산, 즉 반드시 여기에 있어야 하는 것들에 붙이는 세금으로 20퍼센트나 30퍼센트로 과세되지요. 나머지 하나는 무형자산에 대한 세금인데 전 세계 어느 곳이든 갈 수 있으니 아일랜드에 가면 12.5퍼센트, 영국에서는 10퍼센트, 이런 식으로 달라질 수 있어요. 결국 구세계의 실물에 대한 세금과 신세계의 무형자산에 대한 세금이라는 이중구조 체계를 갖게 되는 셈이죠."

12.5퍼센트라는 낮은 법인세 때문에 아일랜드를 조세 피난처로 간주하는 사람들이 있다. 하지만 소득이 3만 8,500파운드 이상이면 40퍼센트의 소득세를 내야 하는 아일랜드의 노동자들은 그렇게 생각하지 않을 것이다. 또 다른 문제는 각기 다른 지역에 각기 다른 세율로 과세하면서 생기는 경제적 악영향이다. 즉 소득세는 중과하면서 법인세는 낮은 세율로 과세하면 경제적 불평등이 심화되어 정치적 불안으로 이어질 수 있는데 이는 다음 장에서 자세히 살펴볼 것이다.

내 생각에는 어느 순간에 표준화가 일어나지 않을까 싶다. 다국적기업은 거의 대부분 로봇 프로세스 자동화^{robot process automation}를 회계업무에 이용하고 있다. 인간과 달리 로봇은 머신러닝이 진행됨에 따라 24시간 기업의 거래를 분석하고 대금 지급, 세금 신고 및 기타 일상적 업무를 자동화 처리하여 정보에 기반한 정확한 결정과 판단을 내린다. 각 지역 및 지사의 데이터가 본사의 데이터 처리 센터로 모여 각국의 유용한 정보가 축적된다. 분석기술이 송장과 공급업체 및 고객의 회계 데이터를 연결해서 최적화하여 회계사들이 말하는 '절세 기회를 포착'한다. 데이터 분석기술은 항상 발전한다. 이것이 세무행정의 디지털화다. 각국의 조세제도가 상이하기는 하지만, 소프트웨어는 같은 것을 사용한다. 이렇게 중앙으로 집중된 데이터는 다른 지역의 각기 다른 회계감사에도 유용하게 쓰일 수 있다. 한 국가에서 회계감사가 성공적으로 실시된다면 다른 국가에서도 비슷하거나 더 좋은 결과를 기대할 수 있다. 이렇게 모르는 사이에 우리는 '전 세계적으로 단일한 세금'을 도출할 수 있다.

"언젠간 그렇게 되겠지요." 크리스가 말했다. "하지만 아직 갈 길이 멀어요. 우선은 규정이 중구난방으로 변할 겁니다. 새로 당선된 지도자나 재선을 원하는 지도자가 '나도 트럼프 대통령처럼 투자유치를 위해 세제개혁을 해야겠어'라고 생각할 수 있어요. 그러면 OECD의 지침은 무시되는 거죠."

"결국엔 의견 일치를 보겠지만, 먼저 혼란한 단계를 겪어야 할 거예요." 멜리사의 말이다.

기술이 정의로운 세금 전사를 무장시키는 방법

세법은 기술의 발전을 따라오지 못했지만 미디어는 그렇지 않다. 그들은 신기술과 자신들의 플랫폼을 이용해서 개인이나 기업이 잘못하고 있는 점을 공격하고 폭로했다.

크리스와 멜리사 둘 다 다국적기업이 탈세를 위해 고의적으로 조세당국을 속인다고는 생각하지 않는다. 하지만 세법을 제대로 준수하는 게 생각만큼 쉬운 게 아니다.

"흥미로운 주제입니다. 저와 함께 일하는 기업들은 대부분 세금을 정확히 내야 하기 때문입니다. 만일 그 세금이 법적으로 내야 하는 것이면 안 내고는 못 버티죠. 정부 당국을 이긴다고 좋은 게 아니에요. 기업하는 데 대중의 평가는 중요합니다. 데이터와 기술의 발전으로 모든 것이 더 투명하게 잘 보인다는 걸 기업도 잘 알고 있죠"라고 멜리사가 설명한다.

기업은 법적으로 가능한 한 가장 적은 세금을 내려 하고 그렇게 회사를 운영하고 있지만, 그렇다고 해서 사회적으로 물의를 일으키면서까지 그렇게 하려 하지는 않는다. 많은 회계법인은 기업 고객의 명성에 문제가 생겼을 때를 대비해 '세금 분규 처리'만을 전문적으로 담당하는 팀을 운영한다. '택스셰이밍'이 발생하면 조직이 확 바뀐다. 대상기업이 법대로 세금 문제를 처리했다고 하더라도, 단지 법의 준수로는 충분하지 않아서, 원하지 않던 미디어의 조명을 받는 경우가 발생하기도 한다.

애플, 구글, 페이스북, 아마존, 스타벅스, 보다폰 같은 다국적기업들은 세금 처리 문제로 계속해서 언론의 집중 조명을 받는 듯하다. 단지 이런 회사들에만 해당되는 문제가 아니다. 기업활동에서 세금은 항상 불거지는 문제지만 이제는 고소득 개인이나 가문도 마찬가지로 언론의 조사 대상이 된다. 축구 스타인 리오넬 메시, 크리스티아누 호날두, 가수 샤키라, 저스틴 팀버레이크와 마돈나, 배우인 키이라 나이틀리, 아미타브 밧찬 그리고 심지어 엘리자베스 여왕과 찰스 황태자 등도 원치 않는 언론의 구설수에 올랐다.

2015년에는 스위스 리크스^{Swiss Leaks}(HSBC 스위스 지부의 비밀 계좌가 유출된 사건 - 옮긴이)가 터져 엄청난 규모의 탈세가 행해졌다고 의심되는 10만 개의 비밀 계좌와 2만여 개의 역외 유령회사 목록이 폭로되었다. 다음 해인 2016년에는 파나마 페이퍼스^{Panama Papers} 스캔들이 터졌다. 조 도^{Joe Doe}라는 익명의 인물이 독일 신문 〈쥐트도이체 차이퉁^{Süddeutsche Zeitung}〉에 1970년대부터 발생한 21만 4,448개의 역외법인 관련 재무 및 법률 정보 150만 건을 유출한 사건이다.

아마존 웹사이트에 가서 검색란에 'tax'를 입력해보라. 세금의 과거, 현재, 미래처럼 중요한 주제를 다룬 책들은 안 보이고 역외 금융에 분노하는 책이 많이 나올 것이다. 이와 관련한 수많은 영화, TV 및 라디오 추적 프로그램이 제작되었다. 이 문제를 집중적으로 다루는 블로그도 있다. 이런 조사를 하는 사람들은 매우 강력한 동기, 즉 불공정에 맞서 싸우며 선과 악의 투쟁에서 도덕적인 우위를 차지한다는 생각으로 무장하고 있기 때문에 엄청나게 집요하다. '택스셰이밍'은 이미 정치 및 이념 전쟁을 달구는 무기로 등장했다. 세수 감소로 향후 정부의 공공서비스가 위축되면 이런 논쟁은 더욱 치열해질 것이다.

택스셰이밍은 점점 증가하고 있으며 향후 더욱 커다란 문제가 될 것이다. 2016년에 〈인터내셔널 택스 리뷰International Tax Review〉는 세금 분야에서 가장 영향력 있는 개인이나 단체, 사건, 트렌드를 선정하는 글로벌 택스 50대 사건에 국제탐사보도언론인협회International Consortium of Investigative Journalists를 2위에 선정했다(1위는 유럽위원회European Committee의 경쟁부문 담당위원인 마르그레테 베스타게르Margrethe Vestager가 모든 다국적기업 중에서 특히 애플의 세금 문제를 드러낸 공로로 선정되었다). 2017년에는 택스셰이밍 탐사를 주로 하는 언론인들이 제5계급이라는 기치하에 뭉쳤다. 이 단체가 그해 4위에 올랐다.

'납부를 최소화하기 위해 세금 문제를 효율적으로 처리한' 기업으로 낙인찍히면 일반인들의 분노지수는 상승한다. 이는 전 세계적으로 퍼지고 있는 정치 불만을 가중하는 중요 요소로 작용하며, 사람 가려가며 규칙이 적용되는 기울어진 운동장에서 대중들이 느끼는 불만을 표출한다. 이런 분노는 미래 사회의 피할 수 없는 주요 불만족 요소로 남을 것이다.

영국 국세청도 택스셰이밍을 적절히 활용한다. 분기마다 2만 5,000파운드 이상의 세금을 탈세한 개인과 기업 목록을 홈페이지에 발표하는데 이름과 기업명, 탈세액, 벌금이 포함되어 있다. 또한 조세포탈 사기나 탈세 신고제도를 운영하고 있다. 2018년에만 11만 3,000건이 접수되어 50만 파운드가 보상금으로 지급되었다.

그러나 더 심각한 문제가 남아 있다.

언론이나 대중이 아무리 분노해도 기업이나 개인이 법대로 세금을 납부하고 있다면 분명히 위법을 저지른 것이 아니다. 문제는 법에 있다. 디지털 기술 덕분에 정부의 세금징수 기법이 확실히 발전했지만 잠재된 문제, 즉 온라인상의 무형자산에 대한 과세는 아직 해결하지 못했다. 전 세계에 걸쳐 공급망이 투명하게 드러나지만 잡힐 듯 말 듯 조세당국의 눈을 피해간다.

존 페리 발로가 〈사이버스페이스 독립선언문〉에서 한 말이 딱 들어맞는다. 그는 선언문에서 이렇게 말한다. 정부는 "우리가 무서워할 만한 강제적인 방법을 갖고 있지 못하다. (중략) 사이버스페이스는 웹에서 이루어지는 의사소통의 물결처럼 계약과 관계 그리고 사유 그 자체로 이루어진다. 우리의 세계는 모든 곳에 있으면서 아무 곳에도 없지만 우리의 육체가 거하는 곳은 아니다. (중략) 너희가 정해놓은 재산권, 의사 표현, 정체성, 이동, 맥락에 관한 법적인 개념들은 우리에게 적용되지 않는다. 그것들은 물질에 기반하는데 사이버스페이스에는 아무런 물질도 없기 때문이다."⁹

세계화한 무형의 디지털경제에 대한 조세 표준이 완비되어야 국제적으로 동일한 조세제도가 확립될 것이다. 그때까지는, 각국이 서로 다른 방식으로 문제를 해결하려 노력하는 한 파편적인 조세제도가 유지될 것이다.

현재와 같은 조세제도가 유지된다면 향후 징세 방식은 점점 냉정해지고, 사생활 깊숙한 곳까지 침입해서 더욱 공격적으로 변할 수밖에 없다. 숨겨진 세금을 찾기 위해 회계사, 변호사, 재무상담사들에 대한 압박도 심해질 것이다. 정부에 돈이 없기 때문에 다른 대안이 없다. 하지만 유형자산에 대한 징세가 다른 자산보다 쉽기 때문에 공평하게 이루어지지는 않을 것이다. 적발보다는 제대로 된 시스템 구축이 먼저다. 그런 시스템을 찾지 못한다면 정부의 역할이 바뀌어야 한다.

한마디로 정부가 작아져야 한다.

19장

시스템이 무너진다

세금이 부과되면 동일한 소득에 대해 의인은 불의한 자보다 세금을 더 낸다. 환급이 실시되면 의인은 아무것도 취하지 않지만 불의한 자는 이득을 취한다.

플라톤(기원전 380년)[1]

오늘날 사회민주주의 국가는 정부의 역할이 국민 보호 외에도 부를 재분배하고 평등한 기회를 제공하여 시장경제의 불평등을 제거해야 한다는 원칙에 기반을 두고 있다. 조세제도는 이를 달성하기 위한 수단으로 인식되었다. 그러나 사회 불평등은 전혀 개선되지 않았다. 어느 측면으로 보면 자유세계의 불평등은 어느 때보다 심해졌다.

부의 편중 현상은 유례를 볼 수 없을 만큼 심각하다. 옥스팜Oxfam(빈민 구호를 위해 활동하는 국제 NGO - 옮긴이)은 매년 이를 입증하는 놀라운 통계 수치를 발표한다. 2019년 발표 자료 중에는 미국의 한 CEO의 하루 수입이 미국 평균 노동자의 연간 수입과 맞먹는다[2]는 내용이 있으며,

억만장자의 재산 증식 속도는 일반 노동자의 여섯 배[3]이고 전 세계 상위 1퍼센트 부자의 재산이 나머지 99퍼센트의 재산보다 많다[4]는 내용도 포함되어 있다.

또한 점점 더 심해지는 문제는 불평등한 건강 상태다. 건강은 원래 계량화하기 어렵지만 가장 많이 쓰는 방식은 평균수명과 영아사망률이다. 영국의 경우 부자와 빈자의 평균수명 차이는 그 어느 때보다 벌어져 있으며[5] 영아사망률 격차 역시 커졌다.[6] 건강의 불평등 문제는 영국에만 국한되지 않는다. 미국의 경우 중위소득연 2만 5,000달러 이하인 지역에 사는 주민의 평균수명이 중위소득 5만 3,000달러 이상인 지역의 주민보다 14년 더 짧다.[7] 두 지역이 나란히 붙어 있어도 부유한 동네의 주민은 가난한 동네 주민보다 30퍼센트 더 오래 산다.[8]

기회의 불평등 문제도 있다. 세계적으로 사립교육을 받은 사람이 공교육을 받은 사람보다 더 성공한다. 영국은 7퍼센트의 학생만이 사립학교에서 교육받지만 이들이 상위 전문직, 예를 들어 의사의 61퍼센트, 판사의 74퍼센트를 차지한다.[9]

이런 불평등은 결국 조세 및 화폐 시스템의 문제로 귀결된다.

부의 불평등을 예로 들어보자. 사회생활을 처음 시작하는 가난한 젊은이가 가진 거라곤 노동력밖에 없다. 그런데 우리 사회는 계속해서 노동에 무겁게 과세한다. 소득세가 과세하기 편하기 때문이다. 반면에 이들의 노동력을 이용해 부를 축적하는 사람에 대한 과세 수단은 제한적이다.

엄청난 부자들도 나름대로 노력해서 그 위치에 올랐겠지만, 대기업의 CEO나 프로스포츠 선수처럼 엄청난 연봉을 받는 사람을 제외하면 그들이 버는 월급만으로는 그 정도의 재산을 모을 수 없다. 사업이 크게 확장되었거나 주택, 토지, 회사, 주식, 지분, 채권, 미술품 같은 자산 가치 상승의 덕을 본 사람들이 더 많다. 이런 자산에 대해서는 소득세처럼 매년 과세하지 않는다(꼭 그래야 한다는 건 아니다). 판매 시점에 이익이 발생해도 세금은 얼마 되지 않는다. 그래서 대부분 가능하면 팔지 않거나, 팔아도 차익을 다른 곳에 재투자해서 과세 대상에서 제외시키는 전략을 구사한다.

한마디로 노동자집단이 더 높은 세율로 세금을 낸다. 소득과 자산에 공평하게 과세되지 않으므로 불공평 문제가 심각해진다. 자산에 붙는 세금과 노동에 붙는 세금의 비율은 1960년대 67 대 33에서 금융위기 이후 56 대 44로 변화했다. 다시 말해 노동의 상대적인 가치가 급격하게 떨어졌다는 뜻이다. 자동화로 일자리가 줄어들면 더욱 떨어질 것이다. 세금의 이중구조가 가지는 불평등이 여실히 드러난다.

인플레이션세 역시 승자와 패자를 나눈다. 돈의 가치가 떨어질수록 자산의 가치는 올라가게 마련이니 토지, 부동산, 기업, 주식, 지분, 미술품, 심지어 골동품 등의 자산을 가진 사람들은 이득이다. 반면에 월급이나 저축에 기대어 생활하는 사람들에게는 타격이다. 급여의 가치는 하락하고 구입하고 싶은 자산, 특히 주택의 가격은 천정부지로 오르기 때문이다. 그러므로 급여생활자는 양쪽에서 타격을 입는다.

조세제도는 모든 사람을 동일하게 대우하지 않는다. 누구는 피해를 보고 누구는 이득을 얻는다. 이런 이유로 모든 사람들이 자산을 소유하기 위해 노력한다. 그러나 우리의 조세 및 화폐 시스템은 사실상 불평등을 심화할 뿐이다.

계속해서 권력을 빼앗겨온 중산층과 노동자층이 앞으로도 쭉 불공평한 세금을 부담할 것 같지는 않다. 이는 사회적·정치적 불안이 더욱 가중되리라는 사실을 보여준다.

건강과 교육의 불평등을 제대로 파헤치는 것은 이 책의 범위를 넘어선다. 공교육과 국민건강보험이 잘 작동하는 사례도 있지만 안 좋은 경우도 똑같이 존재한다. 그러나 이 둘에 대한 끝없는 논쟁이 보여주듯이 불만족의 수준이 매우 높다는 것을 알 수 있다. 음식, 의복, 인터넷 등 정부가 공급에 별로 관여하지 않는 분야보다 훨씬 더 불만이 많다. 그러니 더 많은 예산을 건강보험, 교육, 복지 분야에 투입해야 한다는 해결책을 가장 흔하게 볼 수 있다. 우연일지도 모르지만, 제2차 세계대전 후 영국의 건강 불평등은 NHS가 GDP 대비 가장 많은 예산을 투입한 기간(1997~2007년)에 최고로 심해졌다. 결국 예산을 더 투입한다고 해서 문제가 해결되지는 않는다는 뜻이다.[10]

우리가 다른 정책을 선택해 건강보험이나 교육에 세금을 투입하지 않았다면 어땠을까? 국민의 주머니에 그대로 남겨놓고 알아서 쓰라고 했다면 어땠을까? 건강, 복지, 교육은 인간의 기본적 욕구다. 그 욕구는 사라지지 않는다. 19세기 우애조합들은 당시 시대적 배경을 감안하면 엄청난 성공이었다. 이들은 정부 지원 없이 서서히 자생적으로 생겨났다. 어쩌면 21세기판 우애조합이 다시 탄생할 수도 있다.

애덤 스미스의 4원칙

애덤 스미스는 《국부론》에서 조세 부과의 4원칙을 발표했다. 이 원칙들은 책이 출판된 1776년은 물론이고 오늘날에도 적용된다.

첫 번째 원칙은 공정함이다. 시민들은 "가급적 각자의 능력에 비례하여 정부를 유지하기 위한 기여금을 납부해야 한다"라고 주장했다. 하지만 앞에서 설명한 대로 소득세와 인플레이션세가 높은 상황에서 이 원칙은 준수하기 어렵다.

인플레이션세와 기타 드러나지 않는 세금은 두 번째 원칙, 즉 "지불 시기, 지불방법, 지불금액을 납세자가 명백하게 알기 쉬워야 한다"라는 원칙에 위반된다. 인플레이션을 감안하지 않더라도 홍콩과 싱가포르 같은 경우를 제외하고는 현대의 조세제도는 명확하지도, 쉽지도 않다. 너무나 복잡하다. 1,000만 개의 단어와 2만 1,000쪽에 달하는 영국 세법은 최악의 사례다.[1] 이해를 돕기 위해 비교하면 성경보다 12배 더 길며, 가장 긴 소설로 기네스 세계 기록을 보유한 마르셀 프루스트 Marcel Proust의 소설 《잃어버린 시간을 찾아서 A La Recherche du Temps Perdu》가 126만 단어인데 영국 세법전은 그보다 여덟 배 더 길다. 1,000만 개의 단어는 보통 사람이 평생 읽는 단어 수보다 많다.

하지만 영국 세법을 읽는 것과 이해하는 것은 완전히 다른 이야기다. 내용이 이해하기 어렵기로 유명하다.

1983~1989년에 영국 재무장관을 지냈던 나이절 로슨은 매해 예산안 편성 시 세금을 한 항목씩 줄여나가는 것을 원칙으로 삼아 6년간

실시했다. 또한 소득세 과세 등급을 단 두 개로 줄였다. 그러나 그 이후 세법은 점점 늘어나기 시작했다. 고든 브라운^{Gordon Brown} 장관 시절에는 세 배 늘어 최고를 기록했다. 조지 오스본 장관은 취임 시 영국의 세법이 가장 복잡하고 이해하기 어렵다며 대폭 간소화를 약속했다. 심지어 세법 단순화부^{Office of Tax Simplification}도 신설했다. 그러나 재임 기간 중 세법이 두 배로 늘었다.

영국만 세법이 복잡한 것은 아니다. 서방 국가들 대부분이 그렇다. 현재의 미국 세법은 240만 개의 단어로 이루어져 있으며 1955년 대비 약 여섯 배, 1985년 대비 약 두 배가 늘었다. 미 국세청은 이에 더해 실제 세법을 적용할 때 명확성을 높이기 위해 770만 단어로 구성된 세칙을 발표했고 별도로 회계사와 변호사들이 고객이 낼 세금을 정확히 산출하는 데 필요한 6만여 쪽의 세법 판례집도 있다.[12] 복잡한 세금 신고에 질린 알베르트 아인슈타인은 유명한 말을 했다. "세상에서 제일 어려운 일은 소득세를 이해하는 것입니다."[13]

반면에 홍콩의 세법은 276쪽으로 영국의 1.5퍼센트에 불과하다.

세법이 복잡하면 불평등이 더 심해진다. 개인이건 기업이건 돈이 있으면 전문가를 고용해 여기저기 널린 법의 허술한 부분을 찾아 빠져나간다. 전문가를 살 돈이 없는 사람은 결국 소득 대비 더 많은 세금을 내야 한다. 수많은 세금경감 조항, 세금우대 항목 및 보조금 조항도 세법이 복잡해지는 원인이며 이들 조항 자체도 불평등을 유발한다. 보조금이나 경감조치를 위한 로비 활동은 (그 동기가 경제적 이익 때문이건 개인의 신념 때문이건 아니면 둘 다건) 이제 일반적인 것이 되어버렸다. 여기서도 돈 있는 사람과 돈 없는 사람은 다르다. 어떤 기업들은 특혜를 받고 다른 기업들은 못 받는다. 모두에게 똑같은 규정이 적용되어야 하지만 현실은 그렇지 못하다.

복잡함은 또한 실수를 낳는다. 미국 국세청과 영국 국세청은 실수를 많이 하기로 유명하다. 복잡성을 제거하고 시스템을 단순화하면 과실과 탈세의 여지가 없어지고 평평한 운동장이 조성된다.

스미스의 세 번째 원칙은 "납세자가 가장 편리한 시기에 가장 편리한 방법으로 세금을 낼 수 있어야 한다"라는 것이다. 원천징수나 요금 지불 시 징수하는 제도는 이 원칙에 딱 들어맞기는 하나 납세자의 편의보다는 세수를 극대화하기 위한 노력의 일환이다.

네 번째로 스미스는 징세비용의 최소화를 꼽았다. 세금 1달러를 걷기 위해 50센트의 비용이 든다면 그 세금은 거의 존재할 이유가 없다. 현재 징세비용은 대부분 납세자의 부담이다. 고용주는 소득세를 징수해야 하고 판매자는 부가세를 징수해야 한다. 미국의 세금징수 비용은 연간 4,090억 달러인데 이는 36개 주의 총생산과 맞먹는 금액이다.[14] 미국인들은 세금 신고에 매해 89억 맨아워man hours(한 사람이 한 시간 동안 일하는 노동량 - 옮긴이)를 투입한다.[15] 이는 미국의 운수업 종사자 수와 맞먹는 430만 명이 다른 일 안 하고 1년 내내 세금신고서만 작성할 때 소요되는 맨아워와 동일하다.

영국은 금융 기술의 발전에도 불구하고 징세비용은 50년 전보다 절약된 게 없다.[16] 다른 지역에서도 이런 현상을 쉽게 찾아볼 수 있다.

희망의 소멸에 대한 분노

2008년 금융위기 이후 불안감과 불만족이 서방세계에 만연하여 여러 다른 방식으로 표출되었다. 예상치 못했던 도널드 트럼프 대통령의 당선, 브렉시트, 프랑스의 노란조끼 시위, 카탈루냐 독립운동 등이 그것이다. 좌파든 우파든 독재 성향의 정치인이 전 세계적인 인기를 얻고 있는 반면, 중도파는 지지를 받지 못한다. 정부 당국은 이런 현상에 어떻게 대처해야 할지 몰라 우왕좌왕하고 있으며 언론은 제대로 된 설명을 내놓지 못하고 있다.

이런 불만은 새로운 현상이 아니다. 기원전 3000년 라가시의 왕 우루카기나의 추종자들, 1381년의 영국 농민, 1789년의 프랑스혁명 세력도 똑같이 느꼈던 불만이다. 조세제도에 자신들의 대표가 없기 때문에 이렇게 다양한 경제적 불공정이 만연하다고 느끼는 국민들이 많다. 과거와 다른 점은 수많은 세금이 드러나지 않게 부과되고 있어 사람들이 이를 즉시 체감하지 못한다는 점이다. 소득세는 급여를 수령하기 전에 미리 징수해버린다. 부가세와 판매세는 유류세나 죄악세(술, 담배, 도박 같은 '죄'에 붙는 세금)처럼 제품의 판매가격에 포함되어 있다. 숨겨진 세금은 아무도 알아채지 못한다. 케인스는 인플레이션세가 "100만 명 중 한 명도 알아차리지 못할 만큼" 은밀히 자행된다고 말했다. 결국 빚인 이 세금은 미래로 이월될 뿐이다.

그러나 옛말에도 있듯이 "현실에서 도피할 수는 있지만 그로 인해 생기는 결과는 피할 수 없다." 불만을 정확히 표현하기 어렵지만 무거운 세금의 악영향을 많은 국민들이 피부로 느끼고 있다.

겨우 먹고사는 가정이 많다. 불과 한 세대 전만 해도 외벌이로 가능했던 중산층의 생활이 이제는 맞벌이를 하지 않으면 안 되게 변했다. 결혼을 최대한 미루고 아이는 더 적게 낳으며 더 작은 집에서 더 많은 빚에 눌려 산다. 집을 사는 건 거의 불가능해졌다. 서구 사회 전체가 마찬가지다. 우리 세대는 아버지 세대보다 가난하다. 우리 자식 세대는 우리보다 가난할 것이다. 이것은 진보와 진화가 후퇴하는 것이다. 전쟁 때 말고는 역사적으로 매우 찾아보기 힘든 현상이다. 가장 최근의 사례를 찾으려면 유럽의 중세 시대까지 거슬러 올라가야 할 듯하다.

이렇게 쪼들려 살며 번 돈은 원치 않는 전쟁이나 복지 또는 쓸모없는 곳에 쓰인다. 그럼에도 국민은 4~5년마다 치러지는 투표 말고는 큰 발언권이 없는데 그 투표마저 국가의 정책에 강력한 영향을 미치지 못한다. 정당이 수많은 이익단체를 대변해야 하기 때문이다. 워싱턴의 미 국세청 건물에는 "세금은 우리가 문명사회에 사는 대가다"라는 글이 있다. 나는 불평등한 조세제도하에서 국민이 동의하지 않는 일에 자금을 대기 위해 어쩔 수 없이 일해야 하는 사회를 문명사회라고 생각하지 않는다. 세금을 내는 대가로 받는 서비스가 마음에 안 들어도 환불을 요구할 수 없고, 태어난 국가를 떠나지 않는 한 다른 정부를 선택할 수도 없다. 게다가 세금을 내지 않으면 범죄자가 된다. 사실상 이미 많은 세금이 원천징수되고 있기 때문에 세금을 안 내고 감옥에 가고 싶어도 갈 수가 없다.

2030년이 되면 인류는 하루에 세 시간만 일하면서 '절박한 경제적

근심'에서 벗어나 여유로운 삶을 살게 될 것이다.[17] 이는 20세기 가장 영향력 있는 경제학자인 케인스가 1930년대에 한 유명한 예언이다. 케인스가 말한 생산성 증가는 실현되었다. 지난 100년간 식료품, 의복, 기술, 심지어 주택 건설 비용(토지 가격은 제외)은 획기적으로 떨어졌고 품질은 엄청나게 향상되었다. 1900년대에는 노동자 수입의 80퍼센트에서 90퍼센트가 의식주 비용에 사용되었지만[18] 오늘날에는 40퍼센트에 불과하다. 그런데 일하는 시간에 대한 예언은 아주 많이 틀렸다. 왜냐하면 한 가지 큰 비용을 간과했기 때문이다. 다른 사람도 아니고 정부의 개입을 그렇게 옹호했던 케인스가 그것을 빼먹었다니 참 뜻밖이다. 모든 서방국가 국민에게 그 비용은 일생에서 가장 큰 비용이며 주택 구입비, 차량 구입비, 연금 납부액, 교육비보다 크다. 바로 정부에 내는 비용, 즉 세금이다. 정부의 역할이 너무 커져서 (국민이 내는 세금도 그에 맞게 커졌지만) 한두 국가를 제외하면 선진국 어디에 살건, 한평생 세금으로 가장 많은 돈을 지출한다.

오늘날 몇몇 사람들은 엄청난 부와 기회를 누리는 반면에 나머지 대부분의 사람들은 힘도 없고 권한도 없고 자신을 대변할 사람도 없다고 느낀다. 또다시 혁명의 기운이 스멀스멀 올라온다.

민족국가의 종말?

지난 200년간의 역사에서 가장 도드라진 특징은 국가가 최고 정치체로 부상했다는 점이다.

IT 분야 작가인 제이미 바트렛에 따르면 19세기까지만 해도 세계는 "제국, 주인 없는 토지, 도시국가, 공국 등이 명확한 구분 없이 여기저기 널려 있어서 여행자들은 검문이나 여권 없이도 자유로이 국경을 넘나들었다."[19] 그런데 전쟁, 혁명, 산업의 발전 그리고 사회복지제도가 이를 바꿔놓았다. 시간이 가면 국경도 바뀐다. 우리는 자라면서 어떤 국가는 어떤 국경선을 갖고 있다는 생각을 갖게 되었지만 긴 역사 속에서 보면 민족국가는 17, 18, 19세기의 세금 혁명이 발단이 된, 비교적 최근에 생긴 국가 모델이다. 민족국가의 지속 여부는 비용을 부담할 만큼 충분한 세금을 거두느냐에 달려 있다.

민족국가 모델에 최초로 위기가 닥친 시기는 무형자산에 대한 투자가 유형자산 투자를 처음으로 앞선 1990년대 말이었다.[20] 오랫동안 경제는 자동차부터 젖소, 곡물, 금까지 실물의 생산과 소비를 중심으로 발전해왔다. 그러나 오늘날 가장 가치 있는 자산은 실체가 없고 만질 수 없는 소프트웨어, 브랜드, 지적 재산권, 운영체제, 차별화된 공급망 같은 무형자산이다. 화폐 그 자체도 더 이상 형태가 없다. 무형자산을 기반으로 한 이런 회사들은 매우 빨리 성장한다. 예를 들어 구글의 검색엔진처럼 시스템이 구축되어 있으면 실물 제품을 취급하는 회사보다 성장 속도가 엄청나게 빠르다. 앱은 한 번만 업로드해 놓으면 수백만 번이고 다운로드할 수 있다. 이렇게 무궁무진한 성장 가능성을 보고 투자금이 몰리므로 성장 속도는 더욱 빨라진다.

동시에 IT 기업들은 '비수익non-profit' 비즈니스 모델로 운영되고 역외에 회사를 설립하면 타 기업 대비 세금을 적게 내므로 역시 우위를 점할 수 있다. 세금이 적으므로 투자 여력이 있고 발전 가능성이 있다. 그러므로 기술이 발전하고 더 앞서 나간다. 가격은 떨어지는데 컴퓨터의 성능은 기하급수적으로 2년마다 두 배로 증가한다. IT 기업들이 우리 사회에 미치는 영향력도 이와 유사한 속도로 증가한다. 카를 마르크스가 말했듯이 지배적 생산방식이 바뀌면 정치·사회 구조도 바뀐다.

민족국가와 조세제도는 실물 세계를 기준으로 설립 및 확립되었다. 오늘날까지도 영국은 시장 및 브랜드 조사비용을 GDP 계산에 포함시키지 않고 있다.[21] 주변에서 발생하는 변화에 맞춰 적응하지 못하고 디지털화를 따라가지 못하면 민족국가 모델은 존폐의 위기를 맞을 수 있다. 다른 나라들과 경쟁력을 유지하면서 무형자산에도 과세할 수 있는 방법을 찾아내거나, 지출을 줄이거나, 둘 중의 하나를 선택해야 한다. 그렇지 못하면 지불 불능 사태가 일어날 수 있다.

정부 재정의 파산, 세수입의 중단, 채권시장의 몰락, 화폐 기능의 상실, 이 모든 것들은 이미 정치에 대한 불만으로 변혁을 요구하는 국가에서 실제로 발생 가능하며 곧장 혁명과 내전으로 발전할 수 있다. 남들보다 먼저 움직여 우리를 둘러싼 새로운 경제 상황에 가장 잘 적응하는 국가는 이런 불행한 사태를 예방할 수 있다. 정부의 통치방식과 정부가 제공하는 서비스도 바뀌지 않으면 안 된다.

작은 국가일수록 빨리 움직여 어느새 변화의 조짐이 보이고 있다. 다른 국가들이 어찌할지 몰라 당황하는 사이에 아이슬란드(크라우드소싱 방식으로 실제로 헌법을 개정했다), 에스토니아, 몰타 그리고 카리브제도 국가들은 블록체인 기술을 세법과 정부의 서비스 안에 포용했다. 1인당 소득 기준 가장 부유한 상위 10개 국가 중 인구가 1,000만 이상인 국가는 없다.[22] 상위 20개 국가 내에는 2개국(미국과 독일)만이 2,000만 이상의 인구를 보유하고 있다. 하지만 1950년대에는 상황이 달랐다. 당시에는 미국이 최고 부국이었다. 구매력평가Purchasing Power Parity 데이터가 정확하진 않지만, 상위 10개국 중 적어도 4개국이 1,000만 명 이상의 인구를 보유하고 있었다. 미국, 베네수엘라, 호주, 캐나다의 4개국 그리고 어쩌면 네덜란드도 포함되었을 것이다. 벨기에, 프랑스, 아르헨티나는 안타깝게 빠졌다.[23] 현재는 작은 것이 경제적으로 아름답지만 항상 그랬던 건 아니다.

시민들이 보다 큰 자치권을 요구하면서 작은 국가를 추구하는 추세가 정치에서도 나타나고 있다. 영국은 투표로 유럽연합 탈퇴를 결정했다. 카탈루냐는 스페인으로부터 독립하려 한다. 지난 사반세기 동안 유고슬로비아는 보스니아헤르체고비나, 크로아티아, 코소보, 마케도니아, 몬테네그로, 세르비아, 슬로베니아로 분리되었다. 작은 국가로 가는 과정이 험난하긴 해도, 앞으로 이런 사례를 많이 볼 것이다. 스페인은 카탈루냐의 분리를 쉽게 허락하지 않을 것임을 분명히 보여주었다. 주요 논쟁 거리가 관세 동맹 및 EU 단일 시장 접근권처럼 결국 세금 문제이기 때문에 브렉시트는 아주 골치 아픈 문제가 되어버렸다. 역사를 돌아보면 어떤 형태든 혁명이나 국가파산 또는 전쟁이 발생해야 변화가 생기고 의미 있는 조세개혁이 이루어졌다. 정부가 자발적으로 개혁을 하는 경우는 거의 없지만 세수가 줄어들면 어쩔 수 없이 움직일 것이다.

국가가 분열되면 조세제도는 채택된 통치 시스템을 따라 결정될 것이다. 그런데 모든 국가는 경제적 이익을 위해 경쟁한다. 글로벌 시대의 개인과 기업에게 강력한 사유재산보호법과 우대세율을 적용하는 국가가 가장 많은 기업을 유치하게 되어 있다. 이런 경쟁으로 각국은 더욱 거센 변화의 압력을 받을 것이다.

IT 기업들이 정부 서비스를 대체하기 시작하면서(교육, 건강보험, 이동 서비스가 기술에 의존하기 시작했다) 정부 지출이 줄어들기 시작했지만 이는 자발적이라기보다는 적자재정에 대한 압력 때문에 억지로 시행되는 것 같다. 높은 수준의 지출에 익숙해진 사회에서 세금을 낮추려면 강력한 저항이 발생하기 마련이다. 세율을 올리거나 새로운 종류의 세금, 예를 들어 부유세, 고가 주택 보유세, 빈집세vacant homes taxes 또는 매출세 같은 것을 신설하려 할 것이다. 적어도 처음에는 유권자들이 직접적으로 느끼지 못하겠지만 인플레이션세도 늘어날 것이다.

탈세, 조세 피난처를 이용한 절세 등에 대한 단속은 더욱 엄격해질 것이다. 정부는 더욱 공격적으로 세금을 징수할 것이며 이 과정에서 높은 세금에 반대하거나, 세금의 사용처에 반대 표시를 한 사람을 나쁜 사람으로 몰아가는 게 윤리적으로 옳은지에 대한 논쟁이 끊이지 않을 것이다. 이와 비슷한 논쟁은 전쟁에 나가고 싶지 않은 중세의 기사들에게 비겁세를 부과했을 때도 발생했다. 역사적으로 이런 종류의 논쟁은 대개 끝이 좋지 못했다.

주요 부문에 걸쳐 선제적으로 세제 개혁을 실시하면 이런 논쟁으로 발생하는 피해를 예방할 수 있다. 그러나 역사적으로 보면 이 또한 쉽지 않았다. 개혁은 보통 위기 상황이 발생해야 가속화한다. 대부분의 평범한 정치인들이 앞에서는 형식적으로 개혁하는 척하며 저항을 최소화하지만 뒤에서는 세금 종류의 증대, 조세 복잡성의 심화, 세율 증대를 추진한다. 진정한 개혁은 강인함과 불굴의 정신을 가진 정치가가 권한을 위임받아 실패할 경우에도 정치적 책임에서 자유롭다는 보장 하에 추진해야 한다. 아시아 국가들은 차질없이 진행하고 있으나 서방 진영, 특히 유럽은 지금 개혁하지 않으면 뒤처질 것이다.

큰 정부와 작은 정부, 권위주의와 자유주의, 굴뚝 산업과 IT 산업, 높은 세금과 낮은 세금 간의 이념적 갈등은 지속될 것이다. 어느 쪽도 먼저 나가떨어지는 법은 없을 것이다. 그러나 낮은 세율에 공정하고 단순한 조세제도를 선택한 국가는 번창할 것이다. 세금이 낮아 국민이 가장 자유로운 곳에서 가장 많은 발명과 개혁 그리고 이에 따른 부가 탄생할 것이다. 이는 역사가 증명하고 있으며 미래 역시 마찬가지일 것이다.

20장

세금을 바꾸면
세상이 바뀐다

> 어떤 핑계를 대든, 어떤 이유에서든, 할 수만 있다면 무조건 세금은 줄이
> 는 게 좋다고 생각한다.
>
> 밀턴 프리드먼(2003)[1]

이 마지막 장에서는 세금에 대해 내가 생각하는 유토피아를 제시하
고자 한다. 우리는 세금을 질색하지만 어쩔 수 없이 재산과 노동의 일
부를 '공공의 이익'을 위해 납부해야 한다. 문제는 얼마나 납부하느냐
다. 자유와 세금은 상반되기 때문에 얼마나 과세할 것인가는 결국 세
금과 자유를 보는 가치관에 따라 달라진다. 사람들이 바라는 유토피아
는 어떤 모습일까?

오늘날 대부분의 유럽 국가처럼 세금을 많이 내고 정부 주도하에 복
지, 연금, 교육, 건강보험이 보장되는 대신 낮은 수준의 경제적 자유를
누리며 개인의 책임도 낮은 사회민주주의 국가가 유토피아일까? 사람
들은 더 높은 세율로 국가가 더 많은 분야를 보장하는 대신 훨씬 낮은

수준의 자유를 누리는 국가를 원할까? 아니면 교육, 복지 등을 국가가 주관하는 게 최선이 아니라고 생각하여 적은 세금에 더 많은 자유를 누리고 개인의 책임이 더 큰 국가를 좋아할까?

사람들이 현재에 만족하건, 그 이상을 원하건, 논쟁의 초점은 세금으로 거두어들인 재원을 어떻게 사용하느냐로 귀결된다. 내가 생각하는 유토피아는 홍콩과 유사한 기반에서 지금까지와는 다른 방향으로 나아간다.

우선 가장 중요한 것부터 살펴보자. 기억할지 모르겠지만, 선진국의 세금은 GDP의 40~60퍼센트다. 나의 유토피아에서는 세율이 고대 십일조의 비율과 비슷하다. 국가 채무와 인플레이션을 감안한 모든 세부담은 GDP의 15퍼센트 내외로 현재 우리가 내는 세금의 3분의 1 수준이다. 정부 지출은 이 수준을 넘어서는 안 된다. 20퍼센트까지는 괜찮지 않느냐고 할 수 있겠지만, 내 의견은 '절대 안 된다'는 것이다.

유토피아에도 소득세, 부가가치세가 있지만 결코 15퍼센트를 넘지 않는다. 특히 부가가치세는 예외 없이 15퍼센트 미만이다. 또한 20세기 초 영국 경제학자인 아서 피구Arthur C. Pigou의 이름을 딴 피구세Pigouvian Tax처럼 사회에 해가 되는 활동, 예를 들어 공해를 유발하는 산업이나 흡연처럼 공공 치료 비용을 증가시키는 활동에 부과되는 세금도 있다. 과태료처럼 피구세로 거둔 세수입은 비용이 발생한 분야에 직접 투입된다. 예를 들어 담배세를 거둬 건강 서비스 분야에 직접 투입하는 식이다. 유토피아에서는 마약이 합법화되어 15퍼센트의 단일세율로 과세되고 세수입 역시 마약중독자의 치료와 관리에 직접 투입된다.

법인세는 없다. 거둘 필요가 없다. 배당금은 소득세와 같은 세율로 과세되며 노동자들의 소득에도 세금을 매긴다. 법인세가 없으므로 상당한 규모의 해외 투자금이 유입될 것이다. 그리고 기업은 입지이용세 location usage tax 를 내는데 이에 대해서는 다시 설명하겠다.

사회보장보험, 양도소득세, 상속세, 보유세, 취득세, 관세, 비주거용 재산세, TV 수신료, 자동차세는 없다. 항공여객세와 유류세는 반으로 줄어들고 여기서 발생하는 세수입은 전적으로 관련 인프라에만 사용한다.

세법의 양은 큰 폭으로 줄어든다. 영국 세법처럼 2만 1,000쪽이 아니라 홍콩같이 300쪽 남짓 될 것이다.

세금이 줄어들면 탈세도 줄어든다. 위험을 무릅쓰고 탈세를 할 필요가 없어지고 성실 신고가 늘어날 것이다. 홍콩의 사례에서 보았듯이 세금을 낮추면 해외로부터 투자가 늘어난다.

입지이용세: 유토피아에 필요한 새로운 세금

유토피아에서는 새로운 세금은 도입하지 않고 오로지 줄이기만 할 거라고 기대했을지 모른다. 그러나 내가 꼭 필요하다고 생각하는 세금이 있다. 그것은 사람들이 보유한 토지의 입지를 기준으로 부과하는 세금이다. 나는 이를 입지이용세라 부르겠다. 이것은 내가 생각할 수 있는 가장 공정한 세금이며, 노동에 집중되는 세금을 자본으로 돌림으로써 노동생산성을 높이는 역할을 한다.

이 사상은 17세기 중농학파로부터 유래한다. 중농주의는 '자연의 통치'를 뜻한다. 부에는 두 가지 종류가 있는데 하나는 사람들이 생산한 것이고 다른 하나는 대자연이 인간에게 주는 것이다. 집은 사람이 짓지만, 그 밑에 깔린 토지, 주변의 공기와 주파수 대역, 인근의 광물 자원은 자연의 선물이다. 사람이 생산한 부는 그것을 창조한 사람에게 돌아가야 하지만 자연이 생산한 부는 공유해야 한다. 사람들이 어떤 토지 위에 집을 지으면 그 토지를 '개발'하는 것이고 노력의 대가는 그 사람에게 돌아가야 한다. 그러나 원 토지는 전부터 거기 있었던 것이므로 '미개발 상태의 가치'는 모든 사람이 누려야 한다.

"토지는 인간이 만든 게 아니다." 계몽주의 철학자 토머스 페인은 1797년에 이렇게 말했다. "개발한 만큼의 가치만이 개인 소유이며 토지 그 자체는 개인 소유가 아니다. 지주가 가져가는 토지 임대료는 사회에 환원되어야 한다."

도심지의 어느 구역에 동일한 두 개의 토지 단지가 있다고 하자. 하나는 관목 숲으로 덮여 있고 다른 하나에는 웅장한 빌딩이 있다. 하지만 동일한 세율로 세금이 부과될 것이다. 개발되지 않는 상태의 토지 가치만 고려하기 때문이다. 1,000만 달러 저택이 위에 있어도 과세 기준은 바닥에 깔린 토지다. 건물을 지어서 발생한 부는 위험을 감수한 개발업자나 건물 소유자에게 돌아가야 한다. 그런데 단순히 도시가 팽창해서 더 많은 사람들이 그 지역에 살고 싶어 하기 때문에 토지 가치가 올라간다면 그건 불로소득이니 공유해야 한다. 국민의 세금이 투입된 고속열차가 인근에 건설되면서 토지 가치가 올라가는 경우도 있다.

그 소득은 개발업자 노력으로 발생한 것이 아니고 공동체의 경제활동으로 발생한 불로소득이므로 다른 사람과 나누는 것이 맞다.

토지를 단독으로 사용하고 싶어 본인 명의로 등록하려면 개선 전 나대지를 기준으로 세금을 내야 한다. 연간 임대료의 일정 비율을 내면 될 것이다. 토지의 가격은 10만 달러이고 건축비가 40만 달러라면 그 건물을 사기 위해 50만 달러를 지불해야 한다. 10만 달러 상당 나대지의 임대료가 연 1만 달러라면 임대료의 일정 비율을 세금으로 내고 토지를 단독 사용하면 된다. 그런데 인근에 기차역이 새로 신설되어 토지의 가격이 20만 달러로 상승했다면 임대료도 2만 달러로 상승할 것이고 이 2만 달러의 일정 비율만큼 세금을 내면 된다.

19세기 경제학자인 헨리 조지$^{Henry\ George}$는 이 개념을 대중에게 알렸다. 그는 이 세금이 다른 모든 세금을 대체해야 한다고 주장하며 단일세$^{single\ tax}$라고 불렀다. 이를 다룬 그의 책 《진보와 빈곤$^{Progress\ and\ Poverty}$》은 1879년에 출간되어 수백 만 권이 팔리면서 그때까지 미국 최고의 베스트셀러가 되었다. 심지어 그의 추종자 중 한 명은 현 토지 보유 제도의 문제점을 알리고자 보드게임을 만들기도 했는데 이것이 오늘날 우리가 모노폴리로 알고 있는 그 게임이다.

그가 주장한 단일세는 오늘날 토지가치세$^{land\ value\ tax}$로 불린다. 나는 이 명칭을 별로 안 좋아하는데 마치 농촌 지주들이 엄청난 금액을 내야 하는 세금처럼 들리기 때문이다. 사실 이것은 도시 중심부에 금싸라기 토지를 가진 기업이나 개인에게 무겁게 부과되는 세금이다. 그래서 나는 입지이용세라는 용어가 더 맞다고 생각한다. 효과 면에서 이 세금은 소비세와 같다. 토지 가치가 높을수록 세금도 많이 낸다.

이 개념은 17세기 철학자나 19세기 경제학자가 즉흥적으로 생각해 낸 아이디어가 아니며 실제로 홍콩에서 시행되었다. 홍콩 세수의 40퍼센트는 토지 가치에서 나온다. 홍콩은 모든 토지를 국유화한 후 시민들에게 임대했다. 이런 방식으로 시민들의 근면함으로 발생한 토지 가치 상승분을 요지에 토지를 보유한 몇몇 사람이 독식하지 않고 모든 사람이 공유할 수 있었다. 정부는 또한 토지의 75퍼센트를 개방 공간(공원, 광장, 녹지 등의 공간 - 옮긴이)으로 보존하고 나머지 25퍼센트만 개발했다.[2]

싱가포르, 타이완, 대한민국도 토지의 가치에 세금을 부과했다. 대신 다른 세금을 줄여주어 경제성장에 이바지하도록 했다. 쑨원敎은 1911년에 중화민국의 임시대총통에 올랐다. '건국의 아버지'로 불렸던 쑨원은 홍콩에서 성장기를 보내면서 이 사상에 깊은 영향을 받았다. 오늘날 중국은 국가 소유 토지를 개인에게 완전히 판매하는 것이 불가능하기 때문에 사실상 이 원칙을 따르는 셈이다.

그런데 이 세금을 실제로 도입하는 것은 너무 힘든 과정이다. 데이비드 로이드 조지와 윈스턴 처칠은 1909년 영국에서 이를 시도했다. "도로가 뚫리고, 가로가 조성되고, 공공서비스가 개선되고, 전기가 밤을 대낮같이 비추고, 수백 마일 떨어진 산속의 저수지로부터 물을 끌어오고 있습니다. 그런데 그동안 지주는 그저 앉아 있습니다"라고 처칠이 하원에서 열변을 토했다. "국민의 노동과 납세자의 세금이 투입되어 세상이 발전하고 있습니다. 토지 독점 소유자는 그 어떤 기여도

한 게 없지만 이 덕분에 토지 가치는 상승합니다. 그는 지역사회에 그 어떤 서비스도, 국민의 복지에 그 어떤 도움도, 그의 부가 늘어나는 발전 과정에 그 어떤 기여도 제공한 게 없습니다."[3] 그러나 이 법안은 의원의 대부분이 지주인 상원에서 부결되었다. 이 세금이 다른 세금을 대체할 수 있다는 확신이 들지 않는 한 오늘날 다시 도입하려고 해도 통과되지 않을 것이다.

하지만 여기는 유토피아니까 무엇이든 할 수 있다. 우리는 후손들을 희생시켜 주택 가치가 올라가는데 집주인이 아무것도 안 하도록 내버려둘 수 없다. 우리가 설계하는 사회는 노력의 대가는 보상받지만 불로소득은 보상받지 못한다. 여기서는 존 스튜어트 밀이 말했듯, 지주들이 "일하지 않고, 리스크도 지지 않고, 절약도 하지 않고, 그저 자는 동안 더욱 부자가 되는"[4] 일은 발생하지 않는다. 밀은 전체 사회구성원의 노력이 모인 결과로 토지 가치가 상승하므로 그 상승분은 토지 소유주가 아니라 사회에 반환되어야 한다고 주장했다.

구체적으로는 다음과 같이 작동한다.

국가의 모든 토지를 개발되지 않는 임대 가치, 즉 그 위에 건물, 농장, 공장이 건설되지 않은 나대지 상태의 가치로 평가한다. 호화로운 백화점 건물이 아니라 그 밑에 깔려 있는 토지를 평가하는 것이다. 그러므로 토지의 면적보다는 임대 가치 측면에서 토지의 입지가 더 중요하다. 아무런 개발계획이 없는 외곽의 관목지는 임대 가치가 거의 없고 주위에 기반시설이 잘 갖추어진 도시 중심지의 핵심 지구는 매우 높은 임대 가치를 가질 것이다.

등기소에는 구역별 토지 소유자가 등록되어 있다.[5] 소유자는 나대지의 임대 가치 중 일정 비율을 연간 세금으로 낸다. 몇 퍼센트냐고? 그건 사람들이 어떤 형태의 국가를 원하느냐에 따라 달라진다. 지출이 많은 큰 정부를 원한다면 비율이 높아지고 적은 지출의 작은 정부를 원한다면 낮은 비율로 결정될 것이다. 정당 간의 토론을 거쳐 투표를 통해 세율이 결정된다.

적극적으로 낮은 세금 정책을 옹호했던 밀턴 프리드먼은 토지가치세를 "가장 덜 나쁜 세금"[6]이라고 불렀다. 그도 그럴 것이 이 세금은 생산성이 아닌 불로소득에 과세하기 때문이다. 일단 제도가 정립되면 관리하기도 쉽다. 매년 토지 가치 재평가 작업만 하면 된다. 탈세는 불가능하다. 토지는 숨길 수도 없고, 역외 이전도 불가능하다. 등기부에 명시된 소유자가 법적으로 지불 책임이 있어 투명하게 운영된다. 국가의 채무나 인플레이션 또는 다른 스텔스 세금과 달리 납세자들이 정부 지출을 체감할 수 있기 때문에 정부가 더 책임감을 가지고 집행한다. 다국적 디지털 무형자산에 대한 과세도 이 세금으로 해결할 수 있다. 소프트웨어의 지적 재산권이 파나마의 역외 법인에 있든, 서버가 아이슬란드에 있든 중요하지 않다. 이곳 토지에 데이터센터를 지어 사용하거나, 이곳의 주파수대역을 이용하거나, 도시의 중심 지구에 본사가 있다면 단독으로 사용 중인, 개발되지 않은 자연 그대로의 토지 가치에 대해 세금을 내야 한다. 그런데 이 세금은 꼭 토지에만 국한되는 것이 아니고 자연이 준 모든 자산, 즉 토지 위의 공간, 토지 밑의 광물자원, 심지어 토지 위를 지나는 주파수대역도 포함한다.

더 좋은 점은, 이 세금이 토지를 보다 효율적으로 사용하게 해준다는 것이다. 토지 가치가 상승하기만 기다리며 붙들고 있는(랜드 뱅킹^{land banking}으로 알려진 관행) 토지 소유자는 즉시 이를 개발하거나 개발할 의사가 있는 다른 사람에게 매각해야 한다. 같은 맥락에서 오랫동안 많은 경제적 붕괴를 야기했던 부동산 투기 성향을 잠재운다.

토지는 모든 것 중에서 가장 기초적이면서 가장 불평등하게 분배된 재산이다. 세계적으로 몇몇 선택된 개인과 기업 그리고 정부 기관이 기형적으로 많은 토지를 도시나 시골에 보유하고 있다. 브라질, 스페인, 영국은 토지 소유 불균형이 가장 심한 국가들이다.[7] 토지 소유주들은 세금을 안 내는 경우가 많고 특히 영국에서는 이런저런 방식으로 지원금까지 받고 있다. 이 지원금은 대부분 노동자가 낸 세금으로 충당된다. 많은 노동자가 지주가 되고 싶어 하지만 사실은 세금으로 지주의 지원금을 내주고 있으니 간접적으로 지주에게 자금을 지원하고 있는 셈이다. 이러니 지주와 노동자의 격차가 벌어지는 게 당연하다.

입지사용세는 토지와 토지 소유에 대한 우리의 사고방식을 바꿀 뿐 아니라 사회의 사고방식과 행동도 바꿀 것이다. 왜냐하면 보상과 인센티브가 달라지기 때문이다. 유토피아에서는 노력에 보상하지만 랜드 뱅킹에는 보상하지 않는다.

어느 국가도 다른 모든 세금을 폐지하고 입지사용세만 유지하는 경우는 없다. 다만 일부 세금을 폐지하면서 입지사용세를 도입한 국가들, 예를 들어 홍콩, 타이완, 덴마크, 뉴질랜드, 보츠와나, 에스토니아 그리고 호주의 몇몇 주는 눈부신 경제발전을 이루었다.

유토피아에서는 입지사용세가 정부 세수의 3분의 1을 차지하고 나머지는 소득세, 부가세 및 앞에서 설명한 피구세 등 기타 세금으로 메우면 좋을 것이다. 원한다면 지방정부별로 세율을 자체적으로 정할 수 있으니 다른 세금 없이 100퍼센트 입지사용세만 운영할 수도 있다. 유토피아에서는 지방분권화를 통해 권력 이양을 추구한다.

여기서는 스위스와 스칸디나비아 국가들처럼 지방정부가 세금을 결정하고 징수할 수 있다. 이렇게 되면 지방정부의 책임은 커지고 투명한 세금 집행을 납세자에게 보장할 수 있다. 전에는 중앙정부로 넘어간 세금이 어떻게 쓰이는지도 모르게 녹아내렸다면 이제는 가까이서 세금이 어디에 쓰이는지 감시할 수 있다. 유토피아에서는 도시와 지역이 각자의 조세정책과 세율을 스스로 결정할 수 있다. 세금과 관련된 많은 권한이 지방으로 이전될 것이다.

이렇게 되면 각 지방정부 간에 세금 경쟁이 발생한다. 경쟁, 책임, 선택이 각자 역할을 펼치면서 애덤 스미스의 보이지 않는 손이 정부 기능 안에서 작용하기 시작한다. 세율이 가장 낮은 정부에는 많은 기업과 사람이 몰릴 것이다. 잘 먹히는 정책은 따라 할 것이고 잘 안 먹히는 정책은 사라질 것이다. 어떤 정책이 제일 효과가 있는지는 나중에 나오는 결과가 보여줄 것이다. 중앙정부보다는 지방정부가 더 유연하게 정책의 변화를 줄 수 있다.

유토피아에서는 또한 현대적 비즈니스 모델인 구독경제도 가능하다.

구독경제를 공공서비스에 활용하는 방법

1990년대까지 신문, 음악, 영화는 실물 형태로만 구입이 가능했다. 디지털로 바뀌면서 품질 손상 없이(레코드판에서 카세트로 또는 TV에서 VHS 테이프로의 복제와는 비교가 되지 않는다) 저렴한 가격에 신속하게 매체를 복제해 무료로 즉시 배포할 수 있게 되었다. 그 이후로 신문, CD, DVD 형태의 '실물' 매체는 점점 사라졌다. 그러자 콘텐츠 소비가 늘어나는 모순이 발생했다. 뉴스 기사를 더 많이 보고 음악을 더 많이 듣고 더 많은 동영상을 시청했다. 그러나 콘텐츠 제작자에게 수입은 없었다. 콘텐츠 가격은 떨어져 심지어 어떤 경우엔 거의 무료였다. 산업을 살린 것은 구독경제였다.

2010년에 〈타임스The Times〉가 유력 매체 중에는 처음으로 유료화를 단행했다. 곧 홈페이지 방문자가 90퍼센트 이상 급감했다. 바보 같은 짓이라고 놀림받았다. 하지만 2014년에는 2001년 이후 처음으로 이익을 냈다. 영국에서는 중앙 일간지 중 〈가디언〉만 무료로 운영되고 있다. 〈가디언〉에 글을 쓰는 사람들은 다른 저널리스트보다 더 많이 노출되므로 좋아하겠지만 이 일간지는 수년간 엄청난 손실을 보고 있었다. 대대적인 비용 감축, 독자들의 기부, 정기구독으로 2019년에야 간신히 흑자를 낼 수 있었다. 페이스북이나 구글에 빼앗긴 광고 수입을 독자들의 자발적인 구독으로 만회했다. 소규모 출판물들도 구독경제 모델로 살아났다.

음악산업도 변화하지 않을 수 없었다. 라이브 공연 중계 덕분에 살

아날 수 있었지만(생방송 뉴스 중계는 신문에도 소중한 수입원이 되었다) 유튜브 채널이나 매월 회비를 내고 많은 종류의 음악을 들을 수 있는 스트리밍 서비스 업체인 스포티파이^{Spotify} 같은 구독경제 모델도 많은 도움을 주었다.

구독경제가 가장 잘 먹혔던 분야는 단연 TV다. HBO, 넷플릭스, 아마존프라임, 디즈니플러스 등은 작은 스크린에 할리우드 규모의 제작비를 투입했다. 우리 시대 가장 훌륭한 작품은 TV를 통해 방영된다.

지난 20년간 이들 산업은 '유료', '무료', '위기', '구독'의 힘든 과정을 거쳐왔다. 저널리스트인 앤드루 윌셔$^{Andrew Willshire}$는 공공서비스도 같은 경로를 밟을 것이라고 예언했다.[8]

1911년 영국 국민보험법 제정과 제1차 세계대전 이전에는 주로 우애조합을 통해서 개인들이 교육비와 의료비를 부담했다. 자선기관과 교회도 가난한 사람들을 위해 건강, 복지, 교육에 보조금을 지원하기도 했지만 최대한 각자 알아서 부담하는 분위기였다. 그런데 국가가 의료와 교육을 제공하면서부터 개인이 부담하고 그 대가로 서비스를 받는 연결 관계가 끊어져 버렸다. 즉 '유료'에서 '무료'로 바뀐 것이다. 오늘날에는 공공서비스에 대한 수요가 많아졌고 기대치도 높아졌다. 정부가 세금을 거두어 감당하기에 너무 부담스러운 수준이 되어버렸다. (적어도 세금을 내야 하는 사람 중) 많이 내려는 사람은 없는 반면에 서비스의 보장 범위는 최대로 늘어났다. 거의 매주 공공서비스가 위기에 처했다느니 하는 기사나 방송이 나오고 있다. 그러나 이미 커질 대로 커진 국가 채무는 해결의 기미가 보이지 않는다. 우리는 윌셔의 사이클 중 '위기' 단계에 와 있다.

경제의 다른 분야에서 구독 모델은 이미 흔한 현상이 되어버렸다. 우리는 트위터, 페이스북, 인스타그램에서 누구를 팔로우할지 선택할 수 있다. 어떤 TV 프로그램을 시청하고 어떤 팟캐스트 방송을 청취할지 결정할 수 있다. 업체를 선택하고 이동통신, 고속통신망, TV, 음악, 뉴스, 헬스장, 보험서비스 요금을 지불한다. 어느 달에 그 서비스를 사용하지 않아도 보통 월회비를 돌려받을 생각은 하지 않는다. 구독경제는 이제 일상사가 되었다. 행동 방식이 바뀐 것이다.

모든 구독경제 모델에는 기본 서비스에 대해 지불하는 정액 요금이 있다(심지어 기본 서비스가 무료인 경우도 있다). 그다음에는 선택 서비스에 따라 추가 요금이 붙는다. 피크타임에 헬스장에 가려면 추가 요금을 내야 한다. 한 달 동안 추가 데이터가 필요하거나 꼭 보고 싶은 스포츠 경기가 있다면 약간의 추가 요금을 내면 된다. '약간의 추가 요금'은 서비스 제공자에게 많은 비용이 들지 않지만 큰 이익이 될 수 있다. 대표적인 사례가 비행기나 기차의 일등석과 보통석의 요금 차이다. 이 추가 요금에서 상당한 이익이 창출된다.

구독경제 모델은 이런 식으로 작동하는데 유토피아에서는 이를 다음과 같이 운용할 것이다.

소득세는 배당금, 급여, 임대소득 등 모든 종류의 소득을 하나로 묶어 15퍼센트 세율로 과세한다. 단일한 세율은 관리하기 쉽고 낮은 세율은 탈세가 적다. 인적 공제는 없어지고 그 대신 모든 사람들은 '보편적 기본소득universal basic income'을 받는다. 이러면 복지와 세금 모두 단순해진다.

단일 소득세는 특정한 분야에만 사용하기 위해 징수하는 몇 개의 구독 모델로 분류되는데 경제학자들은 이를 '목적세'라고 부른다. '이 돈은 그 분야에만 사용될 것'이라는 걸 알면 투명성이 더 확보된다. 세수의 분배는 정당 간의 토론을 거쳐 투표에 부친 뒤 재무장관이 확정 짓는다.

첫 번째 구독료는 정부의 기본 비용, 즉 국방, 사회기반시설, 경찰력 등을 유지하기 위한 '회원가입' 비용이다. 두 번째는 복지 비용 및 연금처럼 소득재분배를 위한 구독료다. 세 번째는 교육, 네 번째는 건강보험 및 관련 비용이다.

각각의 구독료는 제공되는 서비스, 예를 들어 군대의 규모, 국민건강보험의 치료 및 투약 범위, 교육의 범위 등을 구체적으로 명시한다. 앞서 말한 기본 서비스에 추가적 서비스는 비용을 내야 한다. 세금 신고가 투명하기 때문에 명목적으로 모든 시민이 각각의 서비스에 똑같은 비용을 지불한다. 다만 저소득자는 사실상 보조금을 받는 효과가 있고 고소득자는 확실히 더 낼 것이다.

각 단계별로 이용 시점에 추가 비용을 내고 서비스를 이용하는 것이 권장된다. 높은 세금을 내는 건 싫겠지만 자신과 친구나 가족을 위해서라면 기꺼이 단독 병실이나 더 좋은 식사 비용을 낼 것이다. 이 추가 수입은 비용이 필요한 어느 곳에나 다시 서비스로 투입된다. 윌셔는 이를 본인부담금co-payment이라고 불렀다. 제대로 작동하려면 추가 서비스 비용은 원가보다 훨씬 높아야 한다. 예를 들어 일등석 기차나 비행기 좌석은 일반석의 두 배 이상 비싸지만 원가가 두 배 이상 소요되지는 않는다. 이렇게 추가 서비스를 선택하는 사람은 (돈이 많은 사람이겠지만) 자진해서 비용을 지불하고 가시적인 혜택을 누리면서 다른 사람을 위해 서비스에 보조금을 지급하는 셈이다. 본인부담금으로부터 오는 수입이 크다면 단일세를 줄일 수도 있다. 이렇게 자발적이고 누진적인 조세제도가 가능하다.

본인부담금은 오늘날 공공서비스에서 사라진 판매자와 구매자의 역학관계를 다시 부활시킨다. 이를 민간 분야의 예로 설명해보면, 일반적인 점포나 레스토랑에서는 고객을 만족시키기 위해 최선을 다해 신속한 서비스가 제공된다. 서비스 제공자는 고객을 잘 모셔야 한다. 제품의 판매 증대를 위해 제조업자들은 최상의 제품을 생산하려 노력한다. 서비스나 상품이 안 좋으면 고객은 다시 오지 않으며 안 좋은 후기를 남긴다. 반면에 고객이 진상짓을 하면 서비스 제공자는 재방문을 반기지 않으며 그 고객은 안 좋은 쪽으로 낙인찍힌다. 이런 상호작용 때문에 서비스 제공자와 고객 모두 좋은 인상을 남기려 노력한다. 구매자는 판매자를, 판매자는 구매자를 구속한다. 이런 현상이 자연스럽게 발생하면서 지속적인 서비스 개선이 이루어진다.

구독 및 본인부담금 제도는 자선기관과 민간 부문의 기여도 가능하게 한다. 자선단체는 빈곤층을 위해 본인부담금을 내주어 추가 보험에 가입시킬 수 있다. 이처럼 융통성 있게 계속 운영하면 미래 세계에서 기존의 정부 서비스는 필요 없게 된다.

구독경제 모델은 세금과 복지제도를 단순화하고 정부 행정이 투명하게 집행하도록 한다. 고소득자로부터 더 많은 세금을 거두지만 그들의 자발적인 선택에 따른 것이므로 누가 시켜서가 아닌, 자연스러운 누진제가 이루어진다.

세금을 바꾸면 세상이 바뀐다

세금 문제를 다시 전면에 부각할 필요가 있다. 계몽주의 시대에 그랬던 것처럼 세금을 공부하고 의논하고 토론해야 한다. 이 책에서 제시한 아이디어가 기폭제 역할을 했으면 한다.

세금은 우리 아이들이 살아갈 세상을 만드는 방법이다.

역사는 어리석고 잘못된 사고방식에서 나온, 시대에 맞지 않는 세금이 초래하는 끔찍한 결과를 반복해서 보여준다. 이제는 21세기에 맞게 새롭고 더 나은 조세제도가 필요하다.

조세개혁은 정치인들이 진정으로 세상을 바꿀 수 있는 몇 안 되는 방법 중 하나다. 세금을 바꾸면 세상이 바뀐다. 세금이 출발점이다.

감사의 말

이 책은 몇 년 전 에든버러 축제에서 선보인 〈세금에 대해 이야기해 봅시다〉라는 일종의 코미디쇼에서 시작되었다. 그 내용을 책으로 옮기는 것이니 쉽게 빨리 끝날 줄 알았다. 형식적인 절차라고 생각했다. 그런데 꼬박 3년이 걸렸다. 세금이라는 게 문명만큼이나 오래되다 보니 세금의 관점에서 인류 문명의 역사를 처음부터 다시 써야만 했다. 그런데도 한없이 기다려준 편집자 마르티나 오설리번에게 감사드린다. 마감 기한을 아무 연락 없이 몇 번이고 넘겨도 나한테 한 번도 화를 낸 적이 없다. 무엇보다도 이 책을 시작하게 해준 뛰어난 안목에 감사와 존경을 보낸다.

편집 작업을 훌륭하게 해준 셀리카 바죽과 제인 셀리의 노고에도 감사 인사를 보낸다.

머니위크에 근무할 때 상사였던 토니 브레이에게도 감사드린다. 내 책을 전부 읽고 지루한 부분을 찾아내 무자비하게 잔가지를 쳐주었다. 내 조사 연구에 도움을 준 로저 버, 다렌 존스, KPMG의 멜리사 가이

거, 크리스 다우닝, 에드 포더링햄 스미스에게 감사드린다.

그 밖에도 펠리시티 브라이언 어소시어츠사의 저작권 대리인 셀리 할러웨이에게도 감사드린다. 그녀는 박싱데이 다음 날 내가 보낸 구구절절한 이메일에 넘어가 계약서에 서명했다(병아리 작가라면 크리스마스와 새해 사이의 한가한 주에 요청 메일을 보내기를 권한다. 다른 때보다 눈에 띌 확률이 높다).

무엇보다 코미디 기획자인 크리스천 놀스와 비키 매슈스가 에든버러 축제에 코미디를 출품하지 않았다면 이 책은 태어나지 못했을 것이다. 기획사인 CKP에 감사드린다.

인내심을 갖고 기다려준 소피 테일러에게도 특별한 감사를 드린다.

아버지 테런스 프리스비가 안 계셨다면 내가 오늘날과 같은 작가가 될 수 없었을 것이다. 아버지에게도 심심한 감사를 표한다.

아버지에게 감사하는데 어머니가 빠질 수 없다. 전 남편(내 아버지 말고)의 거짓말 때문에 2년 동안 지옥 같은 고통을 겪은 어머니께도 감사드린다. 다른 책에서 이를 다룬 적이 있는데 다음 기회에 언급하겠다.

마지막으로 누구보다 이 책이 나오는 데 도움을 많이 준 사람이 있다. 우선 그로 인해 이 주제에 관심을 갖게 되었고 그의 연구 자료에서 많은 도움을 받았다. 그는 바로 세금의 역사를 연구한 미국 작가 찰스 애덤스다. 2013년에 작고해서 한 번도 만난 적 없지만 나중에 천국에 있는 조세 피난처에서 만나보고 싶다.

참고문헌

Abrahamlincolnsclassroom.org(2018). *Abraham Lincoln and the Tariff*. Available at: http://www.abrahamlincolnsclassroom.org/abraham-lincoln-in-depth/abraham-lincoln-and-the-tariff/ (accessed 16 April 2018).

Abrahamlincolnonline.org(2018). *Abraham Lincoln's 1855 Letter to Joshua Speed*. Available at: http://www.abrahamlincolnonline.org/lincoln/speeches/speed.htm (accessed 3 May 2018).

Abrahamlincolnonline.org(2018). *Lincoln's Eulogy on Henry Clay*. Available at: http://www.abrahamlincolnonline.org/lincoln/speeches/clay.htm (accessed 26 April 2018).

Adams, C.(1993). *For Good and Evil*. Lanham, Md.: Madison Books.

Aeon.co(2018). Sheri Berman, *It wasn't just hate. Fascism offered robust social welfare.* Available at: https://aeon.co/ideas/fascism-was-a-rightwing-anti-capitalist-movement (accessed 30 June 2018).

Ali, I.(n.d.). *Imam Ali's Letter to Malik al-Ashtar, the Governor of Egypt, Revenue Administration*. Al-Islam.org. Available at: https://www.al-islam.org/richest-treasure-imam-ali/revenue-administration (accessed 8 December 2018).

Allen, G.(2012). *Inflation: the Value of the Pound 1750–2011* (ebook). London: House of Commons Library, pp.6, 17. Available at: http://researchbriefings.files.parliament.uk/documents/RP12-31/RP12-31.pdf (accessed 24 September 2018).

Allen, J.(2017). *Technology and Inequality: Concentrated wealth in a Digital World*. Cham: Springer.

Allen, M.(2002). *The Business of Genocide*. Chapel Hill: University of North Carolina Press.

Aly, G.(2016). *Hitler's Beneficiaries: Plunder, Racial War, and the Nazi Welfare State*. London: Verso.

Api.parliament.uk(2018). *The Financial Statement – the Budget (Hansard, 6 March 1854)*. Available at: https://api.parliament.uk/historic-hansard/commons/1854/mar/06/the-financial-statement-the-budget (accessed 9 June 2018).

Archive.org(1860). *The address of the people of South Carolina assembled in convention, to the people of the slaveholding states of the United States: South Carolina. Convention(1860–1862): Free Download, Borrow, and Streaming: Internet Archive*. Available at: https://archive.org/details/addressofpeopleo00sout (accessed 6 May

2018).

Archive.org(2018). *Full text of 'Interview between President Lincoln and Col. John B. Baldwin, April 4th, 1861: statements & evidence'*. Available at: https://archive.org/stream/interviewbetween00bald/interviewbetween00bald_djvu.txt (accessed 7 May 2018).

Archive.spectator.co.uk(2018). *House-Tax v. Income-Tax*. Available at: http://archive.spectator.co.uk/article/13th-september-1873/8/house-tax-v-income-tax (accessed 28 March 2018).

Archives.gov(2018). *The Magna Carta*. Available at: https://www.archives.gov/exhibits/featured-documents/magna-carta (accessed 1 April 2018).

Ash.org.uk(2018). *Large national survey finds 2.9 million people now vape in Britain: For the first time over half don't smoke*. Available at: http://ash.org.uk/media-and-news/press-releases-media-and-news/large-national-survey-finds-2-9-million-people-now-vape-in-britain-for-the-first-time-over-half-no-longer-smoke/ (accessed 25 October 2018).

The Assyrian Dictionary of the Oriental Institute of the University of Chicago (1958). Chicago, Ill.: Oriental Institute.

Austen, J.(1870). *Pride and Prejudice*. Wordsworth Classic Edition.

Avalon.law.yale.edu(2018). *Avalon Project – Constitution of the Confederate States: March 11, 1861*. Available at: http://avalon.law.yale.edu/19th_century/csa_csa.asp (accessed 3 May 2018).

Avalon.law.yale.edu(2018). *The Avalon Project: First Inaugural Address of Abraham Lincoln*. Available at: http://avalon.law.yale.edu/19th_century/lincoln1.asp (accessed 11 April 2018).

Balderston, T.(1989) 'War Finance and Inflation in Britain and Germany, 1914–1918'. *The Economic History Review*, 42(2), pp.222–44.

Bank, S., Stark, K. and Thorndike, J.(2008). *War and Taxes*. Washington: Urban Institute Press.

Barlow, J.(1996). *A Declaration of the Independence of Cyberspace*. Electronic Frontier Foundation. Available at: https://www.eff.org/cyberspace-independence (accessed 24 October 2018).

Bartash, J.(2018). *Repatriated profits total $465 billion after Trump tax cuts–leaving $2.5 trillion overseas*. MarketWatch. Available at: https://www.marketwatch.com/story/repatriated-profits-total-nearly-500-billion-after-trump-tax-cuts-2018-09-19 (accessed

12 October 2018).

Bartlett, J.(2018). *The end of a world of nation-states may be upon us*. Aeon. Available at: https://aeon.co/essays/the-end-of-a-world-of-nation-states-may-be-upon-us (accessed 31 October 2018).

Bartlett, J.(2018). *The People vs Tech*. 1st edn. London : Ebury.

Basler, R. P. ed.(1955). *Collected Works of Abraham Lincoln*, Vol. IV. New Brunswick : Rutgers University Press.

Bbc.co.uk(2018). *Government to pay o WW1 debt*. Available at : https://www.bbc.co.uk/news/business-30306579 (accessed 19 June 2018).

Bbc.co.uk(2018). *Vaping – the rise in five charts*. Available at : https://www.bbc.co.uk/news/business-44295336 (accessed 25 October 2018).

Belloc, H.(1913). *The Servile State*. Edinburgh : T. N. Foulis.

Benedictow, O.(2005). *The Black Death : The Greatest Catastrophe Ever*. Historytoday.com. Available at: https://www.historytoday.com/ole-j-benedictow/black-death-greatest-catastrophe-ever (accessed 16 September 2018).

Benson, W.(2010). *A Political History of the Tariff 1789–1861*. USA : Xlibris Corporation.

Bestvalueschools.com(2018). *Understanding the Rising Costs of Higher Education*. Available at : https://www.bestvalueschools.com/understanding-the-rising-costs-of-higher-education/ (accessed 22 October 2018).

Bevan, E. R.(1927). *The House of Ptolemy*, pp.263–8, via : http://www.allaboutarchaeology.org/rosetta-stone-english-translation-faq.htm (accessed 15 February 2017).

Bibula.com(2018). *Straty ludzkie poniesione przez Polskę w latach 1939–1945 – Bibula – pismo niezalezne*. Available at : http://www.bibula.com/?p=13530 (accessed 30 June 2018).

Bloom, E.(2017). *Here's how much money the average first-time homebuyer makes*. CNBC. Available at : https://www.cnbc.com/2017/04/25/heres-how-much-money-the-average-first-time-home-buyer-makes.html (accessed 4 September 2017).

Bloom, J.(2018). *The digital nomads wandering the world*. BBC News. Available at : https://www.bbc.co.uk/news/business-43927098 (accessed 5 October 2018).

Bloomberg.com(2018). *These Are the Economies With the Most and Least Effient Health Care*. Available at : https://www.bloomberg.com/news/articles/2018–09-19/u-s-near-bottom-of-health-index-hong-kong-and-singapore-at-top (accessed 21 December

2018).

Bloy, M.(2019). *The Campaign for the Repeal of the Corn Laws*. Historyhome.co.uk. Available at: http://www.historyhome.co.uk/peel/cornlaws/c-laws2.htm (accessed 11 March 2019).

Bls.gov(2018). *Contingent and Alternative Employment Arrangements Summary*. Available at: https://www.bls.gov/news.release/conemp.nr0.htm (accessed 1 October 2018).

Bluche, F.(1990) *Louis XIV*. Paris: Franklin Watts.

Booth, P. and Bourne, R.(2017). *Taxation, Government Spending & Economic Growth: In Brief*. Iea.org.uk. Available at: https://iea.org.uk/publications/taxation-government-spending-economic-growth-in-brief/ (accessed 3 June 2018).

Boyce, M.(2001). *Zoroastrians: Their Religious Beliefs and Practices*. London: Psychology Press. p.148.

Bridge, M.(2018). *The sci-fi future where tech is everywhere... and inside us*. Thetimes. co.uk. Available at: https://www.thetimes.co.uk/article/the-sci-fi-future-where-tech-is-everywhere-and-inside-us-sps78rm79 (accessed 27 October 2018).

Brown, J.(2018). *Cash Flow*. The Reformed Broker. Available at: https:// thereformedbroker.com/2018/04/24/cash-flow/ (accessed 27 September 2018).

Browne, R.(2018). *70% of people globally work remotely at least once a week, study says*. CNBC. Available at: https://www.cnbc.com/2018/05/30/70-percent-of-people-globally-work-remotely-at-least-once-a-week-iwg-study.html (accessed 5 October 2018).

Burgan, M.(2003). *The Louisiana Purchase*. Minneapolis, MN: Compass Point Books.

Burlingame, M.(2012). *Abraham Lincoln*. Baltimore: Johns Hopkins University Press.

Burns, D.(1992). *Poll Tax Rebellion*. Stirling: AK Press.

Cahill, K.(2010). *Who Owns the World*. New York: Grand Central Pub.

Capella, R.(2012). *The Political Economy of War Finance*. Publicly accessible Penn. Dissertations. 1175. Available at: http://repository.upenn.edu/edissertations/1175.

Carswell, D.(2012). *The End of Politics*. London: Biteback Publishing.

Cato Unbound(2009). Peter Thiel, *The Education of a Libertarian*. Available at: https:// www.cato-unbound.org/2009/04/13/peter-thiel/education-libertarian (accessed 11 September 2018).

Cazel, F. A.(1955). 'The Tax of 1185 in Aid of the Holy Land', *Speculum*, Vol. 30, No. 3, pp.385–92, University of Chicago Press.

Cbsnews.com(2018). *How would you feel about a 94% tax rate?* Available at: https://

www.cbsnews.com/news/how-would-you-feel-about-a-94-tax-rate/ (accessed 28 June 2018).

Center on Budget and Policy Priorities(2018). *Policy Basics: Where Do Federal Tax Revenues Come From?* Available at: https://www.cbpp.org/research/federal-tax/policy-basics-where-do-federal-tax-revenues-come-from (accessed 28 March 2018).

Cervantes, M.(2011). *Don Quixote*. London: Vintage, p.397.

Cesarani, D.(2015). *Nazi Underworld*. National Geographic — Videos, TV Shows & Photos — Asia. Available at: http://natgeotv.com/asia/nazi-underworld/about (accessed 23 September 2018).

Chanel, G.(2016). 'Taxation as a Cause of the French Revolution: Setting the Record Straight'. *Studia Historica Gedanensia*, 6.

Chesky, B., Gebbia, J., Blecharczyk, N., Johnson, B., Axelrod, B. and Chesnut, R.(2018). *Airbnb*. Craft.co. Available at: https://craft.co/airbnb (accessed 27 September 2018).

Ching, F.(1974). *The Population of Hong Kong*. Hong Kong: Department of Statistics, University of Hong Kong.

Chodorov, F.(2017). *Income Tax: Root of All Evil*. Aubum, Ala.: Dead Authors Society.

Chu, B.(2016). *The charts that shows how private school fees have exploded*. Independent.co.uk. Available at: https://www.independent.co.uk/news/uk/home-news/the-charts-that-shows-how-private-school-fees-have-exploded-a7023056.html (accessed 22 October 2018).

Churchill, W.(1909). *Land Monopoly*. Landvaluetax.org. Available at: http://www.landvaluetax.org/current-affairs-comment/winston-churchill-said-it-all-better-then-we-can.html (accessed 23 December 2018).

Cia.gov(2017). *The World Factbook — Central Intelligence Agency*. Available at: https://www.cia.gov/library/publications/the-world-factbook/rankorder/2186rank.html (accessed 5 September 2017).

Civil War Trust(2018). *Civil War Facts*. Available at: https://www.civilwar.org/learn/articles/civil-war-facts (accessed 7 May 2018).

Civilwarcauses.org(2018). *Robert Toombs's Speech to the Georgia Legislature*. Available at: http://civilwarcauses.org/toombs.htm (accessed 2, 4 May 2018).

Clark, T. and Dilnot, A.(2002). *Long-Term Trends in British Taxation and Spending*. Ifs.org.uk. Available at: https://www.ifs.org.uk/bns/bn25.pdf (accessed 27 June 2018).

Clarke, D.(2017). *Poll shows 85% of MPs don't know where money comes from*. Positivemoney.org. Available at: http://positivemoney.org/2017/10/mp-poll/

(accessed 11 September 2018).

Cobbett, W.(1803). *Cobbett's Parliamentary History of England: From the Norman Conquest, in 1066 to the Year 1803. Comprising the period from the battle of Edge-Hill, in October 1642, to the restoration of Charles the second, in April 1660, Volume 3.* London: Bagshaw.

Coffield, J.(1970). *A Popular History of Taxation.* London: Longman.

Collins, P.(2014). *Virtue and vice: Labour needs to shift tax burdens to unearned wealth.* Fabians.org.uk. Available at: http://fabians.org.uk/virtue-and-vice-labour-needs-to-shift-tax-burdens-to-unearned-wealth/ (accessed 30 September 2018).

Cooper J. S.(1986). 'Clay Cones La 9.1 Presargonic Inscriptions'. The American Oriental Society, New Haven, Connecticut. See: http://www.humanistictexts.org/sumer.htm#4%20Praise%20of%20Urukagina.

Cooper, W. J.(2001). *Jefferson Davis, American.* New York: Vintage.

Copernicus, N.(1526). *Monete cudende ratio (Essay on the Minting of Money).*

Cosgrave, J.(2018). *UK finally finishes paying for World War I.* Cnbc.com. Available at: https://www.cnbc.com/2015/03/09/uk-finally-finishes-paying-for-world-war-i.html (accessed 24 September 2018).

Costly, A.(2018). *BRIA 26 2: The Potato Famine and Irish Immigration to America.* Crf-usa.org. Available at: http://www.crf-usa.org/bill-of-rights-in-action/bria-26-2-the-potato-famine-and-irish-immigration-to-america.html (accessed 2 May 2018).

Cottrell, L. and Davidson, M.(1962). *Lost Worlds.* New York: American Heritage, p.154.

Dailymail.co.uk(2017). *Six of the world's seven billion people have mobile phones but only 4.5 billion have a toilet says UN report.* Available at: http://www.dailymail.co.uk/news/article-2297508/Six-world-s-seven-billion-people-mobile-phones-4-5billion-toilet-says-UN-report.html (accessed 11 June 2017).

Danesi, M.(2007). *The Quest for Meaning.* Toronto: University of Toronto Press.

Danziger, D. and Gillingham, J.(2004) *1215: The Year of Magna Carta.* London: Hodder Paperbacks.

Data.worldbank.org(2018). *GDP per capita (current US$).* Available at: https://data.worldbank.org/indicator/NY.GDP.PCAP.CD (accessed 21 December 2018).

Data.worldbank.org(2018). *GDP per capita, PPP (current international $).* Available at: https://data.worldbank.org/indicator/NY.GDP.PCAP.PP.CD?year_high_desc=true (accessed 5 November 2018).

Data.worldbank.org(2018). *GDP per capita, PPP (current international $).* Available at:

https://data.worldbank.org/indicator/NY.GDP.PCAP.PP.CD?locations=HK-US-GB&year_high_desc=true (accessed 21 December 2018).

Data.worldbank.org(2018). *Military expenditure (% of GDP)*. Available at: https://data.worldbank.org/indicator/MS.MIL.XPND.GD.ZS (accessed 10 July 2018).

Davidson, I.(2010). *Voltaire: A Life*. London: Pegasus.

Davies, L.(2011). *UK National Ecosystem Assessment Technical Report* (ebook). Cambridge: UNEP-WCPC, Chapter 10, p.368, Table 10.3. Available at: http://uknea.unep-wcmc.org/LinkClick.aspx?fileticket=u60Ugtegc28%3d&tabid=82 (accessed 11 September 2018).

Delaney, K.(2017). *The robot that takes your job should pay taxes, says Bill Gates*. Qz.com. Available at: https://qz.com/911968/bill-gates-the-robot-that-takes-your-job-should-pay-taxes/ (accessed 7 January 2019).

Dell, S.(2016). *Let there be light! Candles in the time of Jane Austen*. Jane-austenshouse-museum.org.uk. Available at: https://www.jane-austens-house-museum.org.uk/single-post/2016/1/12/Let-there-be-light-Candles-in-the-time-of-Jane-Austen (accessed 24 February 2019).

Deloitte Czech Republic(2018). *This Year's Tax Freedom Day Falls on 23 June 2018*. Available at: https://www2.deloitte.com/cz/en/pages/press/articles/cze-tz-den-danove-svobody-letos-pripadne-na-23-cervna-2018.html (accessed 15 September 2018).

Demographia.com(2019). *Greater London, Inner London Population & Density History*. Available at: http://www.demographia.com/dm-lon31.htm (accessed 4 January 2019).

Dennett, Jr., D. C.(1950). *Conversion and the Poll Tax in Early Islam*, Harvard, p.10, citing *History of the Patriarchs of the Coptic Church of Alexandra*, ed. Evetts(1910), pp.189–90.

Denning, T.(1965). 'The Magna Charta Ceremonies in England'. *American Bar Association Journal*, 51(10).

Desjardins, J.(2018). *The Buying Power of the US Dollar Over the Last Century*. Visualcapitalist.com. Available at: http://www.visualcapitalist.com/buying-power-us-dollar-century/ (accessed 26 September 2018).

Dickens, C.(1850). *Household Words*. London: Bradbury & Evans.

Dickens, C.(1861). 'The Morrill Tariff'. *All the Year Round, A Weekly Journal by Charles Dickens*, Vol. 6 (September 1861–March 1862), pp.328–31. Available at: https://

ia600208.us.archive.org/29/items/allyearround-06charrich/allyearround06charrich.pdf (accessed 12 September 2018).

Dickens, C.(1863). *David Copperfield*. London: Sheldon, p.137.

Dilnot, A. and Clark, T.(2002). *Long-Term Trends in British Taxation and Spending* (ebook). London: Institute of Fiscal Studies. Available at: https://www.ifs.org.uk/bns/bn25.pdf (accessed 3 July 2018).

Dobson, R.(1970). *The Peasants' Revolt of 1381*. London: Macmillan.

Dowell, S.(1888). *A History of Taxation and Taxes in England from the Earliest Times to the Present Day*. London: Longmans, Green and Co.

Downing, C.(2017). *The future offinance and tax: It's all about the data*. Kpmg.com. Available at: https://home.kpmg.com/uk/en/home/insights/2017/05/the-future-of-and-tax.html (accessed 30 September 2018).

Dunn, A.(2002). *The Great Rising of 1381*. Stroud, Gloucestershire: Tempus.

Dyer, C.(2000). *Everyday Life in Medieval England*. London: Hambledon and London.

Dyson, B.(2012). *Full Reserve Banking Is No Bailout*. Positivemoney.org. Available at: http://positivemoney.org/2012/10/full-reserve-banking-does-not-mean-a-bank-bailout/ (accessed 14 September 2018).

East_west_dialogue.tripod.com(2018). *Henry VII's Reign*. Available at: http://east_west_dialogue.tripod.com/europe/id4.html (accessed 21 September 2018).

Ebenstein, A.(2012). *The Indispensable Milton Friedman*. Washington DC: Regnery Pub., p.251.

Edwards, H. and Edwards, D.(2018). *Your primer on talking about the AI-led 'fourth industrial revolution'*. Qz.com. Available at: https://qz.com/1090176/how-to-think-about-job-automation-studies/ (accessed 9 October 2018).

Elliott, A.(2018). *How far have fares really fallen since the golden age of flying?* Telegraph.co.uk. Available at: https://www.telegraph.co.uk/travel/comment/how-airfares-have-fallen-since-golden-age-of-flying/ (accessed 5 October 2018).

En.wikipedia.org(2019). *American Civil War*. Available at: https://en.wikipedia.org/wiki/American_Civil_War (accessed 13 January 2019).

Encyclopedia Britannica(2017). *Ancient Greek civilization*. Available at: https://www.britannica.com/place/ancient-Greece/Classical-Greek-civilization#ref298204 (accessed 17 February 2017).

Encyclopedia Britannica(2018). *United States – World War II*. Available at: https://www.britannica.com/place/United-States/World-War-II#ref613137 (accessed 13 June

2018).

Encyclopedia.1914–1918-online.net (2018). *War Finance (Germany)*. Available at: https://encyclopedia.1914–1918-online.net/article/war_finance_germany (accessed 13 June 2018).

Entin, S.(2018). *Tax Incidence, Tax Burden, and Tax Shifting: Who Really Pays the Tax?* (ebook). Washington DC: Institute for Research on the Economics of Taxation. Available at: http://iret.org/pub/BLTN-88.PDF (accessed 28 March 2018).

Ericsson.com (2018). *Mobile subscriptions worldwide outlook*. Available at: https://www.ericsson.com/en/mobility-report/reports/june-2018/mobile-subscriptions-worldwide-outlook (accessed 21 October 2018).

Europa.eu (2016). *State aid: Ireland gave illegal tax benefits to Apple worth up to €13 billion*. Available at: http://europa.eu/rapid/press-release_IP-16-2923_en.htm (accessed 28 June 2019).

Europa.eu (2018). *State of the Union 2018: Making the EU a stronger global actor – European Commission proposes more efficient decision-making in Common Foreign and Security Policy*. Available at: http://europa.eu/rapid/press-release_IP-18–5683_en.htm (accessed 11 October 2018).

Faber, M.(2018). *110: Bryan Taylor* (podcast). Mebfaber.com. Available at: https://mebfaber.com/2018/06/27/episode-110-bryan-taylor-at-some-point-the-stresses-are-going-to-be-so-great-that-some-of-the-countries-in-the-european-union-are-eventually-forced-to-leave/ (accessed 26 September 2018).

Fahey, M.(2016). *Driverless cars will kill the most jobs in select US states*. Cnbc.com. Available at: https://www.cnbc.com/2016/09/02/driverless-cars-will-kill-the-most-jobs-in-select-us-states.html (accessed 10 October 2018).

Fairchild, F. R.(1922). 'German War Finance–a Review'. *American Economic Review*, 12(2), pp.246–61.

Feldman, G.(1993). *The Great Disorder: Politics, Economics, and Society in the German Inflation, 1914–1924*. New York: Oxford University Press.

Fhwa.dot.gov (2018). *The Reichsautobahnen*. Available at: https://www.fhwa.dot.gov/infrastructure/reichs.cfm (accessed 30 June 2018).

Finance.co.uk (2018). *How Much Tax Will I Pay On £100 Earned?* Available at: http://www.simplefs.co.uk/press-release/how-much-tax-on-100-pounds.asp (accessed 3 June 2018).

First [and Second] Report [s] of the Commissioners for Inquiring Into the State of Large

Towns and Populous Districts, Vol. 2, Part 2, Appendix (p.2010). William Clowes and Sons, 1845.

Founders.archives.gov (2018). *Founders Online: Rules by Which a Great Empire May Be Reduced to a Small One*. Available at: https://founders.archives.gov/documents/Franklin/01-20-02-0213 (accessed 27 May 2018).

Franklin, B.(2007). *Poor Richard's Almanac*. New York: Skyhorse Publishing, p.28.

Fred.stlouisfed.org (2018). *MZM Money Stock*. Available at: https://fred.stlouisfed.org/series/MZMNS (accessed 26 September 2018).

Freehling, W. H.(1990). *The Road to Disunion: Secessionists at Bay 1776–1854*. New York: Oxford University Press.

Friedman, M.(1976). *Monetary Correction: A Proposal for Escalator Clauses to Reduce the Costs of Ending Inflation*. London: Institute of Economic Affairs.

Friedman, M.(1978). *Milton Friedman Interviewed*. Cooperative-individualism.org. Available at: https://www.cooperative-individualism.org/the-times-herald_milton-friedman-interviewed-1978-dec.htm (accessed 23 December 2018).

Friedman, M.(1998). *The Hong Kong Experiment*. Hoover.org. Available at: https://www.hoover.org/research/hong-kong-experiment (accessed 16 December 2018).

Frisby, D.(2013). *Life After the State*. London: Unbound.

Fritschy, W.(1997). 'A History of the Income Tax in the Netherlands'. *Revue belge de philologie et d'histoire*, 75(4), pp.1045–61.

Ft.com (2017). *No country for young men – UK generation gap widens*. Available at: https://www.ft.com/content/60d77d08-b20e-11e4-b380-00144feab7de (accessed 23 August 2017).

Galofré-Vilà, G., Meissner, C., McKee, M. and Stuckler, D.(2018). *Austerity and the rise of the Nazi party*. Nber.org. Available at: http://www.nber.org/papers/w24106 (accessed 1 July 2018).

Gaunt, R.(2014). *Sir Robert Peel*. London: I. B. Tauris.

George, H.(1879). *Progress and Poverty*. New York: D. Appleton and Company.

Giandrea, S.(2018). *Estimating the US labor share*. Bls.gov. Available at: https://www.bls.gov/opub/mlr/2017/article/estimating-the-us-labor-share.htm (accessed 29 October 2018).

Gibson, M.(2018). *Searching for New Atlantis in China*. Reason.com. Available at: https://reason.com/archives/2018/12/07/searching-for-new-atlantis-in-china/3 (accessed 21 December 2018).

Gigeconomy.ey.com(2018). *Global Contingent Workforce Study*. Available at: https://gigeconomy.ey.com/ (accessed 1 October 2018).

Gigeconomydata.org(2018). *MBO Survey*. Available at: https://www.gigeconomydata.org/research/data-sources/mbo-survey (accessed 1 October 2018).

Graeber, D.(2011). *Debt – The First 5,000 Years*. New York: Random House Publisher Services, p.6.

Graetz, H.(1873). *History of the Jews*. American Jewish Publication Society.

Greenslade, R.(2017). *Times Newspapers posts £1.7m profit, first in 13 years*. Theguardian.com. Available at: https://www.theguardian.com/media/greenslade/2014/dec/02/times-newspapers-posts-17m-profit-first-in-13-years (accessed 10 September 2017).

Griffith, M.(2018). *The Confederacy, the Union, and the Civil War–a look at four claims about the War Between the States*. Knowsouthernhistory.net. Available at: http://www.knowsouthernhistory.net/Articles/History/WSI/four_claims.html (accessed 3 May 2018).

Guta, M.(2018). *55% of Remote Workers Now Telecommute Full Time, Survey Says*. Smallbiztrends.com. Available at: https://smallbiztrends.com/2018/08/2018-remote-working-statistics.html (accessed 5 October 2018).

Halliday, J.(2017). *Times loses almost 90% of online readership*. Theguardian.com. Available at: https://www.theguardian.com/media/2010/jul/20/times-paywall-readership (accessed 10 September 2017).

Halstead, M.(1860). *Caucuses of 1860: A history of the national political conventions of the current presidential campaign: being a complete record of the business of all the conventions; with sketches of distinguished men in attendance upon them, and descriptions of the most characteristic scenes and memorable events*. Follett, Foster and Company, p.135. Available at: https://books.google.co.uk/books?id=Tw4TAAAAYAAJ&pg=PA135&dq=her+whole+delegation+ris+ing+and+swinging+hats+and+canes&hl=en&sa=X&ved=0ahUKEwij44_z1YbjAhX0SBUIHeLvCWUQ6AEILDAA#v=onepage&q=her%20whole%20delegation%20ris-%20ing%20and%20swinging%20hats%20and%20canes&f=false.

Hammond, B. and Hammond, J.(1911). *The Village Labourer*. London: Longmans.

Hannaford, A.(2017). *The Internet of Things: Could it really change the way we live?* Telegraph.co.uk. Available at: http://www.telegraph.co.uk/technology/2017/05/06/internet-things-could-really-change-way-live/ (accessed 11 June 2017).

Harding, M., Bradbury, D. and Lahittete, M.(2018). *OECD Revenue Statistics 2017 – Germany* (ebook). Centre for Tax Policy and Administration, p.2. Available at: https://www.oecd.org/tax/revenue-statistics- germany.pdf (accessed 28 March 2018).

Haskel, J. and Westlake, S.(2018). *Capitalism without Capital*. Princeton, NJ: Princeton University Press.

Hawkins, J.(2019). *An Interview with Milton Friedman*. Rightwingnews.com. Available at: https://rightwingnews.com/interviews/an-interview-with-milton-friedman-2/ (accessed 1 April 2019).

Hazlitt, H.(1952). *Economics in One Lesson*. New York: Foundation for Economic Education, p.20.

Heritage.org(2018). *2018 Index of Economic Freedom*. Available at: https://www.heritage.org/index/about (accessed 23 December 2018).

Historylearningsite.co.uk(2018). *Henry VII*. Available at: https://www.historylearningsite.co.uk/tudor-england/henry-vii/ (accessed 21 September 2018).

Holst, A.(2019). *Fixed telephone lines worldwide 2000–2018* | Statistic. [online] Statista. Available at: https://www.statista.com/statistics/273014/number-of-fixed-telephone-lines-worldwide-since-2000/ (accessed 26 June 2019).

Hookway, A.(2019). *Searching for the owner of unregistered land*. Hmlandregistry.blog.gov.uk. Available at: https://hmlandregistry.blog.gov.uk/2018/02/05/search-owner-unregistered-land/ (accessed 31 March 2019).

Houlder, V.(2017). *Ten ways HMRC can tell if you're a tax cheat*. Ft.com. Available at: https://www.ft.com/content/0640f6ac-5ce9-11e7-9bc8-8055f264aa8b (accessed 26 October 2018). Gibson, M.(2018).

Hudson, C.(2018). *War on the Home Front: living in a wartime economy 1792–1815*. Historicinterpreter.wordpress.com. Available at: https://historicinterpreter wordpress.com/2015/06/17/war-on-the-home-front-living-in-a-wartime-economy-1792–1815/ (accessed 5 April 2018).

Hughes, E.(1992). *The Hampshire Hearth Tax Assessment, 1665*. Winchester: Hampshire Country Council Planning Department.

Hunt, L.(2007). *The Making of the West: Peoples and Cultures: A Concise History: Volume II: Since 1340*, 2nd edn, Boston: Bedford/St Martin's.

Imf.org(2018). *General Government Gross Debt*. Available at: https://www.imf.org/external/datamapper/GGXWDG_NGDP@WEO/OEMDC/ADVEC/

WEOWORLD/JPN (accessed 24 September 2018).

Income-tax.co.uk(2018). *Tax Calculator for £27,500 salary*. Available at: https://www.income-tax.co.uk/calculator/27500/ (accessed 8 October 2018).

Indexmundi.com(2018). *Jet Fuel Daily Price*. Available at: https://www.indexmundi.com/commodities/?commodity=jet-fuel&months=240 (accessed 5 October 2018).

Info.gov.hk(2018). *Hong Kong ranked world's freest economy for 24 consecutive years*. Available at: https://www.info.gov.hk/gia/general/201802/02/P2018020200484.htm (accessed 22 December 2018).

Infoplease.com(2018). *State of the Union Address: James Buchanan (December 3, 1860)*. Available at: https://www.infoplease.com/homework-help/us-documents/state-union-address-james-buchanan-december-3–1860 (accessed 10 May 2018).

Inman, P.(2017). *This man was right all along*. Theguardian.com. Available at: https://www.theguardian.com/money/2003/may/10/tax.scamsandfraud?CMP=share_btn_tw (accessed 9 June 2017).

Internationaltaxreview.com(2017). *Global Tax 50 2017*. Available at: http://www.internationaltaxreview.com/Article/3773447/Global-Tax-50–2017.html?&es_p=6011346 (accessed 30 September 2018).

Isaac, A.(2018). *Budget splurge on NHS shows tax rises must come soon, IFS says*. Telegraph.co.uk. Available at: https://www.telegraph.co.uk/business/2018/10/30/budget-splurge-nhs-shows-tax-rises-must-come-soon-ifs-says/ (accessed 4 November 2018).

Islam: From the Prophet Muhammad to the Capture of Constantinople: Politics and War. Trans. Bernard Lewis, 1974. London: Macmillian.

James, S. R.(2002). *Taxation: Critical Perspectives on the World Economy*. Vol. 1. London: Routledge.

Jefferson, T.(1805). *Second Inaugural Address*. Pagebypagebooks.com. Available at: https://www.pagebypagebooks.com/Thomas_Jefferson/Second_Inaugural_Speech/Second_Inaugural_Address_p1.html (accessed 6 January 2019).

Jeffersondavis.rice.edu(2018). *Jefferson Davis' First Inaugural Address*. Available at: https://jeffersondavis.rice.edu/archives/documents/jefferson-davis-first-inaugural-address (accessed 3 May 2018).

Jenkins, P.(1989). *Mrs Thatcher's Revolution*. London: Pan Books.

Joint Association of Classical Teachers(1984). *The World of Athens*. Cambridge: CUP.

Josephus, Titus Flavius. *The Antiquities of the Jews*, AD 93–4. Trans. William Whiston,

1737.

Katz, L. F. and Krueger, A. B.(2019) 'The Rise and Nature of Alternative Work Arrangements in the United States, 1995–2015'. *ILR Review*, 72(2), pp.382–416.

Kendall, J.(1957). *Michael Faraday, Man of Simplicity*. London: Faber and Faber, p.14.

Kesselring, K.(2016). *The Trial of Charles I: A History in Documents*. London: Broadview Press.

Keynes, J.(1920). *Economic Consequences of the Peace*. London: Macmillan.

Keynes, J. M.(1963). *Essays in Persuasion*. New York: W. W. Norton & Co.

Kharas, H. and Hamel, K.(2018). *A global tipping point: Half the world is now middle class or wealthier*. Brookings.edu. Available at: https://www.brookings.edu/blog/future-development/2018/09/27/a-global-tipping-point-half-the-world-is-now-middle-class-or-wealthier/?utm_campaign=Brookings%20Brief&utm_source=hs_email&utm_medium=email&utm_content=66298094 (accessed 5 October 2018).

Kingsnorth, P.(2017). *High house prices? Inequality? I blame the Normans*. Theguardian.com. Available at: https://www.theguardian.com/commentisfree/2012/dec/17/high-house-prices-inequality-normans (accessed 12 June 2017).

Kinnock, N.(1985). *Classic Podium: End this grotesque chaos*. Independent.co.uk. Available at: https://www.independent.co.uk/arts-entertainment/classic-podium-end-this-grotesque-chaos-1200539.html (accessed 15 September 2018).

Klingaman, W. F.(2001). *Abraham Lincoln and the Road to Emancipation*. New York: Penguin.

Knighton, H. and Lumby, J.(1964). *Chronicon Henrici Knighton vel Cnitthon, monachi Leycestrensis*. New York: Kraus Reprint.

Knupfer, S., Pokatilo, V. and Woetzel, J.(2018). *Urban Transportation Systems of 24 Cities*. Mckinsey.com. Available at: https://www.mckinsey.com/~/media/mckinsey/business%20functions/sustainability/our%20insights/elements%20of%20success%20urban%20transportation%20systems%20of%2024%20global%20cities/urban-transportation-systems_e-versions.ashx (accessed 21 December 2018).

Kocieniewski, D.(2018). *Airbnb, Others Pay Out Billions Beneath IRS's Radar, Study Finds*. Bloomberg.com. Available at: https://www.bloomberg.com/news/articles/2016–05–23/airbnb-others-pay-out-billions-beneathirs-s-radar-study-finds (accessed 27 September 2018).

Laffer, A.(2004). *The Laffer Curve: Past, Present, and Future*. Heritage.org. Available at: https://www.heritage.org/taxes/report/the-laffer-curve-past-present-and-future

(accessed 27 September 2018).

Laffer, A.(2011). *Cain's Stimulating '9–9–9' Tax Reform*. Wsj.com. Available at: https://www.wsj.com/articles/SB10001424052970204346104576637310315367804 (accessed 31 March 2019).

The Lancet (1845). 45(1121), pp.214–16.

Lawson, N.(1992). *The View from No. 11: Memoirs of a Tory Radical*. London: Bantam.

Levels, P.(2015). *There Will Be 1 Billion Digital Nomads by 2035*. Talk for DNX Global, Berlin. Available at: https://www.youtube.com/watch?v=4IYOZ6H0UNk.

Lincoln, A.(1832). *Abraham Lincoln's First Political Announcement*. Abrahamlincolnonline.org. Available at: http://www.abrahamlincolnonline.org/lincoln/speeches/1832.htm (accessed 13 January 2019).

Lindholm, R.(1947). *German Finance in World War II* (ebook). American Economic Association, pp.121–34. Available at: http://piketty.pse.ens.fr/files/capitalisback/CountryData/Germany/Other/Pre1950Series/RefsHistoricalGermanAccounts/Lindholm47.pdf (accessed 1 July 2018).

Little, P.(2009). *Oliver Cromwell*. Basingstoke (England): Palgrave Macmillan.

Lordsandladies.org(2018). *Decline of Feudalism*. Available at: http://www.lordsandladies.org/decline-of-feudalism.htm (accessed 21 September 2018).

Lordsandladies.org(2018). *Serfs*. Available at: http://www.lordsandladies.org/serfs.htm (accessed 23 September 2018).

MacKay, A. L.(1977). *A Dictionary of Scientific Quotations*. Bristol: Institute of Physics Publishing.

Mckinsey.com(2018). *Jobs lost, jobs gained: What the future of work will mean for jobs, skills, and wages*. Available at: https://www.mckinsey.com/featured-insights/future-of-work/jobs-lost-jobs-gained-what-the-future-of-work-will-mean-for-jobs-skills-and-wages (accessed 9 October 2018).

Maldonado, C.(2018). *Price of College Increasing Almost 8 Times Faster Than Wages*. Forbes.com. Available at: https://www.forbes.com/sites/camilomaldonado/2018/07/24/price-of-college-increasing-almost-8-times-faster-than-wages/#2dea3b1266c1 (accessed 22 October 2018).

Margaretthatcher.org(1997). *Speech to the First International Conservative Congress*. Available at: https://www.margaretthatcher.org/document/108374 (accessed 1 April 2019).

Marx, K.(2018). *The North American Civil War(1861)*. Tenc.net. Available at: http://

www.tenc.net/a/18611025.htm (accessed 10 May 2018).

Master-and-more.eu(2018). *Top 40 education systems in the world*. Availableat: https://www.master-and-more.eu/en/top-40-education-systems-in-the-world/ (accessed 21 December 2018).

May, T.(1988). *The Crypto Anarchist Manifesto*. Activism.net. Available at: https://www.activism.net/cypherpunk/crypto-anarchy.html (accessed 19 October 2018).

Mellon, A.(1924). *Taxation*. New York: The MacMillan Company.

Melville, L.(1913). *The Life and Letters of William Cobbett in England & America*. London: John Lane, The Bodley Head.

Miketgriffith.com(2018). *The Tariff and Secession*. Available at: http://miketgriffith.com/files/tariffandsecession.htm (accessed 3 May 2018).

Mill, J.(1848). *Principles of political economy with some of their Applications to Social Philosophy*. Book V, Chapter II: On the General Principles of Taxation.

Millercenter.org(2018). *Abraham Lincoln: Campaigns and Elections*. Available at: http://millercenter.org/president/lincoln/campaigns-and-elections (accessed 16 April 2018).

Mises.org(2018). Thomas J. DiLorenzo, *Lincoln's Tariff War*. Available at: https://mises.org/library/lincolns-tariff-war (accessed 6 May 2018).

Monnery, N.(2017). *Architect of Prosperity*. 1st edn. London: London Publishing Partnership.

Morrill, J.(1993). *The Nature of the English Revolution*. London: Longman.

Nase.org(2018). *Small Biz Survey – 69% of Sharing Economy Entrepreneurs Received Zero Tax Guidance*. Available at: https://www.nase.org/about-us/Nase_News/2016/05/11/small-biz-survey–69-of-sharing-economy-entrepreneurs-received-zero-tax-guidance (accessed 27 September 2018).

National Taxpayers Union(1999). *Interview with Milton Friedman* (video). Available at: https://www.youtube.com/watch?v=mlwxdyLnMXM (accessed 7 January 2019).

Nationmaster.com(2018). *Countries Compared by Economy 〉 GDP per capita in 1950. International Statistics at NationMaster.com*. Available at: http://www.nationmaster.com/country-info/stats/Economy/GDP-per-capita-in-1950 (accessed 5 November 2018).

Newint.org(2018). *A short history of taxation*. Available at: https://newint.org/features/2008/10/01/tax-history (accessed 3 July 2018).

Newman, M.(2017). *The Next Leg of the Electric Revolution*. Presentation. Bernstein Long View Series.

News.bbc.co.uk (2018). *One in five yet to pay poll tax*. Available at: http://news.bbc. co.uk/onthisday/hi/dates/stories/august/14/newsid_2495000/2495911.stm (accessed 15 September 2018).

News.bbc.co.uk (2018). *UK settles WWII debts to allies*. Available at: http://news.bbc. co.uk/1/hi/uk/6215847.stm (accessed 7 December 2018).

Newstatesman.com (2017). *The great property swindle: why do so few people in Britain own so much of our land?* Available at: http://www.newstatesman.com/life-and-society/2011/03/million-acres-land-ownership (accessed 11 June 2017).

Norporth, H. (2018). *The American Voter in 1932: Evidence from a Confidential Survey* (ebook). American Political Science Association. Available at: https://www.gwern. net/docs/history/2018-norpoth.pdf (accessed 25 September 2018).

Novak, M. (2016). *9 Quotes From Winston Churchill That Are Totally Fake*. Paleofuture. gizmodo.com. Available at: https://paleofuture.gizmodo.com/9-quotes-from-winston-churchill-that-are-totally-fake-1790585636 (accessed 1 April 2019).

Noyes, C. (1940). *Economic Controls in Nazi Germany*. Cqpress.com. Available at: http:// library.cqpress.com/cqresearcher/document.php?id=cqresrre1940110100#H2_4 (accessed 1 July 2018).

Nps.gov (2018). *Industry and Economy during the Civil War*. Available at: https://www. nps.gov/resources/story.htm%3Fid%3D251 (accessed 11 April 2018).

Nytimes.com (1861). *Sumter and the Administration*. Available at: https://www.nytimes. com/1861/04/17/archives/sumter-and-the-administration.html (accessed 12 January 2019).

Nytimes.com (2018). *A Letter from President Lincoln. Reply to Horace Greeley. Slavery and the Union. The Restoration of the Union the Paramount Object*. Available at: https://www.nytimes.com/1862/08/24/archives/a-letter-from-president-lincoln-reply-to-horace-greeley-slavery-and.html (accessed 7 May 2018).

Nytimes.com (2018). *The Emancipation Proclamation: Interesting Sketch of its History by the Artist, Carpenter*. Available at: https://www.nytimes.com/1865/06/16/archives/the-emancipation-proclamation-interesting-sketch-of-its-history-by.html (accessed 9 May 2018).

Oates, W. and Schwab, R. (2015). 'The Window Tax: A Case Study in Excess Burden'. *Journal of Economic Perspectives*, 29 (1), pp.163–80.

Observationsandnotes.blogspot.com (2018). *The Decrease in Purchasing Power of the US Dollar Since 1900*. Available at: http://observationsandnotes.blogspot.

com/2011/04/100-year-declining-value-of-us-dollar.html (accessed 26 September 2018).

Occhino, F., Oosterlinck, K. and White, E.(2007). *How Occupied France Financed its own Exploitation in World War II (ebook, 2nd edn)*. American Economic Review, 97(2), pp.295–9. Available at: https://eml.berkeley.edu/~webfac/eichengreen/e211_fa05/white.pdf (accessed 1 July 2018).

Oecd.org(2018). *General government spending*. Available at: https://data.oecd.org/gga/general-government-spending.htm (accessed 13, 22 September 2018).

Oecd.org(2018). *OECD Revenue Statistics 2017 United States*. Available at: https://www.oecd.org/tax/revenue-statistics-united-states.pdf (accessed 15 July 2018).

Oecd.org(2018). *Tax on personal income*. Available at: https://data.oecd.org/tax/tax-on-personal-income.htm (accessed 22 September 2018).

Oecd.org(2019). *Economic Outlook Annex Tables*. Available at: http://www.oecd.org/economy/outlook/economicoutlookannextables.htm (accessed 20 March 2019).

Official Report of Proceedings of the Hong Kong Legislative Council (1961). Legco.gov.hk. Available at: https://www.legco.gov.hk/yr97-98/english/former/lc_sitg.htm (accessed 19 December 2018).

Officialdata.org(2018). *£100 in 1938 → 1951*. Available at: https://www.officialdata.org/1938-GBP-in-1951?amount=100 (accessed 29 June 2018).

Okrent, D.(2010). *Wayne B. Wheeler: The Man Who Turned Off the Taps*. Smithsonianmag.com. Available at: https://www.smithsonianmag.com/history/wayne-b-wheeler-the-man-who-turned-off-the-taps-14783512/ (accessed 14 June 2018).

Ormrod, W.(1990). 'The Peasants' Revolt and the Government of England'. *Journal of British Studies*, Vol. 29 (No.1), pp.1–30. Available at: https://www.jstor.org/stable/175483 (accessed 17 September 2018).

Ortiz-Ospina, E. and Roser, M.(2018). *Public Spending*. Ourworldindata.org. Available at: https://ourworldindata.org/public-spending (accessed 10 July 2018).

Ortiz-Ospina, E. and Roser, M.(2018). *Taxation*. Ourworldindata.org. Available at: https://ourworldindata.org/taxation (accessed 5 July 2018).

Ourworldindata.org(2018). *Number of countries having implemented Value Added Taxes*. Available at: https://ourworldindata.org/grapher/number-of-countries-having-implemented-a-vat (accessed 11 July 2018).

Oxfam.org(2018). *Richest 1 percent bagged 82 percent of wealth created last year – poorest half of humanity got nothing.* Available at: https://www.oxfam.org/en/pressroom/pressreleases/2018–01-22/richest-1-percent-bagged-82-percent-wealth-created-last-year (accessed 24 November 2018).

Oxforddictionaries.com(2018). *Definition of task in English by Oxford Dictionaries.* Available at: https://en.oxforddictionaries.com/de nition/task (accessed 11 November 2018).

Packman, A.(2016). *Tax transparency and country by country reporting.* Pwc. com. Available at: https://www.pwc.com/gx/en/tax/publications/assets/tax-transparency-and-country-by-country-reporting.pdf (accessed 30 September 2018).

Paine, T.(1797). *Agrarian Justice.* Geolib.pair.com. Available at: http://geolib.pair.com/essays/paine.tom/agjst.html (accessed 23 December 2018).

Painter, S.(1933). *William Marshal, Knight-Errant, Baron, and Regent of England.* Baltimore: Johns Hopkins Press.

The Parliamentary Debates (Authorized Edition) (1833). Wyman, Vol. 20.

Parliament.uk(2018). *The 1816 repeal of the income tax.* Available at: https://www.parliament.uk/business/committees/committees-a-z/commonsselect/petitions-committee/petition-of-the-month/war-petitions-and-the-income-tax/ (accessed 8 April 2018).

Parliament.uk(2018). *The cost of war.* Available at: https://www.parliament.uk/about/living-heritage/transformingsociety/private-lives/taxation/overview/costofwar/ (accessed 13 June 2018).

Parliament.uk(2019). *Taxation during the First World War.* Available at: https://www.parliament.uk/about/living-heritage/transformingsociety/private-lives/taxation/overview/ rstworldwar/ (accessed 11 March 2019).

Pettinger, T.(2018). *David Lloyd George Biography.* Biographyonline.net. Available at: https://www.biographyonline.net/politicians/uk/lloyd-george.html (accessed 15 December 2018).

Phillips, M.(2018). *The Long Story of US Debt, from 1790 to 2011, in 1 Little Chart.* Theatlantic.com. Available at: https://www.theatlantic.com/business/archive/2012/11/the-long-story-of-us-debt-from-1790-to-2011-in-1-little-chart/265185/ (accessed 29 June 2018).

Plato(2007). *Republic.* Oxford: Aris & Phillips.

Pope, T. and Waters, T.(2016). *A Survey of the UK Tax System.* Ifs.org.uk. Available at: https://www.ifs.org.uk/bns/bn09.pdf (accessed 15 July 2018).

Positivemoney.org(2017). *House prices: why are they so high?* Available at: http://positivemoney.org/issues/house-prices/ (accessed 11 June 2017).

Positivemoney.org(2018). *Infographic: Why are House Prices So High?* Available at: http://positivemoney.org/2012/09/infographics-why-are-house-prices-so-high/ (accessed 11 September 2018).

Presidency.ucsb.edu(2018). *John F. Kennedy: Address and Question and Answer Period at the Economic Club of New York.* Available at: http://www.presidency.ucsb.edu/ws/?pid=9057 (accessed 4 June 2018).

Preyer, N. W.(1959). 'Southern Support of the Tariff of 1816: A Reappraisal', *Journal of Southern History*, XXV, pp.306–22, in *Essays on Jacksonian America*, ed. Frank Otto Gatell, New York: Holt, Rinehart and Winston, Inc., 1970.

Price, M.(1980). *The Peasants' Revolt*. London: Longman.

Pwc.co.uk(2018). *UK Economic Outlook*. Available at: https://www.pwc.co.uk/services/economics-policy/insights/uk-economic-outlook.html#dataexplorer (accessed 9 October 2018).

Quod.lib.umich.edu(2018). *Collected Works of Abraham Lincoln*. Volume 3. Available at: https://quod.lib.umich.edu/l/lincoln/lincoln3/1:122.1?rgn=div2;view=fulltext (accessed 27 April 2018).

Quoteinvestigator.com(2019). *The Hardest Thing in the World to Understand is Income Taxes*. Available at: https://quoteinvestigator.com/2011/03/07/einstein-income-taxes/ (accessed 9 January 2019).

Reaction.life(2017). *How to switch taxation to a subscriber model*. Available at: https://reaction.life/switch-taxation-subscriber-model/ (accessed 10 September 2017).

Recode.net(2018). *The US government doesn't know how big the gig economy is*. Available at: https://www.recode.net/2018/7/24/17603482/the-u-s-government-doesnt-know-how-big-the-gig-economy-is (accessed 1 October 2018).

Reichsfinanzministerium-geschichte.de(2018). *Historikerkommission – Reichsfinanzministerium von 1933–1945*. Available at: http://www.reichs nanzministerium-geschichte.de/ (accessed 30 June 2018).

Reid, J., Nicol, C., Burns, N. and Chanda, S.(2018). *Long Term Asset Return Study – the Next Financial Crisis* (ebook). London: Deutsche Bank Global Research. Available at: https://www.dbresearch.com/PROD/RPS_EN-PROD/Publications_reportsanalysis_and_studies_by_Jim_Reid_for_download/JIM_REID.alias (accessed 25 September 2018).

Reid, J., Nicol, C., Burns, N. and Mahtani, S.(2018). *The History (and Future) of Inflation*. London: Deutsche Bank Research.

Reinhart, C. and Rogo, K.(2013). *Reflections on the 100th Anniversary of the Federal Reserve* (ebook). San Diego. Available at: http://www.aeaweb.org/aea/2013conference/program/retrieve.php?pd d=485 (accessed 25 September 2018).

Rivlin, A. M. and McClellan, M. B.(2017) *How to Take on Health Inequality in America*. brookings.edu.

Roantree, B. and Miller, H.(2018). *Tax revenues: where does the money come from and what are the next government's challenges?* Ifs.org.uk. Available at: https://www.ifs.org.uk/publications/9178 (accessed 28 March 2018).

Roberts, J. and Westad, O.(2014). *The Penguin History of the World*. London: Penguin Books.

Roberts, R.(2018). *Neil Monnery on Hong Kong and the Architect of Prosperity* (podcast). Econtalk.org. Available at: http://www.econtalk.org/neilmonnery-on-hong-kong-and-the-architect-of-prosperity/#audio-highlights (accessed 17 December 2018).

Roosevelt, F.(1942). *State of the Union 1942*. Let.rug.nl. Available at: http://www.let.rug.nl/usa/presidents/franklin-delano-roosevelt/state-of-the-union-1942.php (accessed 1 April 2019).

Rothwell, H. and Douglas, D.(1996). *English Historical Documents*. London: Routledge.

Sakoulas, T.(2017). *Parthenon*. Ancient-greece.org. Available at: http://ancient-greece.org/architecture/parthenon.html (accessed 17 February 2017).

as-Sallaabee, A. M.(2007). *The Biography of Abu Bakr as Siddeeq*. Riyadh: Darussalam Publisher.

Scencyclopedia.org(2018). *Secession crisis of 1850–1851*. Available at: http://www.scencyclopedia.org/sce/entries/secession-crisis-of-1850%C2%961851/ (accessed 27 April 2018).

Schwab, K.(2016). *The Fourth Industrial Revolution*. Geneva, Switzerland: World Economic Forum.

Scmp.com(2018). *Hong Kong's budget surplus underestimated for eighth year in a row*. Available at: https://www.scmp.com/news/hong-kong/article/1723421/hong-kongs-budget-surplus-underestimated-eighth-year-row (accessed 21 December 2018).

Shaw, G.(1944). *Everybody's Political What's What?* New edn. London: Constable.

Shaxson, N.(2014). *Treasure Islands*. New York: St Martin's Press.

Shoard, C.(2019). *BAFTA nominations 2019: The Favourite is queen but Steve McQueen snubbed*. Theguardian.com. Available at: https://www.the-guardian.com/ lm/2019/ jan/09/baftas-2019-the-favourite-nominations-steve-mcqueen (accessed 9 January 2019).

Sinclair, J.(1785). *The History of the Public Revenue of the British Empire*. W. and A. Strahan for T. Cadell.

Singleton, A.(2006). *Obituary: Sir John Cowperthwaite*. Theguardian.com. Available at: https://www.theguardian.com/news/2006/feb/08/guardianobituaries.mainsection (accessed 21 December 2018).

Sloan, B.(2018). *Taxation Trends in Mainland Europe*. Ec.europa.eu. Available at: https:// ec.europa.eu/taxation_customs/sites/taxation/files/taxation_trends_report_2017.pdf (accessed 15 July 2018).

Smith, A.(1793). *An Inquiry into the Nature and Causes of the Wealth of Nations*. London: printed for A. Strahan and T. Cadell.

Smith, D.(2006). *Living with Leviathan*. London: Institute of Economic Affairs.

Smith, N.(2017). *Who Has the World's No. 1 Economy? Not the US*. Bloomberg.com. Available at: https://www.bloomberg.com/opinion/articles/2017–10-18/who-has-the-world-s-no-1-economy-not-the-u-s (accessed 22 December 2018).

Sourcebooks.fordham.edu(2018). *Medieval Sourcebook: Anonimalle Chronicle: English Peasants' Revolt 1381*. Available at: https://sourcebooks.fordham.edu/source/ anon1381.asp (accessed 19 September 2018).

Spartacus-educational.com(2016). *John Wycliffe*. Available at: http://spartacus-educational.com/NORwycliffe.htm (accessed 17 September 2018).

Spartacus-educational.com(2016). *John Ball*. Available at: http://spartacus-educational. com/YALDballJ.htm#section6 (accessed 19 September 2018).

Spartacus-educational.com(2018). *The Peasants' Revolt of 1381*. Available at: http:// spartacus-educational.com/Peasants_Revolt.htm (accessed 21 September 2018).

Spence, P.(2015). *Half of all British jobs could be replaced by robots, warns Bank of England's chief economist*. Telegraph.co.uk. Available at: https://www.telegraph. co.uk/finance/bank-of-england/11991704/Half-of-all-British-jobs-could-be-replaced-by-robots-warns-Bank-of-Englands-chief-economist.html (accessed 9 October 2018).

Stampp, K. A., ed.(1965). *The Causes of the Civil War*. Englewood Cliffs, NJ: Prentice-Hall Inc.

Statcounter.com(2018). *Social Media Stats Worldwide*. Available at: http://gs.statcounter.

com/social-media-stats (accessed 31 October 2018).

Statista.com(2018). *Apple: number of employees 2017*. Available at: https://www.statista. com/statistics/273439/number-of-employees-of-apple-since-2005/ (accessed 29 October 2018).

Statista.com(2018). *Facebook: number of employees 2017*. Available at: https://www. statista.com/statistics/273563/number-of-facebook-employees/ (accessed 27 September 2018).

Statista.com(2018). *IoT: number of connected devices worldwide 2012–2025*. Available at: https://www.statista.com/statistics/471264/iot-number-of-connected-devices-worldwide/ (accessed 3 November 2018).

Statista.com(2018). *Number of Google employees 2017*. Available at: https://www. statista.com/statistics/273744/number-of-full-time-google-employees/ (accessed 27 September 2018).

Statista.com(2018). *Search engine market share worldwide*. Available at: https://www. statista.com/statistics/216573/worldwide-market-share-of-search-engines/ (accessed 31 October 2018).

Stolper, G., Hauser, K. and Borchardt, K.(1967). *The German Economy, 1870–1940*. London: Weidenfeld and Nicolson.

Storey, D., Steadman, T. and Davis, C.(2016). *Is the gig economy a fleeting fad, or an enduring legacy?* Gigeconomy.ey.com. Available at: https://gigeconomy.ey.com/ Documents/Gig%20Economy%20Report.pdf (accessed 2 October 2018).

Susskind, J.(2018). *Future Politics*. 1st edn. Oxford: Oxford University Press.

Tanzi, V. and Schuknecht, L.(2000). *Public Spending in the 20th Century*. Cambridge: CUP.

Taplin, J.(2017). *Move Fast and Break Things*. New York: Little, Brown and Company.

Taplin, J.(2017). *Why is Google spending record sums on lobbying Washington?* Theguardian.com. Available at: https://www.theguardian.com/technology/2017/ jul/30/google-silicon-valley-corporate-lobbying-washingtondc-politics (accessed 3 November 2018).

Taussig, F.(1910). *The Tariff History of the United States*. New York: G. P. Putnam's Sons.

Taxation.co.uk(2018). *Taxing horses, dogs, guinea-pigs and seals*. Available at: https:// www.taxation.co.uk/Articles/2007/01/25/220271/taxing-horses-dogs-guinea-pigs-and-seals (accessed 1 April 2018).

Taxfoundation.org(2016). *The Compliance Costs of IRS Regulations*. Available at: https://taxfoundation.org/compliance-costs-irs-regulations/ (accessed 26 November 2018).

Taxfoundation.org(2018). *What Are Payroll Taxes and Who Pays Them?* Available at: https://taxfoundation.org/what-are-payroll-taxes-and-who-pays-them/ (accessed 28 March 2018).

Taxhistory.org(2018). *Tax History Project – The Seven Years War to the American Revolution*. Available at: http://www.taxhistory.org/www/website.nsf/Web/THM1756?OpenDocument (accessed 26 May 2018).

Taxinsights.ey.com(2018). *Tax function of future to prioritize cost, value and risk*. Available at: https://taxinsights.ey.com/archive/archive-articles/future-of-tax-tax-function-will-be-very-different.aspx (accessed 30 September, 1 October 2018).

Taylor, A.(1982). *Politicians, Socialism, and Historians*. New York: Stein and Day.

Taylor, B.(2018). *The Century of Inflation*. Globalfinancialdata.com. Available at: https://www.globalfinancialdata.com/GFD/Article/the-century-of-Inflation (accessed 25 September 2018).

Taylor, C.(2017). *Ireland named best country for high-value FDI for sixth year in a row*. Irishtimes.com. Available at: https://www.irishtimes.com/business/economy/ireland-named-best-country-for-high-value-fdi-for-sixth-year-in-a-row-1.3204594 (accessed 18 October 2018).

Telegraph.co.uk(2006). *Sir John Cowperthwaite*. Available at: https://www.telegraph.co.uk/news/obituaries/1508696/Sir-John-Cowperthwaite.html (accessed 19 December 2018).

Theglobaleconomy.com(2018). *Capital investment, percent of GDP by country, around the world*. Available at: https://www.theglobaleconomy.com/rankings/Capital_investment/ (accessed 10 July 2018).

Thornton, M. and Ekelund, R.(2004). *Tariffs, Blockades and Inflation*. Wilmington, Del.: SR Books.

Time.com(2018). *The TIME Vault: October 19, 1942*. Available at: http://time.com/vault/issue/1942–10-19/page/23/ (accessed 28 June 2018).

Tinniswood, A.(2004). *By Permission of Heaven*. London: Pimlico.

Tolkien, J.(2015). *Fellowship of the Ring*. London: HarperCollins Publishers Limited, 'The Song of Aragorn'.

Toynbee, P.(2018). *The NHS is our religion: it's the only thing that saves it from the Tories*. Theguardian.com. Available at: https://www.theguardian.com/commentisfree/2018/jul/03/nhs-religion-tories-health-service (accessed 5 September 2018).

Tradingeconomics.com (2018). *United Kingdom Money Supply M3*. Available at: https://tradingeconomics.com/united-kingdom/money-supply-m3 (accessed 26 September 2018).

Uber.com (2018). *Company Information*. Available at: https://www.uber.com/en-GB/newsroom/company-info/ (accessed 27 September 2018).

Ukpublicspending.co.uk (2017). *Charts of Past Spending*. Available at: http://www.ukpublicspending.co.uk/past_spending (accessed 11 June 2017).

Us1.campaign-archive.com (2012). *TaxPayers' Alliance reveals cost of collecting tax has barely fallen in over 50 years*. Available at: https://us1.campaign-archive.com/?u=cc07cd0ccd07d854d8da5964f&id=ad07b30f56 (accessed 26 November 2018).

Usgovernmentspending.com (2018). *US Government Defense Spending History with Charts*. Available at: https://www.usgovernmentspending.com/defense_spending (accessed 10 July 2018).

Utzke, D.(2017). *IRS Affidavit for Coinbase*. Scribd.com. Available at: https://www.scribd.com/document/342374347/IRS-Affidavit-for-Coinbase?campaign=SkimbitLtd&ad_group=58287X1517249X4494521015d9a87485a7bdaeeaeec496&keyword=660149026&source=hp_affiliate&medium=affiliate (accessed 21 October 2018).

Vaclavik, B.(2018). *7 2018 Remote Work Statistics*. Dontpanicmgmt.com. Available at: https://www.dontpanicmgmt.com/2018-remote-work-statistics/ (accessed 5 October 2018).

Vermilya, D.(2019). *Walker Tariff of 1846: Definition & Summary | Study.com*. [online] Study.com. Available at: https://study.com/academy/lesson/walker-Tariff-of-1846-definition-summary-quiz.html (accessed 28 June 2019).

Visionofbritain.org.uk (2019). *History of the Census of Population*. Available at: http://www.visionofbritain.org.uk/census/ (accessed 4 January 2019).

Vitalone, P.(2011). *The Not-So-Dark-Age: Light in 14th Century Britain*. Masshumanities.org. Available at: http://masshumanities.org/ph_the-notsodarkage-light-in-14th-century-britain/ (accessed 24 February 2019).

Wallis, J.(2000). 'American Government Finance in the Long Run: 1790 to 1990'. *Journal of Economic Perspectives*, 14(1), pp.61–82.

Walsingham, T. and Riley, H.(1863). *Historia Anglicana*. London: HMSO.

Web.archive.org(2009). *Exchange Rate – New Liberty Standard*. Available at: https://
web.archive.org/web/20091229132610/http://newlibertystandard.wetpaint.com/
page/Exchange+Rate (accessed 21 October 2018).

Web.archive.org(2018). *Magna Carta – Statute Law Database*. Available at: https://
web.archive.org/web/20070905014018/http://www.statutelaw.gov.uk/content.
aspx?activeTextDocId=1517519 (accessed 1 April 2018).

Web.archive.org(2018). *US Treasury – Fact Sheet on the History of the US Tax System*.
Available at: https://web.archive.org/web/20101204034946/http://www.treasury.
gov/education/fact-sheets/taxes/ustax.shtml (accessed 3 October 2018).

Web.archive.org(2019). *US Treasury – Fact Sheet on the History of the US Tax System*.
Available at: https://web.archive.org/web/20101204034946/http://www.treasury.
gov/education/fact-sheets/taxes/ustax.shtml (accessed 11 January 2019).

Webarchive.nationalarchives.gov.uk(2018). *HM Revenue & Customs: Taxation:
A tax to beat Napoleon*. Available at: http://webarchive.nationalarchives.gov.
uk/20130127153155/http://www.hmrc.gov.uk/history/taxhis1.htm (accessed 7
April 2018).

Williams, D. R. McClellan, M. B. and Rivlin, A. M.(2010). 'Beyond the Affordable Care
Act: Achieving Real Improvements in Americans' Health', *Health Affairs*, 29, No.8,
pp.1481–8.

Willshire, A.(2017). *How to switch taxation to a subscriber model*. Reaction. life. Available
at: https://reaction.life/switch-taxation-subscriber-model/ (accessed 24 March
2019).

World Bank(2017). *The Global Findex Database 2017*. Washington DC: The World Bank.

Xiaoping, D.(1984). *Build Socialism with Chinese Characteristics*. Academics. wellesley.
edu. Available at: http://academics.wellesley.edu/Polisci/wj/China/Deng/Building.
htm (accessed 21 December 2018).

Yablon, J.(2015). *As Certain as Death*. 9th edn. Arlington, Va.: Tax Analysts.

Youyou, W., Kosinski, M. and Stillwell, D.(2015). *Computer-based personality judgments
are more accurate than those made by humans*. Pnas.org. Available at: http://www.
pnas.org/content/112/4/1036 (accessed 29 October 2018).

Zimmerman, C.(2014). *Who holds federal debt?* Fredblog.stlouisfed.org. Available at:
https://fredblog.stlouisfed.org/2014/05/who-holds-federal-debt/ (accessed 13
September 2018).

Zucman, G.(2015). *The Hidden Wealth of Nations*. Chicago: University of Chicago Press.

주

1장

1 이 유명한 구절은 1665년 콜베르가 말한 것으로 알려져 있으나, 관련 기록은 어디에도 없다. 따라서 그가 말했다는 추측에 의존할 뿐이다 (James 참조).

2 장기간에 걸쳐 변하는 부의 상대적 가치를 계산하는 Measuringworth.com의 금액 기준. 이 사이트에 의하면 20실링의 역사적 평균 생활비 가치는 120.51파운드이며 노동자 수입은 2,010.00파운드, 경제적 지위는 3,431.00파운드, 경제력 가치는 24,000.00파운드라고 한다. 파운드화와 달러화의 교환비는 1.4:1에 반올림 적용하였다. 상대 가치가 더 높을 수 있다.

3 Dowell, pp.167-8.

4 I Will. & Mar. S. I, C. 10.

5 *The Lancet*.

6 Mill, Ch. 3, Section 27.

7 Oates and Schwab.

8 Visionofbritain.org.uk

9 Demographia.com

10 'QI: Quite Interesting'. Qi.com (2017). Available at: http://qi.com/infocloud/taxes (accessed 10 February 2017).

11 Austen, p.150.

12 Smith, *Wealth of Nations*.

13 *The Lancet*.

14 *First [and Second] Report[s] of the Commissioners*.

15 Dickens, *Household Words*, Vol. Ⅰ, p.461.

16 'daylight robbery'라는 표현은 해럴드 브릭하우스(Harold Brighouse)의 1916년 희곡《홉슨의 선택(Hobson's Choice)》에 최초로 등장한다. 등장인물인 아다 피긴스(Ada Figgins)가 "It's daylight robbery"라고 외치는 장면이 나오는데 요금이 말도 안 되게 많이 나와 대놓고 저지르는 강도짓과 비슷하다는 뜻이다(daylight에는 명사로 공공연함이라는 뜻이 있다–옮긴이). 또는 백주대낮에 벌이는 뻔뻔한 강도질을 일컫는 말이라는 설도 있다.

17 Novak.

2장

1 Monnery, p.18.

2 Roberts.

3 Ibid.

4 Official Report of Proceedings of the Hong Kong Legislative Council, 27 March 1968, p.212.

5 Ibid., 27 February 1963, p.47.

6 Ibid., 30 March 1962, p.133.

7 Ibid.

8 Ibid.

9 Ibid., 24 March 1971, p.531.

10 Ibid., 29 March 1967, p.248.

11 Ibid., 27 February 1963, p.50.

12 Ibid., 24–25 March 1966, p.213.

13 Ibid., 29 March 1963, p.134.

14 Ibid., 9 October 1970, p.116.

15 Ibid., 27 March 1968, p.212.

16 Telegraph.co.uk

17 Official Report of Proceedings of the Hong Kong Legislative Council, 29 March 1967, p.253.

18 Ibid., 27 March 1968, p.215.

19 Singleton.

20 Friedman, *The Hong Kong Experiment*.

21 Official Report of Proceedings of the Hong Kong Legislative Council, 25 March 1970, p.495.

22 Singleton.

23 Roberts.

24 Ching.

25 Friedman, *The Hong Kong Experiment*.

26 Data.worldbank.org(2018), *GDP per capita, PPP (current international $)* (accessed 5 November 2018).

27 Data.worldbank.org(2018), *GDP per capita, PPP (current international $)* (accessed 21 December 2018).

28 Monnery, p.4.

29 Official Report of Proceedings of the Hong Kong Legislative Council, 29 March 1967, p.248.

주

30 Scmp.com

31 Heritage.org

32 Info.gov.hk

33 Master-and-more.eu

34 Bloomberg.com

35 Ibid.

36 Knupfer, Pokatilo and Woetzel.

37 Official Report of Proceedings of the Hong Kong Legislative Council, 26 Feruary 1969, p.104.

38 Ibid.

39 Ibid.

40 Ibid., 28 February 1962, p.51.

41 Monnery, p.90.

42 Gibson.

43 Ibid.

44 Xiaoping.

45 Smith, *Who Has the World's No. 1 Economy?*

46 Telegraph.co.uk

3장

1 이 말은 벤저민 프랭클린이 83세인 1789년 장 바티스트 르루아(Jean-Baptiste Leroy)에게 프랑스어로 쓴 편지에 사용한 표현으로 알려져 있지만, 문서로 나타나는 기록은 이보다 73년 전인 1716년에 무명의 광대극인 《프레스턴의 구두수선공》이 처음이다.

2 수메르 왕인 알룰림은 아담과 이브와 동시대인으로 대홍수 시대 이전에 무려 2만 8,800년이나 통치했다.

3 Danesi, p.48.

4 Booth and Bourne, p.9.

5 정확한 숫자는 산출하기 어려우나 Booth and Bourne은 44%, 전 의원인 Douglas Carswell은 46%(Carswell, p.13), 웹사이트 Simple Financial Solutions는 65%에 가깝다고 한다. (*How Much Tax Will I Pay On £100 Earned?* 3 June 2018. Available at http://www.simplefs.co.uk/press-release/how-much-tax-on-100-pounds.asp).

6 Booth and Bourne, p.9.

7 Ibid.

8 Smith, *Living with Leviathan*, p.27.

9 　오줌은 무두질과 세탁, 심지어 이를 닦는 데도 쓰였다. 오줌을 수거해서 파는 일이 이익이 많이 나자 네로 황제가 오줌에 과세한 것이다.

10 　James Connington, 'Middle-Class Professional? Your Lifetime Tax Bill Could Be £3.6M', https://www.telegraph.co.uk/tax/income-tax/middle-class-professional-your-lifetime-tax-bill-could-be-36m/ (accessed 10 February, 2017).

11 　영국의 싱크탱크인 애덤스미스재단의 정부 지출의 날(정부가 집행하는 비용을 모두 완납하는 날-옮긴이)은 대략 1년의 가운데인 6월 24일이며 세금해방일은 이보다 3주 빠르다. 취업 기간을 45년으로 가정하면 20년 이상 번 돈이 모두 세금으로 들어간다. 단, 구체적인 숫자는 정확하지 않다.

12 　이 말은 대법관 올리버 웬델 홈즈 주니어(Oliver Wendel Holmes JR.)가 한 말로 알려져 있다.

4장

1 　Cottrell and Davidson, p.2.

2 　*The Assyrian Dictionary of the Oriental Institute of the University Of Chicago*, Volume 4, pp.369–70.

3 　Samuel Noah Kramer, professor emeritus of Assyriology at the University of Pennsylvania, 'Gov. Urukagina's Message for Mr Reagan', letter to the *New York Times*, 30 January 1981. Available at: http://www.nytimes.com/1981/01/30/opinion/l-gov-urukagina-s-message-for-mr-reagan-245065.html (accessed 12 February 2017).

4 　Cooper, J. S., 'Clay Cones La 9.1 Presargonic Inscriptions'.

5 　Ibid.

6 　〈창세기〉 14장 20절, English Standard Version(ESV).

7 　〈창세기〉 28장 22절, King James Version(KJV).

8 　〈민수기〉 18장 21-23절, KJV.

9 　1836 Tithe Commutation Act.

10 　Toynbee.

11 　Lawson, p.613.

12 　Bevan.

13 　*The Rosetta Stone: Translation of the Greek Section*. Available at: https://sourcebooks.fordham.edu/ancient/rosetta-stone-translation.asp (accessed 15 February 2017).

14 　Ibid.

15 Ibid.

16 Aristotle, *Magna Moralia*, 1194a

17 Aristotle, *Art of Rhetoric*, 1361a 28–43.

18 Hippocrates, *Precepts*, Part VI.

19 Joint Association of Classical Teachers, p.228.

20 데모스테네스와 크세노폰이 언급하기는 했지만, 안티도시스가 실제로 존재하지 않았다고 주장하는 역사가들도 있다.

5장

1 Adams, p.25.

2 Titus Flavius Josephus, 2,201.

3 〈출애굽기〉1장 9-10절, KJV.

4 Graetz.

5 〈출애굽기〉1장 11-14절, KJV.

6 Ibid.

7 〈누가복음〉2장 1-5절, KJV.

8 〈마태복음〉17장 27절, KJV.

9 〈누가복음〉19장 45절, KJV.

10 〈마태복음〉22장 21절, New International Version (NIV).

11 〈누가복음〉20장 20절, NIV.

12 〈마태복음〉18장 18-21절, KJV.

13 〈누가복음〉23장 2절, KJV.

14 Ali.

15 Dennett.

16 Boyce.

17 Adams, p.131.

18 Dennett, pp.189–90, 231–2.

19 Adams, p.128.

20 Ibid.

21 Ali.

22 Ibid.

23 *Islam : From the Prophet Muhammad*, Vol. 1, p.230.

24 At-Turtushi, 'On Taxation and its Effects, 9th to 12th Centuries', in *Islam*, op. cit, Vol. 1, pp.134–5, cited in Adams, p.133.

25 Adams, p.135.

26 Ibid., p.134.

27 At-Turtushi, op. cit., cited in Adams, p.133.

28 as-Sallaabee.

29 Mellon, p.16.

30 Laffer, *The Laffer Curve*.

31 Presidency.ucsb.edu

6장

1 *Robin Hood*(1973), directed by W. Reitherman.

2 Cazel.

3 이 토지세는 여덟 마리의 황소가 1년간 갈 수 있는 면적인 카루케이트(carucate)를 기준
　으로 과세되었다.

4 Painter, p.289.

5 Denning, p.922.

6 Danziger and Gillingham, p.268.

7 A. E. Dick Howard, 'Magna Carta Comes to America', Fourscore, 2008, p.28.

8 'The Magna Carta', National Archives, 2018. Web, 1 April 2018.

9 Ibid.

7장

1 Benedictow.

2 Knighton and Lumby.

3 Dyer, p.279.

4 Ibid., p.285.

5 Spartacus-educational.com, *John Ball*.

6 John Ball, Sermon at Blackheath, 12 June 1381, quoted by Jean Froissart, *Chronicles*,
　c.1395.

7 Walsingham and Riley.

8 Henry Knighton, quoted in Spartacus-educational.com, *John Ball*.

9 Thomas Walsingham, quoted in ibid.

10 John Ball, Sermon at Blackheath, 12 June 1381, quoted by Froissart, op. cit.

11 Ibid.

12 *Anonimalle Chronicle*, cited in Dobson, p.160, and also in Ormrod, p.3.

13 Dunn, pp. 85-7.

14 Sourcebooks.fordham.edu

15 Ibid.

16 Ibid.

17 Ibid.

18 Ibid.

19 *Anonimalle Chronicle*, quoted in Spartacus-educational.com, *The Peasants' Revolt of 1381*.

20 Burns, p.10.

8장

1 Cobbett, p.519.

2 Kesselring, p.32.

3 Little, p.198.

4 Adams, p.297.

5 Taxhistory.org

6 Adams, p.297.

7 Founders.archives.gov

8 *The Parliamentary Debates*, p.523.

9 Ibid.

10 Bluche, p.50.

11 Chanel, p.76.

12 Davidson, pp.427-31.

13 Hunt.

14 Chanel, p.76.

15 Adams, p.354.

16 Ibid., p.355.

17 Booth and Bourne. Sources: Tanzi and Schuknecht; OECD Economic Outlook (June 2016, Annex Table 29), and OECD data bank. 2018 figures from Oecd.org(2019)

9장

1 Archive.spectator.co.uk

2 Harding, Bradbury and Lahittete. 이 계산 방식은 미국의 급여세와 영국의 국민보험과 같이 급여 수준에 따른 소득세와 사회보장 분담금을 모두 포함한다. 고용주들이 급여세

의 일부를 부담하지만 실질적인 세부담은 피고용인이 진다. 좀 더 자세한 내용을 위해서 는 Taxfoundation.org, *What Are Payroll Taxes And Who Pays Them?*; Entin 참조.

3 Harding, Bradbury and Lahittete. 독일의 사회보장 분담금은 39%로 매우 높은 수준이다.

4 Ibid. Roantree and Miller 참조.

5 Fritschy.

6 Sinclair.

7 Walsingham and Riley, pp.369, 370.

8 *National Geographic*, Vol. 208, Issues 4–6, p.60.

9 Coffield, pp.90–94.

10 Hudson.

11 Coffield, pp.90–94.

12 Ibid.

13 Hudson.

14 Ibid.

15 Webarchive.nationalarchives.gov.uk

16 *James Gillray on War and Taxes during the War against Napoleon*. Retrieved from Online Library of Liberty (5 June 2015): http://oll.libertyfund.org/pages/james-gillray-on-war-and-taxes-during-the-war-against-napoleon

17 Taxation.co.uk

18 소득세의 종류는 A: 토지 및 건물로부터 나오는 수입, B: 농사를 지어 나오는 수입, C: 공공연금 수입, D: 자영업과 A, B, C, E에 포함되지 않는 수입, E: 급여, 노령연금, 퇴직연금 수입으로 구분한다.

19 Webarchive.nationalarchives.gov.uk

20 Parliament.uk, *The 1816 repeal of the income tax*.

21 Webarchive.nationalarchives.gov.uk

22 Parliament.uk, *The 1816 repeal of the income tax*.

23 From a letter of 1804. Melville, p.203 참조.

24 Coffield, pp.90–94.

25 Ibid., p.101.

26 Ibid., p.121.

27 Coffield, p.120.

28 Api.parliament.uk

29 Ibid.

30 Hammond and Hammond.

31 Ibid., p.125.

32 Bloy.

33 *The Lancet*.

34 1847 [799] Distress (Ireland). Treasury minute, dated 10 March 1847.

10장

1 Archive.org, *The address of the people of South Carolina*.

2 Burgan, p.36.

3 Jefferson.

4 Web.archive.org(2019), *US Treasury – Fact Sheet on the History of the US Tax System*.

5 Benson, p.26.

6 Preyer.

7 Thornton and Ekelund, p.10, citing Taussig.

8 Adams, p.327.

9 Freehling, pp.253–70.

10 Benson, pp.84–86.

11 Ibid., pp.107–12.

12 Vermilya.

13 Scencyclopedia.org.

14 Benson, p.142.

15 Ibid.

16 Taussig, p.159.

17 Lincoln.

18 Basler, ed., p.49 (Letter from Abraham Lincoln to Edward Wallace, 12 May 1860).

19 Ibid., p.211 (Speech in Pittsburgh, 11 February 1861).

20 Millercenter.org

21 Abrahamlincolnonline.org, *Abraham Lincoln's 1855 Letter to Joshua Speed*.

22 Halstead.

23 Archive.org, *The address of the people of South Carolina*.

24 Ibid.

25 Henry Carey, letter to Lincoln, 2 January 1861, Abraham Lincoln Papers at the Library of Congress, transcribed and annotated by the Lincoln Studies Center, Knox College, Galesburg, Ill.

26 Avalon.law.yale.edu, *The Avalon Project: First Inaugural Address of Abraham Licoln*.

27 Ibid.

28 Avalon.law.yale.edu, *Avalon Project: Constitution of the Confederate States: March 11, 1861*.

29 Ibid.

30 Jefferson Davis, letter to Lincoln, 27 February 1861.

31 Mises.org

32 Archive.org, *Full text of 'Interview between President Lincoln and Col. John B. Baldwin'*.

33 Ibid.

34 Mises.org

35 Archive.org, *Full text of 'Interview between President Lincoln and Col. John B. Baldwin'*.

36 Ibid.

37 Miketgriffith.com

38 Infoplease.com

39 Archive.org, *Full text of 'Interview between President Lincoln and Col. John B. Baldwin'*.

40 Nytimes.com, *Sumter and the Administration*.

41 Klingaman, p.45.

42 Avalon.law.yale.edu, *The Avalon Project: First Inaugural Address of Abraham Licoln*.

43 Nytimes.com, *Sumter and the Administration*.

44 Civil War Trust, *Civil War Facts*.

45 Francis Simkinds, quoted in Miketgriffith.com

46 *New Orleans Daily Crescent*, 21 January 1861, in Stampp, ed., p.75.

47 Stampp, ed., p.91.

48 John Ford Rhodes, *Lectures on the American Civil War*, New York, 1913, pp.2–16 cited in Adams, p.332.

49 Nytimes.com, *A Letter from President Lincoln*.

50 Nytimes.com, *The Emancipation Proclamation*.

51 William J. Cooper, *Jefferson Davis, American*, pp.552–3.

52 Klingaman, p.113.

53 Dickens, 'The Morrill Tariff'. 그의 이름으로 출판되었지만 직접 쓴 것 같지는 않다.

11장

1 R. Ver, *My Story of Being Tortured in Prison*, 2019. Available at: htps://www.youtube.com/watch?v=hJ07sM5w_Dk&t=296s (accessed 7 April 2019).

2 Belloc.

3 T. Pettinger, David Lloyd George biography.

4 Coffield, p.153.

5 Ibid., p.164.

6 Parliament.uk, *The cost of war*.

7 Newint.org

8 코필드는 25%로 보았고 볼더스톤(T. Balderston)은 19%로 보았다.

9 Bbc.co.uk, *Government to pay off WW1 debt*.

10 Coffield, p.165.

11 Balderston; Feldman, pp.41ff.; Fairchild.

12 Okrent (main source for this chapter).

13 Ibid.

14 Ibid.

15 Occhino, Oosterlinck and White.

16 Okrent.

17 David Hanson, *Wheeler, Wayne Bidwell*, American National Biography Online, February 2000.

18 Wallis, pp.61–82.

19 Norporth.

12장

1 Time.com

2 Roosevelt.

3 Occhino, Oosterlinck and White.

4 Time.com

5 Cbsnews.com

6 Bank, Stark and Thorndike, p.6 citing American Enterprise Institute, 'Public Opinion on Taxes', AEI Studies in Public Opinion.

7 *United States – World War II*, Encyclopedia Britannica Online, 2018.

8 Occhino, Oosterlinck and White.

9 Phillips.

10 Occhino, Oosterlinck and White.

11 Galofré-Vilà et al.

12 Aeon.co

13 Noyes.

14 Stolper, Hauser and Borchardt, p.264.

15 Cesarani.

16 Aly, p.52.

17 Ibid.

18 Ibid, pp.288–91.

19 Lindholm, p.128.

20 Ibid.

21 Stolper, Hauser and Borchardt, p.264.

22 Lindholm.

23 Reichsfinanzministerium-geschichte.de

24 Ibid.

25 Ibid.

26 Bibula.com

27 Allen, *The Business of Genocide*, p.1.

28 Clark and Dilnot.

29 Coffield, p.178.

30 Officialdata.org

31 Coffield, p.187.

32 News.bbc.co.uk, UK settles WWII debt to allies.

13장

1 Shaw.

2 Clark and Dilnot.

3 Ibid.

4 Oecd.org, *General government spending*.

5 Ibid.

6 Booth and Bourne. Sources: Tanzi and Schuknecht; OECD Economic Outlook (June 2016, Annex Table 29), and OECD data bank. 2018 figures from Oecd.org(2019).

7 Ortiz-Ospina and Roser.

8 Clark and Dilnot.

주

9 Ibid.

10 Wallis, pp.61–82.

11 Ibid.

12 Ibid.

13 Web.archive.org(2018), *US Treasury – Fact Sheet on the History of the US Tax System*.

14 Ourworldindata.org

15 Harding, Bradbury and Lahittete.

16 Pope and Waters.

17 Sloan.

18 Oecd.org, *OECD Revenue Statistics 2017 United States*.

19 Ortiz-Ospina and Roser.

20 Ibid.

21 Ibid.

22 Laffer, *Cain's Stimulating '9–9–9' Tax Reform*.

23 이 숫자는 재향군인 및 해외 지원 금액을 모두 포함한 금액임. Usgovernmentspending.com 참조.

24 Data.worldbank.org, *Military expenditure (% of GDP)*.

25 Ibid.

26 Clark and Dilnot.

27 Ibid.

28 Theglobaleconomy.com

29 Ibid.

30 Ortiz-Ospina and Roser.

31 Isaac.

32 Clark and Dilnot.

33 Deloitte Czech Republic.

14장

1 Herbert Hoover, Address to the Nebraska Republican Conference, Lincoln, Nebraska, 16 January 1936.

2 Cosgrave.

3 Reid et al., *Long Term Asset Return Study*.

4 Imf.org

5 Graeber.

6 Reid et al., *Long Term Asset Return Study*.

7 Copernicus.

8 Ibid.

9 Keynes, *Economic Consequences*, Chapter VI, pp.235–6.

10 Hazlitt, p.20.

11 Friedman, *Monetary Correction*, p.4.

12 Taylor, *The Century of Inflation*.

13 Faber.

14 Friedman, *Monetary Correction*, p.4.

15 Reinhart and Rogoff.

16 Allen, *Inflation : the Value of the Pound*.

17 Ibid.

18 Reinhart and Rogoff.

19 Allen, *Inflation : the Value of the Pound*.

20 여기서 금액은 MZM(Money with Zero Maturity)을 사용했다. M2, M3, MZM 중 어떤 것을 사용하더라도 성장률은 엄청나다. Fred.stlouisfed.org 참조.

21 Tradingeconomics.com

22 Reid et al., *The History (and Future) of Inflation*, p.2.

23 Positivemoney.org, *Infographic*.

24 Economicshelp.org(2018). Available at : https://www.economicshelp.org/blog/5709/housing/market/(acessed 11 September 2018), using data from Nationwide.co.uk(2018), House Prices Data Download.

Avilable at : https://www.nationwide.co.uk/about/house-price-index/download-data#tab:Downloaddata (acessed 11 September 2018).

25 Positivemoney.org, *Infographic*.

26 Davies.

27 이 유명한 인용문은 케인스의 저서 《평화의 경제적 결과(Economic Consequences of the Peace)》에 처음 언급되었다. 케인스는 레닌이 이 말을 했다고 주장했다. 레닌은 나중에 이 책을 읽고 인용하기도 했으며(예를 들어 1920년 코민테른 연설에서), 자신이 한 말이 아니라고 부정하지 않았다. 케인스는 이 문장을 화폐가치 하락에 대한 자신의 주장을 펴는 시작점으로 사용했다.

28 Ibid.

15장

1   Delaney.

2   Bls.gov

3   Gigeconomydata.org

4   Recode.net

5   *How the Freelance Generation is Redefining Professional Norms*, blog. likedin.com, 2017.

6   Storey, Steadman and Davis.

7   Katz and Krueger.

8   *Tax System Struggles to Cope with Rise of Gig Economy*, ft.com, 2017.

9   Storey, Steadman and Davis.

10 Hilary Osborne, *London's 'Gig Economy' Has Grown By More than 70% Since 2010*, theguardian.com, 2017.

11 *LFS: Self-Employed: UK: All: 000S: SA: Annual = 4 Quarter Average-Office For Naional Statistics*, ons.gov.uk, 2017.

12 *How the Freelance Generation Is Redefining Professional Norms*, blog. linedin.com, 2017.

13 Storey, Steadman and Davis.

14 Taxinsights.ey.com

15 Statista.com, *Facebook: number of employees 2017*.

16 Statista.com, *Number of Google employees 2017*.

17 Statista.com, *Apple: number of employees 2017*.

18 Uber.com

19 Chesky et al.

20 Kocieniewski.

21 Nase.org

22 Katie Allen, *Booming Gig Economy Costs £4Bn in Lost Tax and Benefit Paouts, Says TUC*, theguardian.com, 2017.

23 Ibid.

24 Income-tax.co.uk

25 Cervantes.

26 Bloom, *The digital nomads wandering the world*.

27 Levels.

28 Ibid.

29 Elliott.

30 Indexmundi.com

31 Elliott.

32 Browne.

33 Guta.

34 Ibid.

35 Vaclavik.

36 Guta.

37 Levels.

38 Kharas and Hamel.

39 Hardcover business best-sellers, *New York Times*, 1 May 2011.

40 Levels.

41 https://twitter.com/paulypilot/status/869684418562097152

42 Schwab.

43 Edwards and Edwards.

44 Spence.

45 Edwards and Edwards.

46 Mckinsey.com

47 Pwc.co.uk

16장

1 Web.archive.org, *Exchange Rate – New Liberty Standard*.

2 May.

3 Bartlett, *The People vs Tech*, p.167.

4 Cato Unbound(2017).

5 Satoshi Nakamoto, *Bitcoin 0.3 released!*, Sourceforge, 6 July 2010. Available at: http://bit.ly/1tru7NE (accessed 22 May 2014).

6 Utzke.

7 Dailymail.co.uk

8 Ericsson.com

9 Ibid.

10 Holst.

11 World Bank.

17장

1 MacKay, p.140. Probably attributed.

2 Allen, *Technology and Inequality*, p.16; Europa.eu, *State aid*.

3 Ibid.

4 Brown.

5 Barlow.

6 Kendall.

7 Ebenstein, p.251.

18장

1 Youyou, Kosinski and Stillwell.

2 Bartlett, *The People vs Tech*, p.75.

3 Houlder.

4 Susskind, p.139.

5 Ibid., p.173.

6 Ibid.

7 Shaxson, p.8.

8 Zucman, p.39.

9 Barlow.

19장

1 Plato, *Republic*, 1, 343e.

2 Oxfam.org

3 Ibid.

4 상위 1% 부자들의 금액은 〈포브스〉의 억만장자 명단에서, 나머지 99%의 부는 크레디트스위스은행의 글로벌 웰스 데이터북(Global Wealth Databook)에서 인용. Deborah Hardoon, 'An Economy for the 99%', Oxfam, January 2017. Available at: https://www.oxfam.org/en/research/economy-99 참조.

5 *UK Health Gap Between Rich and Poor Widest Ever*, theguardian.com, 2017.

6 *Health Gap Between Rich and Poor Has Increased Under Labour*, telegraph.co.uk, 2017. 이 보고서는 2010년 데이터를 사용하고 있으나 현재도 나아진 것은 없음.

7 Williams, McClellan and Rivlin.

8 Rivlin and McClellan.

9 Sally Weale, *The large majority of top jobs in the UK still go to the 7% of students who* *are educated privately*, theguardian.com, 2017.

10 Frisby, p.133.

11 *A New, Simple, Revenue Neutral Tax Code*, cps.org.uk, 2017.

12 Taxfoundation.org, *The Compliance Costs of IRS Regulations*.

13 Quoteinvestigator.com

14 Taxfoundation.org, *The Compliance Costs of IRS Regulations*.

15 Ibid.

16 Us1.campaign-archive.com

17 Keynes, *Essays in Persuasion*, pp.358–73.

18 Carswell, p.14.

19 Bartlett, *The end of a world of nation-states may be upon us*.

20 Haskel and Westlake, pp.23–6.

21 Ibid.

22 Data.worldbank.org, *GDP per capita, PPP (current international $)* (accessed 5 November 2018).

23 Nationmaster.com

20장

1 Milton Friedman (on the Bush tax cuts), interview by John Hawkins, 16 Sptember 2003.

2 오늘날 임대제도는 많이 변질되었다. 정부가 단지를 개발하면 임대권을 경매에 부치는데 경매 보증금이 매우 비싸므로 자본력이 없으면 참여하기 힘들다. 따라서 빌딩 업계에는 일종의 카르텔이 형성되어 있다.

3 Churchill.

4 Mill, p.363.

5 영국 부동산의 15%는 아직 미등기 상태다. Hookway 참조. 이 세금은 미등기 부동산을 없애는 효과도 있다.

6 Interview with *The Times Herald*, Norristown, Pennsylvania(1 December 1978).

7 Cahill.

8 Willshire.